“负责任的教育”

本真与践行

FU ZEREN DE JIAOYU
BENZHEN YU JIANXING

蒋建华 著

图书在版编目（CIP）数据

“负责任的教育”本真与践行/蒋建华著. — 南京：江苏凤凰教育出版社，2015.3（2019.6 重印）
ISBN 978-7-5499-4731-7

Ⅰ. ①负… Ⅱ. ①蒋… Ⅲ. ①中学教育-教育研究 Ⅳ. ①G63

中国版本图书馆 CIP 数据核字(2015)第 013849 号

书　　名　“负责任的教育”本真与践行
主　　编　蒋建华
责任编辑　沈静明
出版发行　江苏凤凰教育出版社（南京市湖南路 1 号 A 楼　邮编 210009）
苏教网址　http：//www.1088.com.cn
照　　排　南京前锦排版服务有限公司
印　　刷　江苏凤凰通达印刷有限公司（电话 025-57572508）
厂　　址　南京市六合区冶山镇（邮编 211523）
开　　本　787mm×1092mm　1/16
印　　张　15.5
版　　次　2015 年 3 月第 1 版
　　　　　2019 年 6 月第 4 次印刷
书　　号　ISBN 978-7-5499-4731-7
定　　价　40.00 元
网店地址　http://jsfhjycbs.tmall.com
公 众 号　江苏凤凰教育出版社（微信号：jsfhjyfw）
邮购电话　025-85406265，025-85400774，短信 02585420909
盗版举报　025-83658579

教育，基于责任

办学理念是学校文化的核心，是学校办学的价值取向与独立品格的直接体现。有思想的校长才会办学有品位，作为校长，如何提出有思想高度、深刻内涵、独特风格的办学理念？这与校长自身的胸怀境界、人格魅力、教育观念、办学主张、文化素养等息息相关。

作为泰州中学的精神鼻祖、宋代著名教育家胡瑗有这样的名言："致天下之治者在人才，成天下之才者在教化，职教化者在师儒，弘教化而致之民者在郡邑之任，而教化之所本者在学校"，充分揭示了政府、学校、教师在人才培养方面的责任担当。

当今，在我国部分地区、部分学校，出现了一些扭曲的现象与做法，急功近利、片面追求升学率、应试教育之风仍未得到有效遏制。正如《国家中长期教育改革和发展规划纲要》分析教育存在问题时所指出的那样："教育观念相对落后，内容方法比较陈旧，中小学生课业负担过重，素质教育推进困难。"针对这些不负责任的教育行为，以及部分青少年道德责任感、社会责任感缺失的时弊，结合学校的历史文脉，江苏省泰州中学蒋建华校长鲜明地提出"负责任的教育"理念，并长期潜心进行"负责任的教育"实践与研究，初步取得了一系列成果。

蒋建华校长认为，教育基于责任，办"负责任的教育"，就是要办对学生、对教师、对学校、对社会、对未来负责任的教育，其根本宗旨是造就人的责任情怀、担当精神，以及履行责任的本领，其目标就是要让"说负责任的话、做负责任的事、当负责任的人"成为每个人的立身之本。

基于此，蒋校长在学校管理过程中，注重内化"负责任的教育"

理念，着力推进以“责任教育”为显著标志的特色高中建设，初步构建了践行“责任教育”的操作体系，并利用第十一届全国人大代表、省政协委员等特殊身份，借助多种方式、多种途径、多种场合，倾力呼吁全社会共同营造负责任的教育生态环境，形成良好的育人导向、科学的评价机制与健康的舆论氛围，携手办好“负责任的教育”。这正是充分体现了一名中学校长对我国教育事业高度关注的责任感、使命感以及对事业的满腔热情、执着追求。

从提出“负责任的教育”理念到现在已近十年，如今这一理念在全国产生了一定的影响，《人民日报》《光明日报》《人民教育》《中小学管理》《中国教育报》《江苏教育》《江苏教育报》、人民网、新浪网等媒体相继宣传报道“责任教育”理念内涵、实践探索与初步成效，并得到了一些领导、专家、同行的关注与好评，蒋校长也多次应邀在国内有关知名中学校长高峰论坛或校长培训班作经验交流、专题演讲等。

托尔斯泰认为：“一个人若是没有热情，他将一事无成，而热情的基点正是责任心。”我以为，责任是人的立身之本，责任教育是育人的灵魂。责任心是一个人品格和能力的承载，责任感是一个人日后能够立足于社会，获得事业成功与家庭幸福的至关重要的品质。值得庆幸的是，泰州中学作为我初中、高中学习的母校，奠定了我文化和人生的基础，回忆起来，一个个生动场景清晰可见，一位位老师的音容笑貌如在眼前。当时很多老师都是以对每件事都认真负责、每节课都一丝不苟的行为为大家做着榜样，用他们对知识的严肃和敬畏之心，启发感染着学生，教给我们知识和责任，教我们怎样工作、怎样做人，让学生终身受益，体现着他们对学生、对国家、对未来的责任。现在，母校又提出“倡导负责任的教育、办好负责任的学校”的办学主张，质量声誉、办学品位进一步提升，学校影响力不断扩大，我更增添了对母校的敬仰之情。

办“负责任的教育”，是一种教育思想理念，是一种教育理想与实践，也是一种崇高的教育核心价值观的具体体现。我相信，《“负责任的教育”本真与践行》这本书的出版一定会有助于让办好“负责任的教育”成为全社会的共识，成为政府、教育部门、学校、社会共同的自觉追求。无论是行政人员、校长、教师、家长，还是社会其他各界人士，都应当从更有利于我国人才培养的高度，肩负起对教育的神圣责任，营造“负责任的教育”生态环境，进一步提升我国教育的品位。

内心认同才能自觉践行，让我们携起手来，推进“责任教育”，履行教育责任！

袁振国

2014 年 9 月

代序 FOREWORD

负责任的国家需要办好“负责任的教育”

《国家中长期教育改革和发展规划》中提到，要着力提高学生服务国家、服务人民的社会责任感。这一点很重要，过去在素质教育中没有提到过，现在把它着重提出来，切合当前的实际。现在的孩子，在父母和祖辈众人的呵护下，养成了以自我为中心的思想，对家庭不负责任、对社会不负责任、对国家不负责任，我行我素，受不起挫折、经不起批评。这样长大以后怎么能肩负建设社会主义、实现中华民族伟大复兴的“中国梦”？因此，加强责任感的教育确是当务之急。

培养学生的社会责任感是立德树人的重要内容。党的十八大提出，立德树人是教育的根本任务。为此要加强社会主义核心价值观的教育和中国优秀文化传统教育。社会主义核心价值观 24 个字：“富强、民主、文明、和谐，自由、平等、公正、法治，爱国、敬业、诚信、友善”，分别是对国家、对社会、对个人的要求，都要求有责任心。中国优秀文化传统讲“仁、义、礼、智、信”，也是要求做人要有责任心。顾炎武说：“天下兴亡，匹夫有责”，周恩来说：“为中华崛起而读书”，这些都是讲一个人对国家、对民族的责任。因此，学校要把培养学生责任感的教育放在重要位置。

要给学生进行负责任教育，学校、老师就应该对教育负起责任来。教师要充分认识教育事业在国家发展中的地位，充分认识教师职业的特殊性、重要性，充分热爱每个学生，相信他们人人都能成才；要改变以升学率为目标的陈旧教育观和灌输式、训练式的培养方法，还教育的本真。另外，政府、教育部门要义不容辞地为营造负责任的教育生态环境而担当使命。

泰州中学是一所百年老校，有着千年文脉与很好的育人传统，坚持立德树人。他们将“负责任的教育”作为教育与学校管理的原点，一心致力于“负责任的教育”理论与实践的双向构建。“责任”二字已经成为学校管理与教育中使用频率较高的词语，如“责任行为指南”“岗位责任制”“教学责任事故认定”“校园安全责任认定”“食堂食物中毒责任追究”等。蒋建华校长在总结了30多年的教育实践和学校教育教学管理经验的基础上，完成了《“负责任的教育”本真与践行》这部著作。书中系统、全面、深刻、独到地阐述了“负责任的教育”的理念，处处洋溢着作者与他所倡导、所追寻、所践行、所研究的“负责任的教育”的责任情怀与关注我国教育改革发展和人才培养的高度责任感、使命感。

的确，负责任的国家需要办好“负责任的教育”，中国未来的发展、中国梦的实现、负责任的大国形象的展示，关键靠负责任的教育培养负责任的人才。当前全国教育改革实验正在蓬勃展开，各种名目的实验都具有各自的特色。不管叫什么教育，正如条条大河通大海，最终都要回到教育的原点：立德树人的教育本真。我想读者可以从蒋校长的著作中得到启发。

2014年10月

代序 FOREWORD

“责任教育”:江苏省泰州中学的文化名片

在蒋建华所著的《“负责任的教育”本真与践行》这部书稿即将出版之时,特撰此文,是为序。

近些年来,江苏省泰州中学蒋建华校长倡导“负责任的教育”理念(以下简称“责任教育”),将责任融于生命,将责任融于教育,将责任融于生活,使这所名校的千年文脉流转新生,使以名人、名景、名品闻名遐迩的美丽校园,又增添了新的文化名片。

什么是“责任教育”?在与蒋校长的多次晤谈中,在多次流连于江苏省泰州中学校园后,我对“责任教育”的领悟是:

一、天职意识

天职意识,就是以为是天降大任,责任使然。在我看来,天职意识应该体现在三个方面。

第一,神圣感。我们经常讲,教育是一项神圣的事业,怎么就是神圣的事业?就是把教育当做自己的宗教,就是以为从事教育来自上苍的召唤。泰州中学的精神鼻祖胡瑗先生的信条是:“致天下之治者在人才,成天下之才者在教化,职教化者在师儒,弘教化而致之民者在郡邑之任,而教化之所本者在学校。”以“天下”之视野思想,自觉地将学校责任与“天下”联结在一起。两度执教安定书院的王艮先生,曾做梦梦到天塌下来,他奋力起来撑天。这些先贤都是怀揣神圣感开创事业的。我们经常引用并作为座右铭的“诗意地栖居”,源于荷尔德林的诗,荷尔德林在“人诗意地栖居在大地上”前面,一而再、再而三地吟诵“人便会欣喜地用神性度测自身”“神本是人的标尺”等等。海德格尔激赏推崇荷尔德林,也使这一诗句广泛传播。在海德格尔看来,“栖居”是超功利、超逻辑、超时空、超生死的，这也就是“诗意”，这也就是天地人神的内在一体。蒋建华校长曾多次引用过一则材料。一位修道士说，在这个世界上有三种人：第一种人有一条命，叫性命；第二种人有两条命，即性命和生命；第三种人有三条命：性命、生命和使命。这三条命分别代表生存、生活和责任。第一种人平庸，第二种人优秀，第三种人伟大。蒋校长提出“责任教育”理念，就是着眼“天下”，就是思考办什么样的教育、培养什么样的人，就是超越了具体的功利观，就是为使命所召唤！

第二，敬畏心。人们所说的神性、宗教感并不一定指具体的宗教，不一定指那个人格上帝。这更是一种象征，是超越功利的精神追求，是植根于内心深处的声声召唤，它与宗教感联系在一起，与信仰联系在一起，人们把教育当做自己的宗教，当做自己的信仰，于是就会生成一种庄严的敬畏感。英国人类学家马雷特说：“在所有的英语词汇中，‘敬畏’一词最贴切地表达了最基本的宗教感情。”“惊羡、钦佩、兴趣、尊重，也许还有爱，同样都是敬畏这一基本精神状态的本质要素。”胡瑗、王艮都是对教育有向往、有仰望、有敬畏的，胡锦涛主席回母校接见的洪宗礼老师，对事业“走火入魔般”地投入，就是把事业当做宗教，怀有神圣感、敬畏心去做的，“责任教育”的提出和实践都是与对教育的敬畏心联系在一起的。

第三，自觉性。亚里士多德对责任的理解是“自愿和能力”。马克思说：“道德的基础是人类精神的自律。”天职意识就是所作所为源于内心。北宋年间，在泰州从政治学的范仲淹、胡瑗等人，冲破思想界的混浊与黑暗，就是以“贵在自觉”彰显于思想史的。“责任教育”不是上面的任务，不是外加的工作，而是完完全全发乎本心。蒋建华2005年出任泰州中学校长，在深入研究胡瑗教育思想，关注中外教育发展趋势，反思国内教育现状，联系学校发展实际的基础上，旗帜鲜明地提出“负责任的教育”理念，并通过全校师生的反复讨论和教代会通过，最后确定为学校办学的核心理念。这本身就是内在自觉，一种主动的担当。

二、挚爱情怀

“责任教育”怎样体现挚爱情怀？

第一，责任源自于爱。弗洛姆在解读爱的内涵时，把责任作为其中的重要元素，可见，责任在本质上就是源于爱。作家毕飞宇在《推拿》获得茅盾文学奖后，说了一句颇引起争议的话：“对于小说家，想象力没有理解力重要。”他进而解释道：想象力的背后是才华，理解力的背后是情怀。毕飞宇的《推拿》是写一群盲人按摩师的生活状态和精神世界，对这群特殊的人尊重和爱确实是最为重要的。夏丏尊先生说过，学校是一个池塘，有的人总是关注池塘是方的还是圆的，其实最重要的是池塘里的水，这里水是爱，是情，至于方圆如何是无所谓的。讲责任，负责任，践行“责任教育”，本身就是因爱而起。

第二，爱有教育的意蕴。从泰州中学的实践看，教育挚爱一是基于公正，王艮当年办学，就是高举“有教无类”大旗的。我熟悉的几位泰州中学的校友，往往谈起上世纪60年代在泰州中学读书时，老师省吃俭用给他们资助，总是非常动情的。今天的泰州中学校园里，也经常听到所谓学困生“鲤鱼翻身”的故事，都是因为老师具有基于教育公正的爱。比如《人民教育》曾经刊载过费翔同学的成长经历，班主任陈老师面对这个逃课钓鱼、上课睡觉、五门功课只考100多分的学生，给予关注、关心、关爱，唤醒他的内在追求和对自己负责的责任感，使他高出录取线40多分考上了空军飞行学院，就是爱和责任创造的奇迹。二是爱在终身。蒋建华和泰州中学的老师们不仅爱在当下，而且是国家情怀，天下职责，长远期待，把爱在现在与学生的终身发展、终身幸福联系在一起，把爱学生与爱社会、爱国家联系在一起，着眼为社会、为民族培养顶天立地的人。三是播洒幸福。正是因为“责任教育”，使教育的过程、成长的过程总是“人间四月天”。王艮先生当年说过：“学不是太累人的”，用今天的眼光看，其实也是要减轻过重的学业负担。“责任教育”对学生当下的生活负责任，就是努力让学生的生活、生长有幸福感，就是让教与学的生活成为幸福的生活。

第三，挚爱岗位。蒋建华对责任的理解是与挚爱的教育情怀相联结的。他说，好的校长要做到“三大”“三有”和“三靠”：“三大”即对待教育事业要有大爱，还要有大度和大气；“三有”即要有自己的办学理念、理想追求、个性风格；“三靠”，要靠爱心、责任心、智慧治校育人。可见，其中最重要的还是一个“爱”。负责任的教师职责要求也是以爱贯注其间的，诚如有的学生所言，在学校的每一个角落，在学习生活的每一个细节，都能感受到老师的关怀和挚爱。

三、科学精神

胡瑗先生当年针对时弊，倡导培养通经致用的人才，提出“明体达用”的主张，至今文脉承传，由此演变而来的“明理达用”成为泰州中学的校训，这就使得“责任教育”天然地具有了科学精神。

第一，基于深入调研。蒋校长提出责任教育固然是有感而为，但他们不仅仅“跟着感觉走”，而是基于深入的专题调研，学校对“中学生负责任教育现状”进行了大规模的问卷调查，深入了解了当今中学生负责任品质的现状、存在问题、影响因素等，了解了我国负责任教育的状况，使“责任教育”有了科学实施的基础。

第二，对“责任教育”形成深刻的理性认识。蒋建华校长和他的团队，对“责任教育”的谱系认真进行了学术梳理，对关键概念有了准确的解释，对基本问题有了科学的认识。比如责任与自由，看似一对矛盾，但在蒋校长的解读中，它们本身是一个硬币的两个面，恰如他经常引用《不列颠百科全书》所言：“公民身份意味着伴随着有责任的自由身份”。自由如果没有责任，那人就是所谓自由的奴隶，就被所谓的自由绑架了，其实他也失去了真正的自由。同样，如果讲责任不讲自由，那是把学生往死里整，那是不负责任！在泰州中学听“责任教育”的一些讲述，有时会让我联想到泰戈尔的诗句：“让我的爱，像阳光一样包围着你；而又让你拥有，光辉灿烂的自由!”

第三,构建“责任教育”的实践体系。“责任教育”怎样落到地上?泰州中学有着完整的实践体系,学校制定了“责任教育”指南,对所有师生员工都有明确的职责要求。“指南”分为共同责任和特定责任,特定责任又细化为对校级领导、中层干部、班主任、一线老师、在校学生、教辅人员、后勤人员、学生家长、学校校友不同的职责要求。从培养师生成为责任主体的具体做法看,学校着力培育负责任的学生,开展十大主题教育(道德与法规、责任与奉献、文明与习惯、感恩与俭朴、劳动与技能、生成与环境、心理与健康、生命与安全、审美与赏识、实践与创新),培养十种意识(道德意识、学习意识、规范意识、责任意识、生存意识、俭朴意识、公民意识、感恩意识、健康意识等),搭建各种平台(“人生规划导航”“素质教育个十百千万行动计划”“泰中六节”“青少年科技创意行动计划”等);培养负责任的教师,成立“中国教育学会教师发展学校”,创建责任课堂,提倡“五感”(方向感、责任感、约束感、成就感、幸福感)、“五不给”(不给学生留不便、不给家长留非议、不给工作留漏洞、不给教学留隐患、不给学校声誉留遗憾),完善个性化成长规划,建立师生“双十星”评价激励制度等。这样,步步踏实,着着夯实,“责任教育”也就落地生根了。

第四,讲求工作艺术。蒋建华校长一次出差看到某酒店刻板式地把鸡蛋煮五分钟,一方面是人家工作的精细使他有所触动,更重要的是让他对度的把握有了更好的认识。在一所优质高中里,怎样把握“度”确实既是一种科学又是一种艺术,蒋校长创造性地提出三个适度:适度负担、适度压力、适度宽松,这使“责任教育”的举措更“中国化”,更为稳妥。而这种平衡艺术、中庸意识,在他的管理和教学中时常可见,比如他对教师提出“三要三也要”:要工作也要家庭,要学生也要孩子,要质量也要健康。这其实是包含人文意蕴的科学精神了。

四、大家品位

蒋建华本身有大气、大度、大爱的人生追求,“责任教育”也逐渐有些大家气象。

第一,名门流韵。一般而言,“大家”与“名门”“望族”有着丝丝缕缕的联系,所谓“大家闺秀”是也。泰州中学“出身”名门,与胡瑗、王艮这些思想家、教育家相联结,是安定书院、泰州学堂的延续,当代又有胡锦涛、李德仁、洪宗礼等,可谓星光灿烂,“责任”二字更是胡瑗、王艮的核心人格元素,是省泰中人重要的文化基因。蒋校长和他的团队自觉地意识到文化资源的重要性,2009年就申报了全国教育科学规划教育部重点课题“发掘‘三名文化’,推进‘责任教育’实践研究”,其“三名”即指名人、名景、名品。学校通过名人研究、名景开发、名品打造,利用“三名”文化资源中蕴含的“崇高”“务本”来激励师生,使责任教育与学校文化传统一脉相承。

第二,铸塑校魂。文化精髓,立校之魂。泰州中学在推进“责任教育”过程中,着意让责任文化贯注其间,提炼泰中精神:坚守的目标追求,强烈的进取精神,良好的团队意识,和谐的人际关系,独特的文化韵味;架构文化符号,设计学校校徽和视觉形象识别系统并注册国家商标，设计制作奥运火炬传递纪念邮册，发行安定书院邮票，邀请原全国政协副主席张怀西题写办学理念，邀请范曾先生题写校名，修复、保护安定书院和总书记读书楼，建成洪宗礼等捐建的弘文馆，成立胡瑗思想研究所、洪宗礼教育思想研究所，形成较为完备的符号系统；营造文化场域，收集整理责任教育资料与名家名人箴言，制定《责任行为指南》，编写“责任教育”校本教材，开设校本课程，唱响文化主题《责任之歌》，举办责任教育论坛、故事会，创办内刊《责任教育天地》，开办校园网“责任教育”专栏，开设校园广播台“责任教育之声”，链接“中国责任网”等，通过各种活动强化师生承载责任、履行责任、守卫责任的意识。

第三，培育新人。“责任教育”意味着首先对学生负责，其前提则应是真正明乎培养什么样的人。蒋建华提出：好校长应当“五观端正”，这“五观”指教育观、人才观、质量观、人文观、幸福观。语文组老师董旭午认为：“‘责任教育’的核心价值指向学生思维、品格、能力、素养的发展和提升，绝不是仅仅对学生的学习成绩和高考负责”，这些教育见解都包含了对“新人”的一种追求。在他的教学中，就非常重视学生独立思考、批判性思维的意识和能力。

在泰州中学校园里，当年由胡瑗先生亲手种植的银杏树，历经千年雨露阳光而根深叶茂；胡锦涛同志重返母校亲手栽种的一棵银杏树也呈勃勃生机。蒋建华校长经常和老师们讨论的一个话题是：“‘两胡’之外，我们还有什么？”他和当今省泰中人“责任教育”的实践与成果，已经作出生动的回答。

2014年9月

目录 CONTENTS

前言　时代呼唤“负责任的教育”

“责任”一词由来已久，几乎无人不晓，但是真正做到却并不容易。

“负责任”是一个好公民的人生底色、精神气质与道德品格。因而，“负责任”一词常常与赞美个人、单位、部门、行业、国家广泛地联系起来，例如，人们常说：“负责任”的国家、“负责任”的政府、“负责任”的公民；“负责任”的学校、“负责任”的教师、“负责任”的学生、“负责任”的家长等等。世界各国都高度重视加强“责任”“负责任”方面的教育。

教育是民生，也是国计；教育是今天，更是明天。培养什么样的人，反映着教育的价值取向，是教育的根本问题。本书所要论述的“负责任的教育”理念鲜为人见，听起来平淡、普通，但正是关系我国教育大计，涉及究竟办什么样的教育、培养什么样的人与民族素质、国家未来、展示负责任的国家形象的大问题，其内涵深刻、品位高雅、意义重大而任重道远。

记得阿尔伯特·哈伯德先生曾经说过：“所有成功者的标志都是他们对自己所说的和所做的一切负全部责任。”的确，翻阅历史，那些事业有成的人士，无不具有勇于负责的品质。

例如，华盛顿出生在一个大庄园主家庭，家中有许多果园。果园里长满了果树，但其中夹着一些杂树。一天，父亲递给华盛顿一把斧头，要他把影响果树生长的杂树砍掉，并再三叮嘱，一定要注意安全，也不要砍伤正在结果的果树。突然，他一不留神，砍倒了一棵樱桃树，他害怕父亲知道了会责怪他，便把砍断的树堆在一块儿，将樱桃树盖起来。

傍晚，父亲来到果园，看到了被砍断的樱桃树却装作不知道的样子，看着华盛顿堆起来的树说：“你真能干，一个下午不但砍了这么多树，还把砍断的杂树都堆在了一块儿。”听了父亲的夸奖，他的脸一下子红了，惭愧地对父亲说：“爸爸，对不起，只怪我粗心，不小心砍倒了一棵樱桃树。我把树堆起来是为了不让您发现我砍断了樱桃树。我欺骗了您，请您责备我吧！”

父亲听了之后，哈哈大笑，高兴地说：“好孩子！虽然你砍掉了樱桃树，应该受到批评，但是你勇敢地承认了自己的错误，没有说谎或找借口，我原谅你了。你知道吗？我宁可损失这样 1 000 棵樱桃树，也不愿意你说谎、逃避责任！”华盛顿不解地问：“承认错误真的那么重要吗，能和 1 000 棵樱桃树相比吗？”

父亲耐心地说:“敢于承认错误是一个人最起码的品德。只有敢于承担责任的人才能在社会上立足,才能取得别人的信任。看到你今天的表现,我就放心了。以后把庄园交给你,你肯定会经营好的。”

华盛顿长大以后,一直以强烈的责任感来约束和鼓励自己,他领导了美国的独立战争,是美利坚合众国的创立人之一,当选美国第一任总统,成为美国人心目中的英雄。

我认为,一个人要想事业有成,就要像华盛顿那样,具有勇于负责的精神。勇于负责,会让你在工作中有更出色的表现,取得更优异的成绩,这样自然比别人更能获得成功的机会。勇于负责,会让你敢于承担更大的责任,积极主动地为单位的发展出力流汗、建言献策,这样自然会得到单位领导的重用。勇于负责,会让你的人格变得高尚,赢得同事的尊敬和单位领导的赏识,使你向未来的成功和辉煌不断地迈进。

当然,一个人承担的责任越大,付出的就越多,这也是很多人不愿承担重任的原因。这些人往往不想把时间精力百分之百地投入到工作中去,更不愿意下班后还要考虑工作,影响自己的休闲生活,自然他们也不会获得多大的成功。还有人不相信自己的能力,怕承担不了重任而陷入烦恼郁闷之中。其实,每个人身上都有巨大的潜能没有发挥出来。美国学者詹姆斯认为,普通人只发挥了他蕴藏的潜力的1/10,与应当取得的成就相比,只不过发挥了一小部分能量,只利用了身心资源的很小一部分。一旦你决定承担起责任,并竭力去做好工作,一些你担心无法完成的工作,往往就能够圆满地完成。

教育从来都不是孤立存在的,社会处处离不开教育,教育处处离不开责任。有什么样的校长就有什么样的学校,有什么样的教师就有什么样的学生。一个优秀的教育工作者必须学会观察社会、思考社会,从而找到自己教育教学的正确方向。只有那些得社会风气之先、敢于担当的校长和教师,才能真正地乐于引领学生走向成功的彼岸。

那么,什么是时代对教育发出的召唤呢?

2012年5月4日,胡锦涛同志在纪念中国共产主义青年团成立90周年大会讲话中强调:“当代青年是无比幸运的一代,又是责任重大的一代。”他要求青少年学生“树立崇高理想和远大志向,着力提高服务国家服务人民的社会责任感”。

2013年11月,习近平同志来到孔子故里发表关于道德的讲话,指出:“只要中华民族一代接着一代追求美好崇高的道德境界,我们的民族就永远充满希望。”

党的十八大报告强调:“把立德树人作为教育的根本任务。”近年来,全国上下都在大力加强社会主义核心价值观教育。这一切都在诉说一个时代主题:注重人的精神价值,让我们的社会更道德、更文明、更高尚。

这个时代主题对教育工作者发出了强烈的召唤:无论你是校长还是教师,都要对家长、对学生、对社会负责!无论是政府、教育部门、学校,都应当从更有利于我国人才培养的高度,肩负起对教育的神圣责任,携手办好“负责任的教育”!这是社会法则,也是道德法则、心灵法则。当我们坚守教育责任时,我们也就是在坚守人生最根本的义务。坚守教育责任,就是守住生命最高的价值,守住人性的伟大和光辉。

“负责任的教育”是引领人生、成就人生的基石，是健全人格、完善自我、实现梦想的翅膀。尤其在这个功利化的时代中，教育往往封闭了通向灵魂的大门，对究竟应当办什么样的教育、如何办教育、怎样评价办学的业绩等，往往出现误导与异化，有失客观公正，越来越远离生命的原点，偏离正确的办学方向，演变成为呆滞的教育，甚至是不负责任的教育。

有这样一句哲语：雪崩的时候，没有一朵雪花觉得自己有责任。其实，当“雪崩”发生，每一朵觉得“责任不在我”的雪花，都应当愧对“雪崩”。同样，在当今我国推进教育治理现代化的过程中，针对教育存在的种种弊端与乱象，每一位政府官员、每一位教育工作者、每一位家长，那些热衷于搞应试教育或者为应试教育大唱赞歌的人们，都应当犹如有着羞愧感的“雪花”而深刻反思，共同校正教育的“航向”，纠正不负责任的教育行为。

正因为此，作者怀着对教育美好未来的憧憬和向往，怀着对生命的敬畏和尊崇，以热切而理性的思索，努力追寻“负责任的教育”，并付诸教育的实践：将责任融于教育，将责任融于生活，将责任融于生命，让责任及其“负责任的教育”理念入耳、入脑、入心、入行。

那么，如何办好“负责任的教育”，并富有伟大的精神魅力和道德力量呢？还是让我们回到现实中来吧。

我国的教育事业很早就重视责任教育，在现有的德育内容中，“责任”也是一项重要的德育内容和目标。有学者曾经梳理了自 1902 年《钦定学堂章程》到 1997 年的《九年义务教育小学思想品德课和初中思想政治课课程标准》中有关中小学责任教育的内容和目标，研究发现：从百年德育课程发展沿革的历程可以看出，中国德育课程在 20 世纪近百年的时间内虽历经多次变革，但将培养青少年的责任品质作为教育目标之一是一脉相承的。还有一些关注公民责任教育问题的研究认为，公民不仅关涉权利，更关涉责任。现有的各种德育文件或纲要中的责任都是一种结构责任或者外在型责任。新课标与《国家中长期教育改革和发展规划纲要》都强调培养社会责任感。这种责任没有个体的基础，也没有后果的说明，因此都是“无根的责任”。这样，提出新的道德教育内容必须回答如何对待道德责任与现有德育政策与实践中的传统责任观的关系问题。

在当代学校道德教育面临“错位的规则”与“孤独的个体”问题的情况下，我认为，学校道德教育内容的重点应该放在“道德责任”上。我国现行德育纲要与相关文件都强调培养学生的社会责任感，但是缺乏个体道德资源支撑。就具体内容而言，不争的事实是，出台有关德育文件与纲要在中小学是没有明显效用的。在中小学道德教育实践中，或者没有道德教育，只是任凭学生在社会发展的价值潮流中自生自灭、“自学成才”；或者各个学校按照自己的理解以及地域的习俗伦理、时代的价值观来对青少年进行道德教育。诚如阿里巴巴集团董事长马云所指出的，“中国的教是没有问题的，育是有问题的”。因此，我认为根据道德责任的“实”与“虚”这两个维度，应该在承认现有德育文件与德育纲要的内容要求的基础上，一方面以道德责任来解读已有内容，另一方面以负责任的态度来进行教育实践。关于前者，本书基于对生命与责任教育本体关系的理性思索，探讨了责任教育的生命本质与“人”的责任教育学；关于后者，本书从关注我国教育战略的高度阐释了“负责任的教育”理念、特点、操作体系，并结合江苏省泰州中学践行“负责任的教育”的成功案例作了进一步阐述。

有三点需要说明。第一，有关概念的说明。“责任”“负责任”“责任教育”“负责任的教育”等均是本书中的高频词，为防止歧义与概念混淆，本书中不加引号的责任教育（或负责任的教育），指一般意义上的责任感、使命感教育，即相当于一个动词；而本书中加上引号的“责任教育”特指“负责任的教育”的简称，即相当于一个专有名词，不只是停留在一般意义的责任感、使命感教育上，不只是“责任”与“教育”的一种简单的拼凑与组合，而是二者有机融合而成的“结晶体”，赋予其更加丰富、特殊的内涵，是与不负责任的教育行为相对立、与“素质教育”“人民满意的教育”相并列的一种提法。第二，提出“负责任的教育”理念的意图。我们提出并践行“负责任的教育”理念，一方面是对学校自身办学行为提出了明确要求与庄严承诺；另一方面是尽一份社会责任，站在国家与民族未来的高度，以关注我国教育事业的大情怀，“跳出学校看教育、跳出教育看教育”，为呼吁全社会携手共同营造“负责任的教育”生态环境而不断地“鼓”与“呼”，呼吁全社会携手办好“负责任的教育”，让办好“负责任的教育”成为全社会的共识，让营造“负责任的教育”生态环境成为政府、教育部门、学校、社会的自觉追求，携手办负责任的教育、负责任地办教育，从而构建教育治理新常态，进一步提升教育的品位。第三，办“负责任的教育”与办“人民满意的教育”之间的关系。笔者以为，办“人民满意的教育”，前提是办对人民群众“负责任的教育”，而不是违背规律一味迎合老百姓的教育。没有对人民群众“负责任的教育”，就不会有真正让“人民满意的教育”。所以说，办“负责任的教育”应当成为办“人民满意的教育”的理想追求！

有关“责任”的话题与论说素材颇多，而“负责任的教育”是一个新的理念与话题，尚缺少有关的理论阐述。虽然笔者竭尽全力，但限于能力水平，其论述还相当肤浅，欢迎热心的读者指正与交流。

第一章 “负责任的教育”溯源与本真

联合国教科文组织《学会生存——教育世界的今天和明天》的报告中早就明确了教育的方向之一，就是使每一个人承担起包括道德责任在内的一切责任。不过，这种责任主要是一种外在责任，即个人对各种社会结构负责。笔者则主张在中小学建构以“道德责任”为核心的德育内容体系。

近些年，有关这些方面的研究不少，仅就博士学位论文而言，就接连有崔欣頠的博士论文《学校责任教育论纲》(2006 年)，李尽晖的博士论文《当代大学生道德责任教育研究》(2007 年)，赵文静的博士论文《学校道德责任教育研究》(2008 年)等。在这三篇博士论文中，关于“责任”教育的内容有多种角度：有的从哲学角度分析了责任的内涵，把责任视为一种德性；有的只谈其中的责任感培养，认为这是责任教育的最后结果；有的从责任的外延来谈责任教育的内容或范围，如李尽晖提出了一个大学生责任观体系，包括自我责任观、家庭责任观、他人责任观、职业责任观、社会责任观、全球责任观。

较为详细地探讨了责任教育内容的是崔欣頠的《学校责任教育论纲》。作者指出：“目前关于责任教育内容的研究和实践，大多根据个体在社会生活中的定位层面(个人、家庭、他人、学校、社会、国家等)来确定相应的教育内容，部分以责任品质的构成要素(知、情、意、行)作为教育内容。而笔者提出的责任教育的溯源与真义主要由三个维度构成，这三个维度分别是：责任基本来源的内容范畴、个体责任对象的定位层次范畴和责任品质结构的内容范畴。这样三个维度的内容范畴组成一个立体空间，就是学校负责任教育的总体内容。”①其中“个体责任对象的定位层次范畴”与李尽晖类似，遵循的是“修齐治平”的传统思维，但是都没有说明个体与社会结构之间的关系。

本人所提出并将要论述的“负责任的教育”理念真义则比如上表述要宽泛得多，有着本质的区别。是与“素质教育”“人民满意的教育”相并列的一种提法，涉及追求什么样的教育、办什么样的学校、培养什么样的人、如何培养人等大问题。

当今我国正在推进教育治理现代化，其中有两个根本问题必须要解决，即“培养什么样的人、如何培养人”。这个问题的解决，必须具备正确的价值取向，以党的教育方针

① 崔欣頠：《学校责任教育论纲》，南京师范大学 2005 年。

和社会主义核心价值观对教育治理现代化发挥导航作用，真正办好“负责任的教育”。

第一节　责任的本质探寻

我国传统社会是一种家庭本位的伦理社会。在这样一种社会结构里，个人的责任更多的是一种伦理责任。因此，有研究者概括为：“中华民族的伦理文化和道德精神源远流长，博大精深，其中蕴含着丰富的父慈子孝、兄爱弟悌的家庭责任伦理；修己安人、仁者爱人的人际责任伦理；重义济世、敬业乐群的职业责任伦理；天下兴亡、匹夫有责的社会责任伦理；民胞物与、爱惜万物的环境责任伦理等责任伦理思想。”

中国古代并没有真正意义上的国家观，各王朝所持有的是天下观，即“普天之下，莫非王土；率土之滨，莫非王臣”。中国传统社会是一种家国一体的社会，而且以家为基础，即“家国”。如复旦大学文学院院长葛兆光所说：“家是国的基础，家族的秩序和原则放大了，就是国家的秩序和原则。”孟子说：“人有恒言，皆曰，‘天下国家。’天下之本在国，国之本在家，家之本在身。”（《孟子·离娄上》），也就是《大学》里的“正心、修身、齐家、治国、平天下”的意思。这就是我国的传统社会结构观。

在这种家国一体的社会结构里，个人对于家国都有责任，如“孝”乃是一种家庭责任的表现，而“忠”则是国家责任的体现。就家庭而言，在大家庭这种社会结构里，“父慈子孝、兄友弟恭”这种人伦关系本身就规定了每个家庭成员的角色以及相应的责任和义务，诸如父慈、子孝、夫和、妻柔、兄友、弟悌、长惠、幼顺等。因此，在某种意义上，“齐家”就是要求人人必须具有家庭责任感。而“一旦一个人成为家庭人伦中的一员，便应当承担这种伦理关系所规定的责任与义务，亦即履行以孝、慈等为形式的责任”。对于这种责任也有一种赞赏或惩罚的社会体系，如立贞节牌坊、举孝廉等措施。

而对于国家而言，国人的责任意识也是很强的。就普通人来说为“天下兴亡，匹夫有责”，就社会精英来说，则有着更多的忧患意识，如范仲淹的“先天下之忧而忧，后天下之乐而乐”，张载的“为天地立心，为万民立命，为往圣继绝学，为万世开太平”。这些都是社会精英们社会责任感的典型体现。这种责任是从家延展到国的，从个体的“修身”开始，向外在的集体社会事业扩而散之，就形成了国人“治国、平天下”的社会抱负。正是这种从普通人到社会精英们的责任感和忧患意识，才使得我们这个多灾多难的民族能够绵绵不绝地生存下来，并相对完好地保存了中华民族文化。

与西方社会文化体系相比，我们的责任观主要是一种个体对结构的责任，无论是角色的责任还是社会历史责任。所以有人说：“对群体的责任感和义务感是整个中华民族从天子到庶人的共通的一般的社会心理结构。”当然，在今日个体化与陌生化的社会转型之中，这种强烈的群体责任已经遭到了最严峻的挑战。今日各行各界都强调“责任”，实质就是一种社会的责任危机意识。但是，无论是社会的反应，还是学界的研究，所持的“责任观”仍然是传统的责任观，一种个体对结构负责的责任。现代社会的个体化与陌生化趋势挑战着这种传统责任观，要求其创造性地转化或做出某种更新。

但是，我们也要认识到，东西方责任观的比较应该有一种历史维度。比如，一些研究者认为，与中国相比，西方伦理学中的“道德责任”把责任与自由牢固地联系在一起，强调责任从自由而来，道德责任首先体现为对自己的自由或自由的自己负责。实际上，这是把中国的传统责任观与今日西化的现代道德责任观相比较，忽视了两者对应的社会时代的差异。

当然，中国与西方的确有一些差异。这种差异是在处理个人与结构这两者关系的侧重上的差异。西方强调个人是责任主体，强调责任的自然性，而我们强调个人与结构的一种相互联系，即社会责任与自我实现的统一，强调责任的社会性。这种差异恰恰是中国式思维的体现。如华东师范大学人文社会科学学院院长杨国荣指出：“以亲子关系而言，当子女来到这个世界时，作为子女生命的给予者，父母便将自己置于一种责任关系（对子女负有养育之责）；同样，作为关系的另一方，子女具有对父母加以尊重、关心的义务，这不仅仅是一种简单的回报，而是以上伦理关系本身蕴涵的内在要求。这种责任的相互性不仅仅是指双方的相互回应，还指个人在履行自己在某种社会结构中的责任的同时，也成就了自我，即为己为人是相互关系的。”

一、责任的含义

（一）责任的词源分析

在中国古代典籍中，“责任”的含义是通过“责”“任”二字的单独使用来表达的。笔者通过查阅典籍，将“责”“任”的主要用法归纳如下。

“责”的用法和含义包括以下几个方面：

其一，义务，责任，免责。《书·金滕》云：“若尔三王，是有王子之责于天。”《古汉语常用字字典》注：“责——责任。陈亮《上孝宗皇帝第一书》：‘百司逃责’。”百司就是百官。逃，逃避。百司逃责，就是百官逃避责任。

其二，责问，责备；斥责；自责；非难，谴责之义。《论语·卫灵公》：“躬自厚而薄责于人，则远怨矣。”

其三，责罚。《论衡·问孔》：“责小过以大恶，安能服人。”①

其四，索取；责求。《说文解字》：“责，求也。”

其五，要求，督促。《荀子·宥坐》：“不教而责成功，虐也。”

“任”的古今义基本相同。(1)责任；职责。如诸葛亮《前出师表》：“至于斟酌损益，进尽忠言，则攸之、祎、允之任也。”②(2)担当；承担，如任劳任怨。《说文》解：“任，符

① 许慎：《说文解字》，中华书局 1983 年版，第 130 页。

② 《辞海》，上海辞书出版社1999 年版，第 620 页。

也。"何谓符?"符,信也,汉制以竹六寸分而相合。"综合分析,"任"就是因相信你而交付给你的责任。

按照《汉语大词典》的解释,"责任"有三重含义:其一,使人担当起某种职务、职责;其二,分内应做之事;其三,做不好分内应做的事,因而应该承担的过失。[①] 概括来说,对责任的理解可以包含两方面:分内应做之事和失责后应承担的惩罚。

西方语境中的"责任",词源上来自拉丁文(respondo),意味着回应或响应,英语中"责任"被认为是回应或响应的能力,即"责任=回应+能力"[②],其中可见责任能力在责任结构中的重要性。此外,责任表达多层面的背后反映出当代人所在社会结构的多样性,人要为自己所在社会结构的规范和要求负责。从实际用法上来看,西方也很早就有依据行为的结果而承担责任的理解,例如伊壁鸠鲁曾明确地指出:"我们的行为是自由的。这种自由就形成了使我们承受褒贬的责任。"

由于现代社会结构的多样性,"责任"的内涵也因此具有复杂性和多样性,人们可以从政治、经济、法律等多角度关注责任,对于责任的理解也往往与个人的自由、权利与义务等问题息息相关。

歌德有言:"力量越大,你的责任就越大。"2007 年,比尔·盖茨在哈佛大学毕业典礼上告诫未来精英时,也讲道:"你的能力越大,你对社会的责任越大。"随着人类社会的发展,人类拓展的文明越来越丰富多样,责任的概念及含义也随之不断扩展。从个人角度来说,现代科学技术的进步使人的交往领域拓宽,同时改造世界的力量得到增强,由此,个人扮演的角色越来越丰富,相应地,人的责任范围也在日益扩展。从社会和团体的角度来说,社会、团体、行业甚至国家的责任都在日渐突显。19 世纪下半期以来,全球共同防治艾滋病、保护地球生态环境的倡导、20 世纪以来推行国际理解教育的理念等都是当代社会道德思考的重大课题。

(二)责任的含义

在这个世界上,每一个人都扮演着不同的角色,每一种角色又都分别承担着相应的责任,即"分内之事"。因此,对于社会人来说责任无处不在,既具有普遍性,也具有特殊性,从社会规定性方面来说责任是一种客观需要,而对责任主体来说责任又是一种主观追求。

《世界伦理道德辞典》认为道德责任是"人们为自己行为的善恶所应承担的责任"。"它包含两方面的含义:一是指在一定道德意识的支配下,人们对社会、集体和他人所自觉承担的责任;二是指人们对自己行为的过失及其不良后果在道义上所应承担的责任。"[③]康德将其简练地概括为"做应该做的事"。

---

① 《汉语大词典》,汉语大词典出版社1992 年版,第 91 页。

② 郑富兴:《责任与对话——学校道德教育的现代性思考》,中国社会科学出版社 2011 年版,第 243 页。

③ 何建华:《道德选择论》,浙江人民出版社 2000 年版,第 107 页。

《不列颠百科全书》指出“公民身份意味着伴随有责任的自由身份”，即自由是责任的基础。行为主体的责任必须建立在两方面的前提之上：“我”与行为同一，“我”必须是行为的所属者，即某一行为的主人；“我”的意志与行为同一，该行为必须属于“我”。这表明具有道德责任这一属性的行为是行为主体、意志自由与行为本身的同一。

《责任决定一切》[①]一书阐述道，责任是一个完整的体系，包含五个方面的基本内涵：责任意识，是“想干事”；责任能力，是“能干事”；责任行为，是“真干事”；责任制度，是“可干事”；责任成果，是“干成事”。

笔者认为，社会生活中的人依据其先天禀赋和社会角色，各司其职，对于做某事和不做某事具有相应的职责和义务，即为责任。责任确切的含义可概括为：社会成员或行为主体自觉履行其社会角色要求的分内事（职责、任务、使命等），并对其实际所为的行为状况和后果承担一定的义务。

一般而言，责任由责任情感（责任意识、态度等）、责任能力和责任行为三个方面构成。亚里士多德有言：责任实现包含自愿与能力两个要素，而词源上看，“责任＝回应＋能力”(responsibility＝response＋ability)，这些都表明责任具有意识和能力两个维度，前者是指行动的意愿，属于情感层面；后者是行动的能力，能力包括理性和行为，即进行责任判断的能力和履行实际责任行为的能力，两者同时具备，最终达成责任行为。

二、责任及相关概念

责任无处不在，与人类息息相关。责任是道德建设的基本要素，责任是成就事业的可靠保障。前文已述，由于人类社会结构的复杂性，个体相应承担的责任也日益复杂，这就需要我们从不同的层次来理解具体的责任内容。然而，随着时代的发展，责任变化的只是内容的不断扩充，不变的是其本质特征。这也是出于中西不同语境之下，责任的表达虽有不同，但其用法都能相互印证的原因所在。

（一）责任的分类与特征

1. 责任的分类

责任内涵丰富，可以从不同层次、不同形式来区分。

较早的划分方式源自于康德，主要分为两大类：(1)责任的对象方面，分为对自己的责任和对他人的责任；(2)责任的约束程度方面，分为完全责任和不完全责任。两个维度交叉互补，又可以进一步细化为：对自己的完全责任（如保护生命）；对他人的完全责任（如信守诺言）；对自己的不完全责任（如发展能力）；对他人的不完全责任（如济困扶危）。

意大利思想家朱塞佩·马志尼将人的责任依次划分为四种：对人类的责任、对国家

① 唐渊：《责任决定一切》，清华大学出版社 2010 年版。

的责任、对家庭的责任、对自己的责任[①]。责任又因社会角色不同而有所区分，如家庭责任、职业责任、领导责任等；根据责任发挥作用的方式，可把责任分为法律责任和道德责任。法律责任设定了公民的基本道德责任和义务，划定了社会的基准线，而与之相对应的道德责任则属于高出法律责任水平之上的广阔的道德领域。道德责任依据个人道德情感和道德判断，引导人们的规范意识，提升理想人格。

从资料来看，各种分类思路都与康德的分类基本相似，所不同的是采用对象层次的划分方式较多并且在具体内容表述上略有不同，表明按照对象进行区分也更容易为人们所理解和接受。本研究对于责任分类的界定也采用对象维度的划分方式，包括对自己的责任、对他人的责任、对社会的责任和对自然的责任，责任的对象层次是层层递进的关系。对自己的责任，完善独立人格，挖掘人性潜能，向着真、善、美的方向发展等都是题中之义；对他人的责任是尊重与关怀的统一，尊重他人的尊严、人格与权利，同时关怀他人的命运、对他人的疾苦感同身受；对社会的责任是以上两方面的延伸，因为只有人人都能对自己负责、彼此之间相互负责，才能形成一个健全的负责任的社会。对于社会的责任可以扩展为对于个人所处的集体、组织以及国家、民族等利益共同体的责任；对世界的责任，则是人自身出于类主体视角的关怀，人不仅要考虑有限的自身，还要关注人类的长远利益，人要对生存、生活于其中的自然环境和人文环境负责，这一点也可以说是对社会的责任的延伸。

2. 责任的特征

虽然责任的内涵与分类都是不断变化的，但是责任作为“人的本质规定性”的这一本质决定了责任的特征不会随着形式内容的变化而变化。

首先，责任具有客观性，即社会规定性。人是一切社会关系的总和，正如马克思所言，“作为确定的人，现实的人，你就有规定，就有使命，就有任务，至于你是否认识到这一点，那都是无所谓的……这个任务是由于你的需要及其与现存世界的联系而产生的”[②]。从结构与主体之间的关系来看，责任是特定社会结构对个人的角色期待，作为社会成员，人对于自己相关的他人和社会整体应该承担一定的使命、职责和义务。

其次，责任具有自律性。马克思曾说“道德的基础是人类精神的自律”，黑格尔指出“道德之所以是道德，全在于具有知道自己履行了责任这样一种意识”，真正道德价值的行为“它完全是内在的”“不明显的”。一方面，责任行为的产生是以人的自由意志的决定为基础，社会规定性是外在于主体的，而行为主体若要采取行动必须经由其自由意志的决定而后付诸实施。另一方面，自由意志是相对有限的。人的精神自律，在选择之前对行为动机有制约作用；在行为当中具有监督作用，符合道德要求的予以激励和强化，不符合的，责任感则迫使自身纠正和克服。而在行为之后，人的责任感对行为的后果和

---

① 博尔顿·金:《马志尼传》，商务印书馆1997年版，第220页。

②《马克思恩格斯全集(第3卷)》，人民出版社1952年版，第329页。

影响有评价作用，后果良好则感到满意，失责便感到愧疚。

最后，责任还具有选择性。康德认为人的责任来源于人的自由意志的选择，自由选择设定了人的道德责任。道德责任是一种精神自律，在思想意识层面的自我约束和积极提升，正是个体责任品质的表现，“责任品质的根本意义就在于指导人们亲自经历生活实践，依据事件的不同，作出出于自身责任的不同道德选择”[①]，这也是开展责任感教育的必要性所在。通过责任感教育旨在使行为主体明确责任意识，在采取实际行动之前预测并权衡行为可能产生的种种后果，从而坚持、放弃或是调整自身行为的选择和践行，以达到规避不良影响，积极寻求正面效应的目的。

（二）责任的相关概念

日常生活中，我们对于“责任”有很多不同的表达方式，比如说，强烈（淡薄）的社会责任感、责任心强（弱）等等，这些都是人们用来衡量、评价个体承担责任状况或能力时常用的语言表达。以下，笔者将对“责任意识”“责任感”“负责任”“责任品质”等责任的相关概念做一些剖析。

1. 责任意识

责任意识是公民对个体所担当的社会角色以及该角色应履行的义务的自觉认识，并具有在自觉认识的基础上把责任转化到行动中去的心理特征。从字面上来看，它更多的是一种意识状态和活动，较少含有情感、动机、意志、信念、价值观等成分。责任意识是个体人格完善的标志，而且也是维系正常社会关系，保证社会结构有效运行的重要保障。

2. 责任感

责任感，《现代汉语词典》[②]解释为：自觉地把分内的事做好的心情，又称“责任心”。简言之，责任感是指个体积极履行责任的态度特征、行为倾向以及行为过程中及之后的情绪体验，带有个体信念、意志和决心的意味。责任感是一种较为高级和复杂的社会情感，能催生出智慧和能力，能促使人去做有益的事情，并因工作成功而感受到一种尽责和胜任的欢愉和满足，也正是在这种负责行事的过程中，提升了人的社会意识，责任感是一切劳动和创造性行为的内在动力。如果说“责任”一词因其社会规定性而带有一定的被动色彩，“责任感”则具有主动的色彩，是一种对于履行责任的较为积极的精神状态。我们通常所言的社会责任感主要是指一个享有独立人格的社会成员对国家、集体以及他人所承担的职责、任务和使命的态度，作为一种道德情感，社会责任感是知、情、行的统一，是人的内在精神价值和外部行为规范的有机结合。某种程度来说，人的社会化过程，就是培养自己的道德责任感的过程，而人在践行自身内在精神价值和外部行为规范的同时，也在实现着自身的社会价值，因此也可以说责任感是一种生产性的道德力

① 崔欣颜：《学校责任教育论纲》，南京师范大学2005年。

② 中国社会科学院语言研究所词典编辑室：《现代汉语词典》，商务印书馆2002年版，第1574页。

量。古今中外的先贤圣哲，那些彪炳史册的英雄俊杰，皆是怀抱着强烈的社会责任感和高尚的价值追求，“先天下之忧而忧，后天下之乐而乐”，把实现个人价值与推动历史发展进步有机结合，从而为人类的进步做出了巨大的贡献。

3. 负责任

“负责任”是指人们在职责和角色需要的时候，毫不犹豫地承担并肩负起责任，责无旁贷地挺身而出，认真踏实地全力履行自己的义务，并在承担义务当中激发与付出自己的全部能量，坚守自己的职责。即承载责任、履行责任、守卫责任。

“负责任”说到底就是要勇于担当。所以，“负责任”应当成为一个好公民的人生底色、文明根基与精神气质。因此，人们常说：“负责任”的国家、“负责任”的政府、“负责任”的公民；“负责任”的学校、“负责任”的教师、“负责任”的学生、“负责任”的家长等等。

“负责任”是省泰中教育理念的精髓。笔者认为，所谓负责任就是要承担应承担的义务，完成应当完成的使命，做好应当完成的分内事，正如习近平总书记所说：“担当起该担当的责任。”

古人云：“能担当者，终成大业。”一般地说，负责任的人会以一定的方式受到认可或奖励，不负责任的人会受到某种谴责或惩罚。

相对于“负责任”来说，其反面是“不负责任”。剖析“不负责任”的根源，主要有：无责任意识、懒惰、无能。

曾有一位修道士说，在这个世界上有三种人：第一种人有一条命，叫性命；第二种人有两条命，即性命和生命；而第三种人，他们有着三条命：性命、生命和使命。有人说，这三种“命”分别代表着生存、生活和责任；也有人说，第一种人平庸，第二种人优秀，第三种人伟大。而平凡之中见伟大，所以，每一位有进取精神的人都应当努力做一名“负责任”的人！

4. 责任品质

品质指行为、作风上所表现的思想、认识、品性等的本质，责任品质就是责任行为作风所表现的思想、认识、品性等的本质。中西学者都有将道德品质“看成是道德认识、道德情感和道德行为的统一体”的观点，因而责任品质也应是责任意识、责任感和责任行为的统一体，“稳定的责任意识、责任感和责任行为一旦形成，就构成了人的责任品质”①。

责任意识是一种事先的主观自觉，责任行为是责任感的外在表现，是衡量责任感最直观的标志，而责任感主要是个体在整个责任行为过程中的内心感受和情感体验，以自我意识、自我自由、自我负责、自我价值追求为核心的主体性是责任品质的基础。强烈的责任意识是驱使人自觉采取责任行为的心理动机，在意识到行为的过程中激发责任感的形成，而经过相互作用，责任感的形成又能促使人能够做出积极的责任意识反映并

① 王友菊：《论加强中学德育学科中的责任教育》，首都师范大学 2003 年。

落实到责任行为的实施，自觉的责任行为以及责任行为所形成的积极或消极后果必然加深责任感体验并强化责任意识。因而，对于责任品质的形成来说，三者缺一不可。

第二节 “负责任的教育”理念概述

一、“负责任的教育”内涵

北宋时期，讲学于泰州的理学家、教育家胡瑗曾提出“致天下之治者在人才，成天下之才者在教化，职教化者在师儒，弘教化而致之民者在郡邑之任，而教化之所本者在学校”，胡瑗先生的教育思想之所以流传千年仍然熠熠生辉，原因即在于他深切的责任情怀及其对于政府、学校、教师在人才培养方面的责任担当的真知灼见。

坐落在泰州中学老校区内的安定书院

2005年，我担任江苏省泰州中学（以下简称“省泰中”）校长后，在深入研究胡瑗教育思想、关注中外教育发展趋势、反思国内教育现状、联系学校发展实际的基础上，旗帜鲜明地率先提出“负责任的教育”理念（以下简称“责任教育”），通过全校师生的反复讨论和教代会通过，最终确立了“倡导负责任的教育”的办学理念。这一理念的提出基于学校千秋文脉、基于责任、基于国情、基于时代。

“负责任的教育”理念的内涵简而言之就是要办对学生、对教师、对学校、对社会、对未来负责任的教育。其根本宗旨是造就人的责任情怀、担当精神，以及履行责任的本领。从政府与教育部门层面来看，就是要站在民族担当的高度，增强民族责任感和战略意识，保障教育优先发展地位，尊重教育规律，科学、理性地制定符合社会实际并对学校和师生、家长、社会负责任的法规、决策，并作出相应的服务、指导与评价，共同营造负责任的教育生态环境；从学校教育教学管理层面来讲，就是真正以人的发展为本，对教师的师德修养、教育教学行为和自身专业发展负责，对学生的个性发展、全面发展和终身发展负责；从教师的层面来讲，就是要不断强化对教育事业负责任，对自己的教育教学行为负责任，对每一位学生的自主学习、健康成长与终身发展负责任的自觉意识，帮助学生增强社会责任感，掌握履行责任的知识与技能，进而创造美好未来的责任人生；从学生的层面来讲，就是要对自己的未来负责，学会做人、学会学习、学会合作、学会创造、学会生存，牢固树立完善自我、服务他人、回馈社会、报效祖国、造福人类的责任意识，使自己具有天下胸襟、家国情怀。

"负责任的教育"着眼于立人之本，可谓大道至简，质朴无华。其内涵深刻，品位高雅，超越时空、跨越国界，适合各类人群，适合政府部门、教育机构、学校、家庭、社会。因而具有哲理性、基础性、普适性等特征。政府与教育相关部门、学校、家庭、社会都应当是实施"负责任的教育"的主体，政府官员、教育部门负责人、校长、教师、家长等都有义务履行好各自的教育责任，协力同心营造"负责任的教育"生态环境，携手办好"负责任的教育"。

教育是民生，也是国计；教育是今天，更是明天。培养什么样的人，反映着教育的价值取向，是教育的根本问题。著名教育家陶行知曾说过："教育是什么？教人变！教人变好的是好教育，教人变坏的是坏教育，活教育教人变活，死教育教人变死，教人不变的不是教育。"办"负责任的教育"，就是要办对学生负责任，对老师负责任，对国家、对民族、对社会负责任，让人变得正直、聪明、灵活、能干、顶用的好教育。推进"负责任的教育"是一个系统的工程，需要全社会理解、支持，整体联动，共同努力，共同参与，共同担当起责任。

(一)"负责任"的政府

2014年9月5日《讽刺与幽默》有一篇文章写道："由于没有制度的限制，有些人一当上官就觉得自己真的越来越英明，真的以为谁官大，谁就有智慧，谁就不是人是神了，连尿尿他都以为呲得比别人远。"如今，联想起有的教育行政官员或分管领导上任后自以为是，往往急功近利，无视教育规律，拍脑袋决策指挥，搞形象工程，做表面文章，今天这种说法，明天那样要求，一会儿提倡素质教育，一会儿又为应试教育大唱赞歌，评价有失公正性，学校无所适从，结果是苦了教师、害了学生、损了学校、忽悠了家长。这样的教育能培养出高素质的创新人才吗？算得上是"负责任的教育"吗？

负责任的国家需要"负责任的教育"，要成为负责任的国家和民族，必须办好负责任的教育。政府和教育行政部门必须有所作为，下决心、花气力校正教育的"航向"，真正给予学校办学自主权，扎实推进素质教育，鼓励学校多元发展、特色发展，不当应试教育的"宠儿"，也不能倡导以升学率高低论英雄为导向的评价观、政绩观，不做变相的"幕后推手"。

从宏观角度而言，"负责任"的政府首先是指国家制定正确的教育方针和政策以指导教育事业的发展方向，治理好教育环境。《国家中长期教育改革和发展规划纲要》中指出："着力提高学生服务国家、服务人民的社会责任感，勇于探索的创新精神和善于解决问题的实践能力。"党的十八大报告强调："把立德树人作为教育的根本任务。"胡锦涛同志曾经强调：要充分调动全社会关心和支持教育的积极性，共同担负起培育下一代的责任。要紧紧依靠广大教师和教育工作者，引导他们增强教书育人的责任感和使命感，大力弘扬优良教风，关爱学生，严谨笃学，淡泊名利，自尊自律，全心全意帮助学生全面发展，做学生健康成长的指导者和引路人。

从微观角度来说，“负责任”的政府是指各级政府部门在制定教育方针政策时严格遵循并落实国家有关教育的大政方针，结合地方实际制定出切实可行的政策措施以推进地方教育的发展。例如，2009 年 6 月 12 日，江苏省省委、省政府办公厅转发省教育厅等四部门《关于进一步规范办学行为深入实施素质教育的意见》；2009 年 7 月 29 日，江苏省第十一届人大常委会第十次会议审议通过了《江苏省学生体质健康促进条例》，并从 2009 年 9 月 1 日起施行。《意见》和《条例》的出台，是江苏教育改革发展史和教育法制建设史上的大事，对于全面贯彻党的教育方针，深入实施素质教育，减轻师生过重的课业负担，增强学生体质，促进学生健康成长，提高人才培养质量，增强民族素质等，均具有十分重要的意义。《意见》和《条例》的实施，体现了党和政府部门已经对改变教育现状给予的高度关注，表明了“坚定不移地规范办学行为，坚持不懈地推进素质教育，坚韧不拔地减轻过重的课业负担，努力办好让人民满意教育的高中教育”的鲜明态度和坚强决心。但在现实社会中，对于教育法律、法规、文件，有法不依、有禁不止的现象仍较为严重，而根子往往就在于部分领导政绩观扭曲了，盲目追求与攀比高考“GDP”。

“改变基础教育，从改变分管县(区)长开始”！2014 年 12 月中旬，江苏省委组织部和省教育厅联合举办深化基础教育改革专题研究班，全省各市、县(市、区)政府分管教育工作的负责人及各省辖市教育局局长汇聚南京。“分管县(区)长可以说是当地教育的‘舵手’，一位好舵手，才能带领领成千上万师生鼓足风帆、破浪前进，才能更积极地推进基础教育领域综合改革。只有与时俱进地改变分管县长的思维方式、行为导向、实践路径，才能让基础教育发展更为理性、办出水平，改革更有成效、办出活力，治理更加有力、办出特色。”省委组织部副部长胡金波在专题报告中一针见血地指出。

师生的幸福指数全在于教育“舵手”们掌控，但愿各位“舵手”勿要成为应试教育的“旗手”、拖素质教育后腿的“拖手”！但愿省委组织部和省教育厅的这一招能尽快奏效！

(二)“负责任”的学校

人的素质是综合国力的重要表现，每一位教育工作者都应该从国际竞争的严峻现实以及国家发展的战略高度出发，深刻认识提高青少年学生素质的重要性，从提高全民族素质的高度大力推进素质教育，努力构建和谐教育。学校教育应该自觉贯彻执行党的教育方针和政策法规，自觉遵循教育教学规律，崇尚科学、理性、智慧、和谐的高品位教育，不当应试教育的“急先锋”。负责任的国家需要“负责任的教育”，要成为负责任的国家和民族，必须依靠负责任的教育；要办好负责任的教育，必须依靠负责任的学校；要培养负责任的学生，最终必须依靠负责任的校长和负责任的教师。那么，学校作为实施“负责任的教育”的重要主体之一，校长作为办“负责任的教育”的重要责任人，究竟如何办好“负责任的教育”？笔者认为“负责任”的学校包含以下几个层面。

1. 校长的责任引领

校长是学校的核心，是学校发展的关键，教育家陶行知说过：“校长是一个学校的灵魂”，“一个好校长就是一所好学校”。校长的作用之于一所学校是如此重要，那么身为校长的责任担当已不仅仅限于一名教师的责任那样单纯，校长必须着眼学校的发展、以教育家的高度思考办学的问题、以管理者的高度思考如何让学校井井有条而又生机勃勃。对于一校之首的校长而言，“负责任”应包含四层含义：一是要对学生负责，让他们在当下受到优质的教育，为未来成为有用人才而打牢基础；二是对教师负责，要不断地升华他们的思想境界，持续地提高他们的教育教学能力；三是对自己负责，在任期间，不但学校发展了，自己的品格、学识、文化与能力素养也逐步提升了；四是对社会负责，学校是一个文明窗口，应当成为当地精神文化的一方圣地。

做一个好校长，不仅是校长良好的意愿，更是一所学校、一方教育的美好愿景。记得有一位校长说过，校长应该成为学校的第一“名师”“大师”，成为学校的第一品牌。笔者始终认为“做教师要做学者型教师，同样，做校长要做一个学者型、专家型校长”。接任省泰中校长以来，“如何当好一名校长，成为备受学生、老师、家长敬重的学校‘领军人物’”一直是笔者深入思考和坚持探索的问题。概括来说，笔者认为应做到以下几点。

首先，校长应做到“五观”端正，“五力”齐具。“五观”端正，即树立起正确的教育观、人才观、质量观、人文观和幸福观；“五力”齐具，即培养自身的人格魅力、学识魅力、文化力、领导力以及创新力。作为引领学校发展与创新的一校之长，需要有高度的责任感和使命感，高尚的人格魅力，渊博的学识素养，丰富的文化内涵，坚强有力的领导才能，健康的情趣爱好，超前的创新意识。没有人格魅力的校长不会有良好的“公众形象”，难以让师生敬重；没有学识魅力的校长难以引领师生发展，难以引领学校发展；没有高度事业心和责任感的校长难以培养出负责任的老师和学生；没有胆略和领导才能的校长难以开拓创新。

其次，好的校长要做到“三大”“三有”和“三靠”。“三大”即对待教育事业要有大爱，时刻将学生、教师和家长放在心中，同时从事学校管理要胸怀宽广、善于包容、科学理性、讲究品位，做到大度并且大气；成为一名好的校长应做到“三有”，即有自己的办学理念、有自己的理想追求、有自己的个性风格；“三靠”：即靠爱心、靠责任、靠智慧教书育人治校。

仅有作为一名校长必备素养的理念思考并不足以成就一名好校长，如何成为一名好的校长并最终落实在学校管理实践的层面呢？苏霍姆林斯基说：“校长领导学校，首先是教育思想的领导，其次才是行政上的领导。”校长是“师者之师”，校长的引领对于学校生存状态、办学品位、持续发展与不断创新，有着巨大的影响力，作为一个校长，首先必须要有自己的办学思想和理念。这既是校长职业化成长的需要，也是校长专业化程度的标尺，是校长能否成为好校长的关键。校长的办学理念在很大程度上决定着学校的发展高度，决定着整个学校的教育行为。具体而言，笔者认为“师者之师”肩负的责任引领主要包括：人格魅力引领、精神文化引领、专业学识引领、卓越目标引领和治校方略引领五点。

（1）人格魅力引领

毫无疑问，作为一所学校的校长，应当是旗帜，是榜样，是领头羊，是引路人，是学校掌门人。校长应当有思想，有智慧，有激情，有威信。校长独特的人格魅力、凝聚人心的亲和力、善于驾驭全局的领导力，是引领学校发展之本。

① 校长的人格魅力

孟子曰：“以德治人，心悦诚服也。”学校，乃是塑造人类灵魂的地方，它在一种和谐、优美的氛围中孕育着人的心灵。因此，作为校长，必须具有一种人文精神，这种人文精神将转化为一种人格魅力，这种魅力引导全校师生不断地塑造自己的心灵，不断地向更高的目标迈进。管理的实质是影响他人为目标而工作，真正的管理者，其领导能力来自让人钦佩的人格，人格魅力铸就领导艺术。作为管理者要不断地完善自己的道德情操，用高尚的品格感染人。唯此，才能“其身正，不令而行”。

此外，校长兢兢业业的工作态度、一丝不苟的负责精神，经常深入教育教学一线的踏实作风，是最具说服力的道德示范，只要将道德、人品、文化“三位一体”了，就能给师生带来一股强大的精神动力。“道德就是力量”便是说的这个道理。因而，可以毫不夸张地说，一所学校有一位人格高尚、受人尊敬的校长，应是学生之福、老师之福、家长之福、社会之福。正如布鲁纳所阐述的，教师的人格不仅仅是个人的事，更关乎对学生的影响，校长的人格魅力更是影响到学校。在一个有影响力的学校，处处体现着校长的气质和人格个性，这就是人格管理的魅力。校长对教师群体的号召力从校长的人格魅力中来，领导人的威望也从人格魅力中来。校长的人格魅力是磁石，它能使校长把全校师生员工吸引过来，凝聚在一起，围绕着学校发展的共同愿景而共同奋斗。

蒋建华校长与部分老师交谈

那么校长的人格魅力究竟来自哪里？

古语讲“公生明，廉生威”“政者正也”。校长的人格力量比权力的影响更大，更有效，也更持久。校长是师德的表率、教师的楷模，要常修为师之德，常怀律己之心。“君子至德，默默而喻；未施而亲，不怒而威。”如果校长重视自身的非权力性影响，以道德的准则加强自律，以身示范，就能做到以德聚人、以德感人、以德励人。这样的校长在师生中自然会树立良好的“公众形象”，建立起领导权威，真正发挥其影响力、感召力和凝聚力。

以情感人，坦率真诚。所谓感人心者，莫过于情。校长在讲规定、讲原则的同时要富有人情味。有人曾问日本松下株式会社第一任总经理：“你的经营奥秘是什么？”他回答：“待人以诚。”无数事实告诉我们，“巧伪不如拙诚”，“以诚感人，人亦诚而应”。

平等尊重，服务大众。正如邓小平同志所指出：“什么叫领导？领导就是服务。”校长应从大局出发，全心全意地为教职工服务，尽力满足他们的期望，取得他们的信任与支持。校长对于教职工的尊重有利于学校形成一个温暖的大家庭的氛围，教职工就能安心工作，发挥自身的积极性，为大家庭作出贡献。

② 校长的亲和力

苏霍姆林斯基认为，“全体教师团结一致是教育教学工作成功的保证”，校长要把教师凝聚成为“由热情人组成的友爱集体”。要达到这样的境界，必须依靠校长的亲和力。校长要有足够的威信，以其品德、学识、才能、作风、气度等凝聚成校长角色的特有魅力，才能对全校师生产生足够的吸引力，愿意集中到校长的“旗帜”之下，教师甘于奉献，学生勇于进取，让校园充满活力，给学校发展带来勃勃生机。那么，怎样的一种气质具备亲和力呢？乌申斯基有言：“一种真诚的理解和信任的关系，一种和谐安全的气氛，是成功的学校和教育的保证……校长作为学校的主要教育者，校长个人的范例，对教师的心灵而言，是任何东西都不可能代替的最有用的阳光。”

做一个有亲和力的校长，并不是件容易的事。因此，乌申斯基要求教育者：改变传统观念，尊重师生的差异，鼓励个性发展，使他们感受到真诚和仁爱；在工作和沟通中讲究艺术和方法，这样才能与他们的心灵保持零距离。校长的亲和力产生于自身正直、质朴的人格魅力之中，产生于对师生的挚爱之中，产生于对师生的人文关怀之中，产生于对师生温和友善的态度之中。一个明智的校长懂得善于运用感情的力量，凝聚人心，最大限度地发挥员工和学生的积极性，为实现学校发展目标而积极、主动、创造性地进行工作，他应该在讲原则时丝毫不放松；但与人相处时，平易近人，温和如春；与人交谈时，平心静气，循循善诱，以理服人。校长的亲和力来源于校长精湛渊博的业务素养，来源于校长富有人情味的工作艺术，来源于校长的高尚品德和务实作风。

2008 年 5 月 26 日蒋建华校长参加奥运火炬传递后与部分师生合影留念

③ 校长的领导力

巴格莱曾讲:“教师对学校和教育过程应当拥有控制权……作为校长更应该具备统揽全局的能力。要在把教育的主动权交给教师的同时,站在全局的高度上对教师的职责和能力提出极高的要求,全面指导学校工作。”校长自身的组织能力、协调能力、演讲口才、工作热情、领导艺术、资源整合能力等综合素养如何,将直接影响着学校的运行态势、办学品位和发展前景。

执行力是学校管理成败的关键。一个学校,要有竞争力,必须提高执行力,只有当执行力得到落实的时候,这所学校才具备了一定的核心竞争力。因而,一个学校的执行力如何,也反映了校长的领导力如何。

校长的领导力在实践中生成。在当前教育竞争日趋激烈的背景下,必须依靠校长的领导才能,引领教师正确对待竞争,发扬团队精神,变“你死我活的竞争”为“在合作中竞争”,促进人际关系和谐。同时还要注意改善学校生存环境,引领校际之间的和谐竞争,避免恶性竞争。

(2) 精神文化引领

诗人说:学校要让年轻人的心激荡,走进学校应当让人感受一种神圣、魅力和诗意。教育家说:学校应当成为教师和学生最向往的地方。我认为:一个历史名校如果没有自己独特的教育思想(理念),就像一棵烂掉了根的大树,而无文化之根的教育培养的人只能是“空心人”。这自然就给校长的文化素养与充分发挥精神引领作用提出了更高的职责要求。

因创办玉川学园而享誉世界的教育家小原国芳认为:“我们学校成功的原因之一就是它的文化,好学校应该有好的文化,校长应是学校文化的创建者和引领者,一个好的学校文化能发挥最大的磁力，吸引教师和学生的注意力，学校文化在学园里发挥着与众不同的作用。”什么样的学校才能让年轻的心向往和激荡？

好的学校需要校长的“精神文化引领”。好的校长不仅能带出一所好学校，把正确的办学理念融入教育教学的各个环节中，实现“有一个好校长就有一所好学校”，同时，好的校长也应构建好学校文化，继往开来，对已有的校风、教风和优良传统不断发扬光大，做到“一个好校长走了还是一所好学校”。好的校长的第二重境界正言明了校长建设校园文化的重要性。好的学校应该是具有丰富智力背景和深厚文化底蕴的学校，并以丰富的智力背景和深厚的文化底蕴引导教师和学生去学习、思考、探索和研究，没有文化的学校就失去了办学的品位，自然会影响生存的价值和意义。

学校文化是学校特色的重要表征，是催生教师专业成长和学生生命发展的深厚土壤，是学校人文传统和优良校风的根本之源。在现代教育发展中，学校文化的作用日益突出，其基本功能在于具有规范、引导、激励、辐射功能，它对塑造校园精神、打造学校形象具有不可低估的作用。积极健康、文明向上的学校文化能够激励全体师生紧紧围绕学校发展目标而不懈奋斗，从而不断提高教育质量和办学水平；能够激励全体学生树立远大理想，开启智慧，形成健全人格，促进全面发展。

文化的力量是巨大的，学校管理的最高境界是文化管理，校长应当成为学校文化的缔造者和引领者。具体应体现在以下方面：

① 引领学校文化传承

每一所学校在历史的发展过程当中都有丰富的文化积淀，这是一种重要的、不容忽视的教育资源，忽视传统的做法显然是缺乏理性的。

引领学校文化激励。一是注重精神激励。“人无精神不立”，一个人的成长，更多地是指自身“精神”的成长，而师生的理想信念、精神支柱与团队协作精神往往直接影响着自身的精神风貌、价值取向与工作和学习态度。因而，一个学校的发展水平更多的是取决于“学校精神”的塑造。应当将精神文化建设作为学校文化建设的核心，让学校成为师生的“精神家园”。二是营造激励机遇。每逢重要节日、纪念日时，当学校、老师、学生取得各种荣誉、成果、进步时，一旦学校、班级涌现先进事迹、先进典型、先进人物时，都应当不失时机地宣传、表扬与激励。三是优化育人环境。凸现环境育人理念，拓展文化传播途径，让校园到处洋溢着浓郁的人文气息。四是注重人文关怀。细微之处见精神，通过节日慰问、帮扶助困、关心师生生活、关注师生健康等，充分体现人文气息，真正让每一位师生在优雅的环境中非常乐意地、无拘无束地学习、思考与工作。

近年来，我校在管理实践中确立了“明理达用”的校训，正是体现了对于精神鼻祖胡瑗的教育思想的继承。

② 引领学校文化创新

学校理念是学校文化的核心，是学校的价值取向，是学校的独立品格，是学校之魂。学校文化建设与发展，应当促进人的发展、为人的发展服务。学校文化能够自然形成，但优秀而且有生命力的学校文化，必须精心构建，才能长期引领学校发展。因此，校长有责任不断创新学校文化建设的理念。新时期的学校文化不仅应有传统文化精神，还应体现与时俱进的时代精神和面向未来的超前意识，注重学校文化的“酿造”与创新，在师生精神状态、教育理念、作风态度、育人环境等方面求突破，在办学思想、办学理念、办学目标、教学理念、育人理念、管理理念等方面不断赋予新的内涵。近年来，我们在省泰中老校区原有“十景”（十个人文景观）的基础上，又在新校区的规划建设中设计出“新十景”，即重点打造“双十景”，处处体现着浓厚的文化氛围。

③ 引领学校文化管理

随着以人为本教育理念的确立和素质教育、课程改革的全面实施，学校管理将逐步由制度管理向文化管理转变，尊重人、依靠人、发展人应成为学校文化管理的灵魂。现代校长应当以科学发展观、和谐教育、人本理念等先进的理念推动文化管理，在师生中培养自我约束意识，提倡自主管理、自主发展，在规章制度的制定与执行过程中刚柔并济，富有弹性。

引领学校管理要从关注“人的发展”的角度出发，构建好学校制度文化。因为学校制度文化是学校教育实践活动和教育关系的规范总和，是构成现代学校的重要元素，是学校管理的杠杆。特别是充满人文关怀的学校制度，体现着学校的办学思想和办学理念，连接着学校发展共同愿景与师生共同的情感和价值认同，蕴含着丰富的“人本”思想，能够充分体现学校管理的有序高效。从校长管理学校的角度，校长的管理理念、管理策略、管理手段、管理模式等，构成了一个校长独特的管理文化。校长的精神状态和领导水平、能力及个性，也会外化成为学校文化的一部分。校长在进行学校文化管理方面，要做到办学重目标、管理重章法、工作重艺术，并注重做到观念更新、实践创新。

（3）专业学识引领

一名好校长应当“明于道而精于术”，不仅有高尚的人格魅力，深厚的文化涵养，而且具有渊博的学识素养，应当是同行信得过的行家里手，是师者之师。正如苏霍姆林斯基所说的那样，“如果你想做一个好校长，那你首先要努力成为一个好教师”，应当“读书、读书，再读书；学习、学习，再学习”。保罗·朗格朗的“终身教育”理论让我们了解到，学习是时代所求；学习型学校是大势所趋；学习型领导，已是校长的职责和标准。笔者了解到成功办学的案例表明其成功的秘诀其实就是所有的老师都热爱学习。以全世界最优秀的中学教育而著称的芬兰，其教育经验也表明，从校长到教师都热爱学习、热爱读书是其教育成功的关键。因为教师职业又是芬兰最受敬重、最受欢迎的职业，而芬兰政府对教师的要求又高，因此教师的竞争十分激烈。正是这种外部环境要求芬兰教师都树立终身学习的观念，不断接受培训和进修，提高自身修养，与校长共同努力，打造学习型的教师团队以及学习型的学校。芬兰教职委的会长骄傲地称芬兰没有不合格的老师，每一个老师都很自律好学，因此不需要考核。由此可见，学习意识对于一位教师或者校长的意义所在。而在美国,有一个法案《不让一个孩子掉队》,但是也不让一位“坏教师”留下! 因为,在“坏教师”教育之下的学生是天下最可怜的学生。

校长应当有几分“书生气”,有一种“立志做大事,而不立志做大官”的学者气度,在关注师生发展、关注学校发展的同时,不要忘记自身发展,要把“修炼学问和修炼人品”结合起来,带头读书学习,带头“洗脑”“充电”,不断提升自身素养。校长读书,教师才会读书;教师读书,学生才会读书;营造“书香校园”才会变为可能。

一位教育家说:“校长手里不应该拿着鞭子,而应该举着旗帜,走在前面。”校长只有充分发挥自身的学习示范作用,用模范的言行来引导教师,激励教师,鞭策教师,才能使教师觉得“言真可信,行政可效”,产生良好的道德感染力。作为校长,不仅做兼具人格魅力和学识魅力的权威,还有责任、有义务引领教师专业发展,一心为教师发展着想,在提升自身素质的同时,关注教师队伍建设,为促进教师专业发展、岗位成才、成就事业创造条件,搭建平台,提供各种学习、研修机会,准备各类学习资源,加大校本培训力度,帮助教师树立终身学习理念,更新教育教学理念,真正把教师团队建成学习型组织,打造一支高素质的教师队伍,为学校可持续发展提供保障。

在引领教师专业发展和学生成长过程中,校长应当树立正确的教育观、人才观、质量观、人文观、幸福观,建立与教育教学改革背景相适应的多元评价体系,注重教师和学生的过程性评价与发展性评价,引领师生健康成长、全面发展,激励教师敬业爱生,激励学生奋发有为。要对每一位老师负责任,培养教师爱心、责任心与师德修养,做到知识学养与人品修养并重,让每一位教师幸福地做教师、做幸福的教师,让每一位教师都用心研究教育、研究教学、研究学生、思考未来,与学生共成长;要对每一位学生负责任,引导学生学好知识,立志报效祖国、服务他人、造福人类。

(4) 卓越目标引领

托马斯·卡莱尔说:“没有目标的人如同没有方向舵的海轮。”作为人才培养摇篮的学校同样需要明确的发展目标和发展方向,而发展目标的定位有赖于作为“掌舵者”的校长,即校长的卓越目标引领。卓越目标引领,就是在校长的带领下,与全校师生一起描绘发展愿景。共同愿景是一个群体愿为之奋斗、可实现而又有挑战性的,可召唤及驱使人们向前的使命、愿望、理想、远景或目标。学校组织的共同愿景则是组织成员共同关切和为之献身的目标所在,它包含全体组织成员共同的价值观、共同的理想信念。学校作为一个育人的组织,其共同愿景对学校组织至关重要,在将广大教师聚焦在建构学校发展目标的同时,应注意营造目标学校文化,让目标不仅具有激励导向作用,更成为一种学校发展的文化氛围,这就是目标学校文化。所谓目标学校文化,就是校长正式提出并在全体师生员工中提倡的群体价值观和行为文化。确定目标学校文化,一方面应积极发扬现实学校文化中的积极成分,另一方面应该借鉴国内外先进学校的长处,同时应该根据时代和学校发展前景,着重考虑学校目标文化对未来内外环境变化的适应性,亦即要求它具有一定的超前性和发展性。为此,我们明确提出了“追求卓越、自强不息”

的校园精神、"领袖风范、领军人物"的育人目标、"平和从容、博雅大气"的办学风格等等。

(5) 治校方略引领

曾经有人用造汽车来形容控制和激励对一个企业的重要性：一辆汽车必不可少的部件有哪些？方向盘、发动机和刹车。其实管理一个学校，就像造汽车一样，第一需要战略，需要把握办学方向；第二需要发动机、油门，就是需要激励；第三需要刹车，也就是需要制度管理。

著名教育家苏霍姆林斯基指出，校长"对学校的领导首先是教育思想的领导，而后才是行政的领导"。教育部校长培训中心陈玉琨教授曾经针对我国中小学校长队伍现状提出校长要提升专业精神，一是要有使命感和历史责任感；二是要识大势(认清社会要求)、明大理(知道现阶段自己要做什么)、成大师(留下历史足迹)；三是要有全面贯彻党的教育方针、全面实施素质教育的自觉意识。在笔者看来，这种教育思想上的领导就是以先进、科学的办学理念来引领学校发展。办学理念是学校的灵魂，它是学校文化的精髓所在。

观念决定思路，思路决定出路。办学理念是学校文化建设中统揽全局的根本，是一所学校经过长期努力而积淀形成的相对稳定的理想、信念与追求，是文化的灵魂所在。这种理念和精神的提升，需要我们从学校的办学传统中发现和提取有特点的文化"基因"，并与时代精神结合在一起，升华为学校价值标准的共识。费孝通先生曾在文化领域内主张过文化自觉，笔者认为校长也应具有教育自觉。第一，要有主人翁的姿态，自觉辨明当前教育现状的优势和弱点，主动发展优势，克服缺点和薄弱环节。同时要用哲学的眼光审视教育的过去、现在和未来，自觉地进行传承与创新。第二，要自觉用世界的眼光关注教育、关怀儿童，建构美好的教育生活，培养身心健全的人才。第三，要深谙教育赋予我们的时代使命和社会责任，时刻用道德和良知警醒自己，不要使教育行为失去内在意义的呵护。校长不仅要有管理智慧，也要有长远的战略眼光，不断更新观念、创新理念，确立先进的办学理念，创建人无我有、人有我优的鲜明办学特色，思考与制定学校校本规划、办学目标、实施步骤、发展策略、具体措施，不断谋划学校管理与发展方略，诸如以人为本、人文关怀、健康第一、文化立校、科研兴校、人才强校、注重素质教育、科学和谐发展、可持续发展等。校长在引领学校发展过程中，需要不断提升科学决策能力、教育资源整合能力、教改和课改领导能力、公共关系协调能力、校园文化创建能力、信息处理能力、教育科研能力、依法治校能力。校长的办学理念体现学校文化的核心价值，应当贯彻到学校文化的各个领域之中，必须是代表先进的主流文化。

作为校长，既要对学生负责任、对老师负责任，也要面向社会，着眼未来，对国家、对民族、对社会负责任。要引领全体教师坚持"协调发展、可持续发展和人的全面发展"三位一体的科学发展观，注重提升办学品位，关注"教育民生"，关注师生生存状态，关注学生的全面发展、关注全体学生的发展、关注学生的终身发展，培养学生高尚的人格与社会责任感。

校长的职责与使命神圣而伟大，校长在引领学校发展与创新管理中的影响力越来越重要。当然，校长不是完人、超人，现代社会发展、现代教育背景给现代校长提出了新的更高的要求。校长应坦然面对各种工作困难、压力和阻力，充满自信，充满热情，充满激情，理性而智慧地应对各种复杂的事务、环境与矛盾，促进学校各项工作科学发展、和谐发展。

案例 1　想当一名“三好生”

30 多年来，我始终坚守的精神信念是：靠激情、靠爱心、靠责任、靠智慧，教书育人律己治校。不论是当老师还是当校长，我视事业为生命，常常废寝忘食、夜以继日地工作、学习、研究，为师生树立表率，可以说，在我的日历上没有工作日和节假日之分。我的敬业精神不仅赢得了学生、同事和家长的信任，同时赢得了许多专家、学者的好评。

回顾自己 30 余年孜孜不倦的执着追求，可以简单地概括为力求做一个名副其实的“三好生”——

做一个“好人”。即做一名有人格魅力、有亲和力、有责任感的“好人”（当然不是指凡事不讲原则的“好好先生”）。我很欣赏漫画家詹同生前的一句话：“做人认真，艺术调皮。”的确，师德是看不见的教学力，一个教师应当为人师表，努力提升自身的思想境界、人格魅力、师德修养、责任意识，以自己的言传身教与高尚的人格魅力感动学生、感动家长、感动同事，在平凡的岗位上淡泊名利、辛勤耕耘、默默奉献。正如有句俗语所说：“做了牛，就不能误春！”我以为，选择了教师职业，就意味着承担了责任，选择了奉献，就应该具有“不负学生、不辱使命”的责任意识与高尚情怀，就应当把爱与责任融入平凡但又“了不得”“了不起”的教育事业之中。平时只要是直接或者间接了解到学生、老师、员工有什么困难，总是尽可能从精神上、物质上、生活上给予关心、照顾与支持。

做一个“好教师”。即做一名有理想、有追求、有本领、有幸福感、有成就感的“好教师”。有人说“当教师苦，当教师傻”。其实，人生的幸福就是自我价值的逐步实现。一个好教师应当努力寻找自己的幸福体验，驱除职业倦怠，在宁静中求乐、在学习中求乐、在研究中求乐、在探索中求乐、在奉献中求乐。我深深地懂得好老师应当以责任感做事，平时要求自己做到“五个不给”——不给学生留不便，不给家长留非议，不给工作留漏洞，不给教学质量留隐患，不给学校声誉留遗憾。我的教学理念是：“尊重每一位学生、激活每一位学生、成就每一位学生。”我在教学生涯中，一心一意、矢志不渝地追求数学教学的高品位。我以为，一个好的数学老师的神圣使命就在于通过提升数学教育教学品位，帮助学生克服畏惧数学、厌倦数学的消极情绪，吸引更多的人爱好数学、欣赏数学、会学数学、学好数学。能成为一位数学特级教师、名教师、特聘教授，并获得“苏步青数学教育奖”，是我莫大的光荣和欣慰。

做一个“好校长”。即做一名有思想、有个性、有威望的“好校长”。教育家苏霍姆林斯基曾对校长有一段精辟的论断：“校长必须具备一名教师所具备的一切素质，一校之长应是师者之师。”我以为，作为引领学校发展与创新的掌门人，需要有高度的责任感和使命感，高尚的人格魅力，渊博的学识素养，丰富的文化内涵，坚强有力的领导才能，健康的兴趣爱好，超前的创新意识。一个好校长应当忠实地执行党的教育方针，遵循教育教学规律；一个好校长应当有自己独特的办学思想与办学主张；一个好校长应当崇尚科学、理性、和谐的高品位教育；一个好校长应当关注学生、老师、学校的同步发展；一个好校长应当是带有几份书生气的专家型校长；一个好校长应当要有“我行我素”的坚定决心与行动；一个好校长应当努力以自己的“辛苦指数”提升师生的“幸福指数”。担任校长以来，我坚守“负责任的教育”理念，努力为创新型人才培养精心营造负责任的教育生态环境，注重“八个着力”：着力于精神引领、着力于队伍建设、着力于科研兴校、着力于质量声誉、着力于文化熏陶、着力于机制创新、着力于特色构建、着力于品位提升。在学校取得一个个辉煌业绩，质量声誉显著提升的同时，自己也成为市名校长、省“突贡专家”、享受国务院特殊津贴专家，获得首届“明远教育奖”等，被评为江苏人民教育家培养工程培养对象。能与“教育家”这词儿沾上边儿，既感到幸运，又是一种鞭策与鼓舞！

——笔者，原载《教育家》杂志 2012 年第 3 期

2005 年 10 月 21 日在“苏步青数学教育奖”颁奖仪式上
蒋建华校长与苏奖理事长谷超豪院士合影留念

2. 师者的责任追求

著名特级教师于漪在一次演讲中讲道：“我当了一辈子教师，最忧心的是教师只看技能技巧，育分不育人，这是对孩子的坑害！21 世纪的教育是不是变了？不，没有变。

教育依旧是培养人，培养有责任感的人，培养一颗有中国心的人！”新教育研究院院长卢志文说：“今天我们做教师，不光要给孩子满分，还要让孩子满意，使孩子满足。”

身为一名教师，做一名有魅力、有本领、有责任感、有幸福感、有成就感的教师是笔者一直以来的理想追求。

笔者认为好教师应当以责任感做事。作为一名教师，最重要的是本着对学生负责任的心态，扎实锻炼教学基本功，成就每一位学生。提高自身的专业能力是作为一名教师最为基本的责任；敬业爱生、传授知识、立德树人，培育有知识也有文化的学生，是为人师者的责任引领；做“教育家型”的教师更是身为师者肩负责任与使命的崇高追求。总结多年的教学实践，笔者对于如何做一名“负责任”的教师有以下几点体会。

（1）敬业爱生，严谨治学

《国家中长期教育改革和发展规划纲要（2010—2020年）》中指出：“教育大计，教师为本。有好的教师，才有好的教育。”2010年教育部部长袁贵仁在教育系统全国劳动模范和先进工作者座谈会上说，强教必先强师，教师队伍建设要倡导以爱和责任为核心的高尚师德，鼓励改革创新，培养造就教育家。

“老师”应该是一个温暖的字眼，选择了教师职业，就意味着承担了责任，选择了奉献，就应当把爱与责任融入平凡但又“了不得”“了不起”的教育事业之中。俗语有言：“做了牛，就不能误春！”画家吴冠中有着“不负丹青”之精神追求，笔者认为作为教师，都应该具有“不负学生、不辱使命”的责任意识与情怀！长期的工作实践使我体会到，一个好的教师应当做到以下几点：

① 高尚的人格魅力

师德是看不见的教学力，一个好教师应当首先是师德的楷模，应当以自己的言传身教与人格魅力感动学生、感动家长、感动同事，努力增强自身高尚的人格魅力。从工作之初到现在，笔者一直以数学前辈为榜样，先后学习了华罗庚、苏步青、陈省身、丘成桐、吴文俊、谷超豪、姜伯驹等一批品德高尚的数学大师的成长经历、事迹与业绩，他们一丝不苟、精益求精、高度负责、勇于创新、追求卓越的精神品格，献身数学、报效祖国、服务社会的高度责任感与使命感，令人深为感动。同时，江苏省历史上的一批教育名家陶行知、叶圣陶、斯霞、洪宗礼、李吉林等，以及数学名师马明、蒋省吾、周学祁、李庾南等对教育事业的执着追求，在平凡的岗位上辛勤耕耘、默默奉献、追求卓越的精神，也令笔者深受鼓舞。

有人说“当教师苦，当教师傻”，也有人说“教师成就了学生，毁灭了自己”。然而，笔者认为人生的幸福就是自我价值的逐步实现。多年教学生涯中，笔者一直努力驱除职业倦怠，寻找自己的幸福体验，在宁静中求乐、在学习中求乐、在探索中求乐、在奉献中求乐。我深深地懂得“三尺讲台，天大责任”，平时要求自己做到“五个不给”——不给学生留不便，不给家长留非议，不给工作留漏洞，不给教学质量留隐患，不给学校声誉留遗憾。笔者刚踏入教学岗位之初，就以认真负责的精神要求自己，备教案时总是课前先打草稿，然后在教后反思的基础上，再重新抄写整理，作为正稿。

所谓“学高为师，德高为范”，“学高更需德厚”，30多年来，不论是身为老师还是校长，笔者始终赢得了师生员工、家长及许多专家学者的赞誉。

案例2 著名教授何永康（南京师范大学）曾经通过手机短信写了一首“藏头诗”赠送给本人：

建功立业，
华彩缤纷。
好雨如酥，
人在春风。

——2008年9月

② 鲜明的教育理念

在数学教育教学实践中为了体现“尊重每一位学生、激活每一位学生、成就每一位学生”的教学理念，笔者从转变教学观念、教学方法、注重提升学生能力等方面进行了实践。

首先，切实转变教育教学观念。教育观念、教学理念与行为方式的转变，对于教学品位的提升、课堂教学的氛围、教学的效果影响极大。在基础教育阶段，数学学科往往被人们认为应试色彩最浓的学科，数学教师往往负担最重，也最容易“好心干坏事”，加重学生负担，而被打上“应试教育”的印记。笔者认为，数学教师不应充当这种“不光彩”的角色，而应凭借爱心、良心、责任与智慧，努力提升课堂效率与教学品位。数学教学指导思想的定位不应当急功近利，而应当是为了让学生终身受益，即不能只为眼前，而要立足长远！传统中药“一抓一大把，一熬一大锅，一喝一大碗”式的做法已引起人们的反思与质疑，同样，数学教学的行为方式不能简单化地靠加班加点、搞题海战术取胜！

案例3 “5分钟鸡蛋”的启示

有一次出差开会，吃早餐时一个“5分钟鸡蛋”的品名引起了笔者的注意和反思——煮鸡蛋本是一件极为普通的生活小事，一般人也许凭感觉认为煮熟了就行。为什么不说2分钟或10分钟而是“5分钟”呢？其间肯定有奥妙，时间过短过长都不宜。这表明这家宾馆经营过程中非常关注细节、把握适度性、讲究最佳效果！教育教学不也应当如此吗？并非题目讲得越多越难就越好，也非考得越多越难就越好！再联想起中小学师生负担问题，应当保持适度负担、适度压力、适度宽松，这样才能更有利于创新型人才的培养。

其次，构建和谐的师生关系。追求教学的高品位需要注重营造和谐的师生关系。师生的和谐关系来自爱与尊重。作为教师，要有能力，更要有亲和力。笔者在教学中注意以人为本，从细微之处入手，尊重学生，关爱学生，做他们的“贴心人”。有时从精神上鼓励，有时从学法上指导，有时从生活上关心，有时从经济上援助，有时从心理上进行疏导。身为教师不只是简单地知识传授，更是一种人格的引导，“教”与“学”不是一种对立关系，更不是一种有高低差异的等级关系，而应当是从知识到人格上的相互促进、共同成长的关系，只有在这种基于对人的“主体性”的尊重的前提下，才能构建良好的师生关系，才能为知识的进步奠定扎实的基础，这是身为人师者的责任意识的体现。

再次，尊重差异，因材施教。在多年的教育教学与学校管理实践中，笔者一直尊重学生的个性差异，因材施教，分层要求，分类指导。平时作业不搞“一刀切”，允许学生有选择地完成；常常与“吃不饱”的尖子生谈话，激励他们，明确目标，并特许他们借阅图书、购买资料；专门为学困生安排励志讲座与学习指导讲座；为学生建立奖学助困机制；专门去某高校为获得全国数学竞赛一等奖的一个残疾考生解决了入学难问题……另外，为了使教学更加有效、更有针对性，笔者还经常让学生以无记名的方式进行“评教”活动，指出问题与不足，提出相关建议，以便于进行教学反思与调整。因材施教，让所有学生在课堂上都有获得进步的机会是教师崇教爱生的基本要求，也是履行教师责任的表现。

最后，提升学生自主学习能力。新课程的学习理念倡导自主学习、合作学习、探究学习，但实际状况是，多数学生仍然习惯于老师讲、学生听的传统教学模式，完全处于被动、接受式的学习状态，急功近利，一味地忙于做习题，不看书、不总结、不反思、不质疑，即便老师留给学生独立思考、探索的机会，可大多数学生感到不适应，提不出问题，极大地阻碍了自身学习潜能的发挥。

数学家苏步青曾经说过：“应让学生懂得依靠自己是最可靠的。”笔者以为，在教育教学过程中，每一位学生都重要，每一个细节都重要。平时注意引导同学们反思自身的学习行为，有效地改进自身的学习方式方法，让学生学会自主学习、智慧地学习、做学习的主人。平时注重搭建平台，创造各种机遇，尽量让他们多动眼、多动脑、多动手、多体验。

③ 严谨的治学态度

教师应当是“学师”，一个好教师应当具有终身学习意识，应当具有“本领恐慌”意识。有句俗语：“如果手里没把米，小鸟都不到你身边来。”笔者认为，要做一名有魅力、有品位、有本领的好教师只有一条道路——勤于学习，唯有此才能打动学生、吸引学生。

特级教师于漪说：“我做了一辈子教师，但一辈子还在学做教师。”在繁忙的工作中，笔者没有忘记在教书育人的同时发展自己。要有平凡之中的“伟大追求”——成就学生，也要成就自己，正所谓“授人玫瑰，手有余香”。正如俞敏洪所说，“如果我们的生命不为自己留下一些让自己热泪盈眶的日子，你的生命就是白过的”，对于每一个想在自己的事业上有所成就的人，承担责任、不辱使命皆当如此。

激情铸就未来，名师的成长关键依靠“内驱力”。教师固然很忙，但要妥善处理好工作与学习的关系，努力达到“把学习当成自己的工作，把工作当成学问做”的境界。只有求知若渴，虚心若愚，不断地学习、“充电”，才能促进自身思想升华，激发动力，强化内功，增长智慧。要不断追求理想、理性、理智的教育，以自己的高层次发展，赢得教学的高品位，进而促进学生的高层次发展。

有人说，“人才是折腾出来的”。其实，折腾就是锻炼加磨炼。我以为，要想事业成功，必须耐得住寂寞、坐得住“冷板凳”，在不停的“折腾”中不断取得进步，在“折腾”中成为一名优秀教师。为了便于自身学习提升，积累各类素材，我每年总是要订阅20种左右的专业杂志和报刊。特别值得一提的是，《讽刺与幽默》报是人民日报社于1979年创办的一份漫画增刊，为了增强教学的情趣与幽默感，增强教学的机智与哲理性，我已经连续征订该报30多年，至今从未间断过。刚刚走上工作岗位时还没使用上电脑，就常常通过手工摘抄或剪报收集各种典型素材案例，后来电脑开始普及，我就借助现代化手段来积累。在我的电脑中，关于教育教学类的文件夹有50多个，每个文件夹中又有若干个子文件夹。

学无止境、教无止境、研无止境，笔者在日常教学之余一直坚持不停地阅读、摘录、反思和研究，参与并主持多项国家或省市级教育科研课题研究；多年来坚持勤于动笔的习惯，于《数学通报》《数学通讯》《数学教学》《中国教育学刊》《中小学管理》《人民教育》《光明日报》《中国教育报》等全国90多家报刊上发表论文（论著）270余篇（部）；以锻炼和提高自身为目的，积极参加学习进修、专家报告、专题研讨、高峰论坛以及教育部讲学团、江苏省教育厅牵手农村教育活动开设教育、教学、学校管理讲座等。在校内，笔者借助建立校级“名师工作室”“青蓝工程”等平台，影响和带动了一批青年教师脱颖而出，有的已成为特级教师、市级名师、学科带头人。

(2) 激发兴趣，活化思维

托尔斯泰曾言：“成功的教学所需要的不是强制，而是激发学生的兴趣。”让学生在轻松的气氛中愉悦学习、理性思考，唤起学生强烈的求知欲望，是教学成功的关键。

以数学学科为例，在笔者长期的教学实践中，探索出“遵循教育教学规律，突出学生主体，注重学法指导，渗透数学思想方法，暴露思维过程，着力提高数学素养”的教学风格，着力在激发情趣、激活课堂、激活思维。

① 激发兴趣

数学家陈省身有言“数学好玩”，谷超豪院士说过：“人谓数无味，我道味无穷”。的确，在数学家眼里，数学如诗、如歌、如画，数学家为数学魂牵梦绕；而在普通人心目中，数学却常常使人望而生畏，往往成为“枯燥无味”“单调难学”的代名词。

笔者以为，在许多学生畏惧数学、厌倦数学的情况下，需要依靠有本领的老师把数学的抽象、枯燥变为数学的优势，数学教师的使命就是要通过提升数学教育教学品位，变“教数学”为引领学生“玩数学”，不断致力于如何激发学习情趣、活化思维训练，让学生感到数学“有趣”“好玩”“有意思”，且易懂、易学、易用，使学生真正体验到学习数学的乐趣，从而让他们爱好数学、会“玩”数学、“玩”好数学。

案例4 “把木头做出味道来”的启示

从生产木梳子起家的谭木匠工艺品有限公司于2005年入选《福布斯》中国创新型有成长潜力的100家中小企业，其董事长说：“我用一生的精力把木制品做深做透，把木头做出味道来！”

这种精神是多么的可贵！面对“木头”尚且如此，何况我们所面对的是一个个充满生命活力的学生！

笔者以为，如果教学中能将每个数学问题研究出“味道”来、讲出“味道”来、做出“味道”来，进而激发学生的好奇心，培养学生的兴趣爱好，营造独立思考、自由探索、勇于创新的良好环境，让学生真正从数学本身享受到乐趣，体会到了数学的魅力，而不是为了考试学数学，就一定能学好数学了。

② 激活课堂

教学求“有效”，课堂要变“活”。教师是课堂教学资源的富有者，应当努力从课堂教学实践中凝练教育智慧，不断探索如何让学生愿学且学得轻松活泼，让课堂充满情趣、活力与生命气息，真正把课堂变成师生共同生活、共同创造、充满智慧与活力的精神家园。笔者认为，不管何种教学模式，都要力求体现人本性、基础性、情趣性、哲理性、开放性。要让一道道枯燥无味的题目变得生动、高雅、有趣，不管怎样的题都力求能讲出道儿、讲出味儿、讲出招儿，让“冰冷的美丽”成为“火热的思考”，达到题目讲活、知识学活、方法用活的理想境界。对于每个问题，善于捕捉其特点，可从知识原理方面、题型、思想方法、语言表达特征、纵横联系、题目变通以及创意等许多不同的方面剖析。

③ 激活思维

人们常说，“数学是思维的体操”，教数学一定要教思维，学数学也一定要学思维。要引导学生克服盲目地分析、处理问题的习惯，理性地思考分析数学问题，睿智地观察、处理数学问题。数学教育要基于感性认识，发展理性思维、培育理性精神，要让数学教育教学成为理性、悟性、灵性融会一体的教育乐章。

为了激活学生思维，激发思维灵感，笔者在教学方式上力求做到：变“灌”为“导”、变“教”为“诱”、变“学”为“思”、变“封闭”为“开放”，坚持采取一题多问、一题多解、一题多变、一题多用以及多题一解等方式，注重培养思维的开放性、缜密性、灵活性、深刻性。在思维方法训练方面，通常从顺向思维、逆向思维、纵向思维、横向思维、形象思维、抽象思维、求异思维、变通思维、理性思维等多种角度进行，形成一系列思维链和思维模块。

(3) 提升素养，拓展能力

数学素养已经成为现代生活的人们所应具备的基本文化素养。一个学生是否有“教养”，不仅仅体现在道德人格方面，还可以体现在培养学科素养之中。如何在数学知识与方法传授中提升学生数学素养，让学生学有“教养”？这对于学生未来发展层次有着重要影响。作为数学教师，最大的幸福莫过于将数学的思想、方法和理念传播给学生，让学生学有“教养”，让学生终身受益。对每一个词语、概念、定理、符号的理解、表示、书写、画图，每分析一个问题或者解决一个问题，每次开口讲解或演说，都能体现一个人的基本数学素养。

(4) 渗透人文，陶冶情操

教育不仅仅是知识的传授，更是灵魂的陶冶和塑造。培养素质全面的学生仅仅靠好玩、幽默等吸引学生，或者目光一味地局限在数学范围之内是远远不够的，应当“跳出数学看数学，跳出数学教数学，跳出数学学数学”。这种基于数学基本知识学习而又高于数学知识之上的便是“数学文化”。

① 让学生有“知识”也有“文化”

在我国新课改《普通高中数学课程标准》中“数学文化”一词首次出现，要求注意从渗透数学文化、审美意识、人文素养等视角去感受数学的高雅、欣赏数学美，这样才能更利于“三维目标”的实现，更利于学生的全面发展和长远发展，真正让学生有“知识”也有“文化”。为此，本人主持建设“数学学习体验中心”省级课程基地时，融入“数学之史”“数学之美”“数学之趣”“数学之用”等素材，开展校园“数学文化节”活动，积极探讨和引领数学素质教育的发展方向。

案例 5 我校“数学学习体验中心”简介

2011 年 8 月，本人领衔申报的“数学学习体验中心”成为全省首批课程基地(31 个项目之一)，旨在促进高中生学习方式与教学行为的变革。通过精心策划、多次赴省内外学习考察、邀请知名数学专家指导、反复研究论证课程基地建设方案，经过努力，已初步建成四个学习体验室：(1)数学博览室；(2)趣味体验室；(3)数学实验室；(4)数学探究室。同时初步完成三个资源库：(1)数学文化资源库；(2)网络平台资源库；(3)数学探究资源库。“数学学习体验中心”已于 2012 年 12 月正式揭牌。我校的数学课程基地在转变教学行为方式、激发数学学习情趣、提升数学素养、浸润数学文化、提高教育教学质量，努力培养学生学习能力、实践能力与创新精神等方面做了有益的实践和探索，在省内外产生较大影响，2013 年上半年被省教育厅评为省级优秀课程基地，并在全省相关会议上做经验介绍。近年来，慕名前来参观数学课程基地的省内外中小学就有 200 多家、1 000 多人次，教育部基础教育一司司长王定华，江苏省教育厅厅长沈健、副厅长胡金波等领导先后亲临现场考察并给予充分肯定。2013 年 11 月，我校承办“全国首届数学文化素质教育论坛暨数学文化节”系列活动，应邀参加活动的 93 岁高龄的著名数学家徐利治先生饶有兴趣地参观了我校“数学学习体验中心”后，给予高度评价，并欣然题词：“富于启发，引人入胜”。

② 注重提升学生人文素养

爱因斯坦曾说过：“用专业知识教育人是不够的。通过专业教育，他可以成为一种有用的机器,但是不能成为一个和谐发展的人。"人文素养教育对于提高人的创造力、培养创新人格也起着显著作用,应当在注重科学精神的同时,也注重人文素养的养成。我在数学教学中一方面向学生介绍大师级的科学家们不仅在自己的专业研究领域有很高的造诣,而且也有很高的人文素养,与同学们一起欣赏著名科学家、数学大师们充满诗情画意的励志诗词、书画作品等;另一方面将数学原理与人文知识紧密结合,尽可能讲出"人文味儿"。近年来,本人发挥本校及省内外部分兄弟学校骨干教师的作用,参与策划、主编了《数学文化素质教育资源库》,已于 2013 年 11 月由江苏教育出版社出版,后被评为"2014 年度向社会推介的江苏省优秀科普作品"(共 10 件)。

③ 重视优秀品格的培养

主要从以下方面培养:一是高成就动机,二是敢创天下先的胆识,三是非凡的意志力,四是文理交融的知识结构。笔者在教学过程中,常向学生介绍一些数学发展史上的重大进展和曲折历程,提供一些真实、典型的参考史料,并有意识地利用品德高尚的国内外数学大师的生平、成长经历与辉煌业绩,激励同学们奋发学习、追求卓越。通过熏陶,既能激发学生的学习兴趣,又能培养学生一丝不苟、精益求精、高度负责、勇于创新的优秀品格,培养学生热爱数学、立志成才、报效祖国、服务社会的责任感与使命感,使其成为有独立人格、学识魅力、科学精神、人文素养、创新意识和高尚情操的高素质人才。学无止境,教无止境,研无止境,笔者认为,教学品位的提升需要理性、智慧与科学,更需要不断地探究、创新与超越!

3. 培养"负责任"的学生

2012 年 12 月 28 日上午,我校 59 届校友、时任国家主席胡锦涛回母校考察,亲切地对在场的同学们说:"中学时期对于一个人的成长是很重要的,中学时期对于我们人的一生都会有深远的影响。希望同学们要珍惜现在的这种良好的学习环境,要打好知识基础,要培育优良品格,要锻炼强健的体魄,要做到全面发展,将来在国家建设的伟大实践中就能够创造出优秀的业绩。"最后,他勉励学子们:"长江后浪推前浪,一代更比一代强!"胡主席简短的话语道出了广大青少年的责任担当和对学子们的殷切期望,同时也道出了教育所面临的立德树人的神圣使命。

所谓"负责任的教育",应当是科学、理性、和谐的高品位的教育,应当是更关注人性的提升、人格的健全、人的终身发展的教育,应当是更关注社会、时代、民族乃至全世界的未来的教育,应当是对时代发展、民族复兴、人类文明、社会和谐负责任的教育。"负责任的教育"致力于培养"负责任"的学生,强化道德建设,构筑精神高峰,提升精神素质,培育他们的责任情怀、担当精神以及履行责任的本领。

案例 6　负责任的教育伴我成长

跨进这座百年名校的第一天,我就深深地被它吸引。那充满书香气息的校园,那幽美怡人的教学环境,那宽敞明亮的现代化教室,还有那朝气蓬勃的莘莘学子,那儒雅博学的众多老师，更有那自强不息、追求卓越的纯正向上的校风、教风和学风！推进“责任教育”、履行教育责任的理念早已在我校师生心中生根、开花、结果！

对学生的无私奉献是我校教师最大的“负责任的教育”。2008年，在学校校长室和校团委倡议下，全校师生为身患白血病的高二(8)班胡力同学捐款10多万元，挽救了他年轻的生命。这位同学于2010年考取大学，并给学校送来感谢信。学校还专门开启绿色通道，为入学的特困生免除学习和生活费用，并给予各类补助。

“负责任的教育”深深地感染和影响了我校一届又一届学生。2010年，来自北京的冀逸峰同学，在江苏省众多高中学校中选择来我校就读。他深受“负责任的教育”校风的影响，将“模拟联合国”的学生社团经验引入我校，创建了“泰中模联”社团，产生了很大影响。他曾说：“我选择了省泰中，就应该留下点什么。”

学校在践行“负责任的教育”的引导下，既倡导以人为本的人文关怀，又积极推行“全员育人、全程育人、全面育人”的育人理念，负责每一位学生，关爱每一位学生，成就每一位学生。2007届毕业生管理同学，高一进校时是择校生，成绩在全年级靠后。班主任和任课老师本着负责任的态度，对他一视同仁，因材施教，教而不厌，这位同学勤奋刻苦，励志上进，最终高考成绩为全省第九名，被清华大学录取。

“负责任的教育”让我们学生深受感动和鼓舞。学生更加注重自身素质的提高，更加注重创新能力的培养，更加注重健全人格的塑造。2008年4月，高二学生姜渭在我校顾建军老师捐款一个月工资的感召下，主动拿出5 000多元压岁钱，全都捐献给了四川汶川地震灾区。近几年来，我校学生社团建设如火如荼，学生的创新能力极大地增强，我校学生社团自主发明的节能保温抗震砖和抗洪救灾船获得了国家发明专利。

“负责任的教育”的核心是对每一位学生负责任。我校的“负责任的教育”贯穿学校教育的全过程，渗透学校教育的每一个角落。对我们学生来说，不仅对我们的学习负责，还对学生的为人处世、品行修养负责，对学生的成才负责。学校让我们自己制定“素质教育个十百千万”行动计划，把我们的个性特长与发展计划紧密相连，为我们每一位学生的成长指明了方向。学校已连续多年举办校园文化艺术节和科技节，为每一位学生的个性成长和创新实践提供了广阔的空间。

“少年强则国强”，作为省泰中的一名学生，我倍感自豪。千年银杏，千年书院；百年名校，百年辉煌。作为伟大祖国的接班人，应该时刻不忘自己的使命。我们肩负着重任，承载着祖国的未来与希望，应该紧跟先人的脚步，让“负责任的教育”伴我成长，让“负责任的教育”伴我成才！

(2013届学生郝澄波演讲词)

2008 年 5 月高二(9)班姜渭同学为四川震灾捐款 5000 多元

(三)“负责任”的家庭

做父母是一种责任,要自觉承担培养孩子的责任,这不仅是尽家庭和家长的责任,也是尽社会的责任。我喜欢这样一句话:“推动世界的手往往是推动摇篮的手。”据说,在以色列国家非常重视培养合格的母亲。一位香港妈妈屈颖妍写了本名为《怪兽家长》的书,她在书的封面上写下一句简洁的话语:“当今最难教的,是家长,不是学生!”著名教育专家朱永新说:“教育,从家庭开始!”的确,父母是孩子人生中的第一个老师,也是第一个榜样,父母的一言一行都会给孩子带来潜移默化的影响。

推进“负责任的教育”是一个系统的工程,需要全社会理解、支持,整体联动,共同努力,共同参与,共同承担责任。学校教育是培养人才的主力,然而家庭同样是下一代成长的最为重要的环境之一,父母是孩子的第一任老师,由此可见,家长的教育观念或整个家庭教育的氛围对于孩子成长的重要性。我国国学经典《三字经》中有云“养不教、父之过”,道出了父母在家庭教育中应当承担的责任。中央电视台曾有一则广告语:“有爱就有责任。”不合理的教育现象之所以存在,从大环境而言是由于全社会对教育缺乏科学的认识,从小环境来说则往往是由于学校和家庭教育的失当。在我国家庭对子女教育过程中,有三种倾向值得引起注意。一是漠不关心。有的家长对子女的成长与教育根本不闻不问,任其发展,结果等出现严重问题后后悔莫及。二是过度溺爱。一切包办代替,一切顺从满足,“衣来伸手、饭来张口”,孩子长大后往往丧失自主能力,或走上危险的道路。三是好高骛远。“望子成龙,望女成凤”是一种普遍的社会心理,在这种心理导向下,家长往往过度关注子女成长的方方面面,以“爱”的名义干涉甚至将自身的观念强加于子女,产生种种不负责任的教育行为。“负责任的教育”倡导家长应当转变传统教育观念,立足长远,关注孩子的身心健康与全面发展,不当应试教育的“马前卒”。

以“减负”为例,家长的片面认识往往给学校落实科学的教育理念带来阻力。“减负”不但不等于“减质”,还应当是“增效”。所谓负担,除了反复去做那些没有价值的练习题等之外，还有来自教师与家长的负能量。有时候，教师和学长的一些“爱心”实际上会成为学生很沉重的心理负担。教师味同嚼蜡之讲解、家长的过高期待等都会形成孩子的负担，所以，学习也就成了一场心力交瘁的苦役。其实，如果从学校到家庭，向学生传递的都是正能量，都是快乐而又向上的精神激励，学习就不再是什么负担，甚至可能拥有如孔子一样“发愤忘食，乐而忘忧”的幸福感。从根本上讲，快乐而又高效，非但不会形成负担，而且还会生成对学习的渴望，还会形成学习并快乐着的生命状态。学校教育不但有教学与学习之道，还有人格生成与强身健体之道，这两道合一，就会让“减负”变成快乐与增效，变成人生的幸福。

为此，笔者在学校教育实践中，始终坚守“负责任的教育”理念，努力引导老师、家长为学生成长成才创设“负责任”的家庭环境，努力让学生减负，让学习增效。针对有些家长不理解、认识不一致，甚至对学校不信任，发牢骚，我总是耐心地说服解释，希望家长要放远目光，认清并顺应普通高中教育的新要求，多学学、多想想、多问问，并且心平气和地对家长提出要明白“五好”的道理：好品质是健康成长的不竭动力，好习惯可以受用一生，好成绩必须靠平时一点一滴地付出与努力，好身体是事业成功的本钱，好氛围必须靠大家共同营造。

(四)“负责任”的社会

“负责任”的社会是指全社会应为教育的发展营造一个积极健康和负责任的环境和氛围，在这一方面社会媒体之于社会舆论的导向作用从而推动整个社会教育观念的转变则具有举足轻重的作用。各类报刊媒体应当传递“正能量”，坚持正确的、符合科学先进教育理念的价值取向，明辨是非，积极而理性地引导社会舆论，不为应试教育等一些有违教育发展规律的教育活动推波助澜，不充当不合理教育现象的“吹鼓手”。现实中常见某些报刊媒体热衷于炒作高考状元、为苦不堪言的应试教育模式唱赞歌等不当的舆论导向，实际结果是助推了应试教育之风，不利于教育的改革与健康发展。

案例 7　一场尴尬的讨论

2004 年，南京教育界的 8 月，也如南京的气候一样，又热又闷。7 月上旬，一家晚报以一篇《南京的“高考之痛”》引发了一场尴尬的讨论。之所以尴尬，乃是在错误的前提下根据错误信息，就一个严肃问题展开了一场不认真的讨论，参与讨论者都从个人角度去理解高考。

争论的起因是据说 2004 年高考南京本科录取人数比前一年少了 600 人，比例列全省倒数第一(一个月后发现此消息有误)。于是记者做了文章，称之为“高考之痛”。这种有倾向性的报道很具煽动性，一下子就把市民“参与”的情绪调动起来了。有报道引用市民的话，认为素质教育没有用，教育局不抓升学率，南京的学校没有像苏北一些学校“死揪”(流行于江苏教育界的一句话，即加班加点、拼命抓升学率)。不可思议的是报纸引用了一位“马同学”的诉说：“南京六中的马同学今年高考成绩528分，原本成绩不错的他对高考之痛感触颇深。他在电话里说：‘高中三年学习中，学校教学只有80%时间和高考有关……学校用上课时间给我们组织社会调研、第二课堂等素质教育的内容，占全部学习时间的两成多，但这些对高考没有用，我真后悔当初浪费了太多时间。’”——这些言论都在不加说明的情况下堂而皇之地登在一家发行百万份的晚报上。市民、学生对国民教育性质的理解到了这种程度，作为教育工作者还有什么话可说？我至今也不明白报纸为什么不加说明地引述这样的“民意”，它想告诉公众什么呢？“社会调查”是课程计划中的重要内容，而如果学校教学百分之百地和高考有关，那学校还是学校吗？

这场讨论的尴尬之处还在于它把教育界力图弥合的一对矛盾进一步撕裂，它让一场原本比较专业的讨论庸俗化，它逼使教育行政部门表态去做违背教育理念的事。说它是一场尴尬的讨论，又在于角色的尴尬：攻方很想理直气壮，无奈应试教育毕竟不是先进文化，“死揪”又不同于旧时代的寒窗之道，在教育界不过是个只能在里巷鼓噪，不登大雅之堂的泼皮，故执论者难以自圆其说；而守方本该理直气壮，无奈“升学率”如温饱，事涉千家万户，故不敢忍饥挨饿说小康。

南京中等教育的状况和全国大型城市差不多，总体情况尚好，执行教育政策比较规范，在重视学生思想道德教育、减轻学生负担等方面的工作一直很有成效。在江苏省各市中，南京严令禁止中小学假期补课，禁止周六、周日上课，是层层检查落实的。在贯彻素质教育方面，做了许多工作，不吹不骗，近年在课改、教师专业发展等方面已经采取一些举措。有行家预计，随着国家课程改革的推行，再过三五年，这些效果将显现出来。孰料就在此时，媒体借高考升学率问题发难，没用多大力气就把刚刚有所好转的局面弄得极为难堪，出现了对课程改革不利的舆论。广州有行家发话说，在这种时刻讨论这样的问题，实在是“南京之痛”！换个角度去想：是南京的教育因为摧残学生不力而挨骂。

吴非（南京师范大学附中语文特级教师）

也许该晚报的几位青年记者根本没去想一篇报道会给南京的教育带来什么样的后果。在2004年新一轮课改即将开始的时候，这场有关素质教育的尴尬讨论有如一盆浑水就这样劈头盖脸地泼在素质教育的“脸”上。正如文中作者所说，这场讨论“是在错误的前提下根据错误信息，就一个严肃问题展开了一场不认真的讨论，参与讨论者都从个人角度去理解高考”。家长、学生、记者等对教育指手画脚、随意指责的时候，教育的尊严也就荡然无存。这场讨论锋芒所指是社会对于素质教育理念的各种指责，而热情或愤怒冷却过后，试问“高考之痛”究竟是痛在“高考”还是痛在“素质教育”？尴尬背后，社会媒体的价值导向何去何从是否值得商榷？

当前，我国正在推进国家治理体系和治理能力现代化，其中教育治理现代化中有两个根本问题必须要解决，即“培养什么人，怎样培养人”。解决这样的问题，必须具备正确的价值取向,必须通过党的教育方针和社会主义核心价值观对教育治理现代化起导航作用。我们呼吁与期待全社会都能从办“负责任的教育”这一原点出发,进一步提升教育治理能力,建立健全较为科学、完备的考核评价制度与教育行政问责制度,大力营造“负责任的教育”生态环境,让各类主体担负起教育的责任担当,切实履行好职能,更好地促进教育可持续发展。

二、“负责任的教育”内涵辨析

(一)“负责任的教育”区别于一般意义上的责任教育

从性质上来说,正如教育家鲁洁曾指出的那样,学校责任教育实质上是“主体性德育理论的深化”,是有针对性地塑造学生责任品质的一种德育途径。一般意义上的责任教育是指学校把培养学生的责任意识、激发学生的责任感情、提高学生的责任能力、优化学生的责任行为,作为学校德育工作的主要目标,是通过一系列教育活动对教育对象形成责任品质的一种教育活动,这种责任品质培养的最终目的是让学生具备形成对自己、对他人、对社会更好地行使责任的能力。责任品质包括责任意识、责任感和责任行为。学校责任教育的最高境界应该是使学生的责任意识内化为学生自觉的责任行为,通过教育逐渐使学生有意识地将自己的发展和作为与他人的存在、社会的发展以及更高层次的“类”存在联系在一起,培养起一种具有广泛意义的责任意识,进而从意识落实到行为,最终形成责任品质。依据责任品质的内容不同,责任教育包括责任意识教育、责任情感教育、责任能力教育和责任行为教育;依据责任对象和层次的不同,责任教育又分为对自我、对他人、对社会以及对世界的责任等不同层次的教育。

而作为一种教育理念的“负责任的教育”,无论是内涵还是内容、性质等都区别于一般意义上的责任教育。“负责任的教育”的办学理念,其着眼点是办什么样的教育、培育什么样的人,其根本宗旨是造就人的责任情怀、担当精神与履行责任的本领。这一办学理念,不只是停留在一般意义的责任感、使命感教育上,而是更关注人性的提升、人格的健全、人的终身发展,更关注社会、时代、民族乃至世界的未来,最终指向对时代发展、民族复兴、人类文明、社会和谐负责任。与“人民满意的教育”的提法相比较,“负责任的教育”蕴含着更为深刻、更高层次、更高品位的内涵与意蕴。省泰中所倡导的“负责任的教育”不仅仅让人们知道要负责任,也要敢于负责任,更要解决拿什么去负责任;不是那种只关注分数,忽视学生人格培养的教育方式;不仅仅关注学生的发展、学校的发展,更关注时代发展的需要和民族复兴的使命。

1. “负责任的教育”当与优质特色同行

笔者认为校长在特色学校创建中肩负着特殊的责任与使命,推动优质特色发展,应当成为每位校长的责任与自觉追求。为此,省泰中在实施素质教育、强化教育教学管理方面采取了一系列措施,在注重过程管理、稳步提升教育教学质量的同时,加大特色高中建设力度,彰显素质教育特色,打造“责任教育”品牌,努力追求“优质发展”“多元发展”“特色发展”“全面而有个性发展”。

(1) 强化过程管理,创新人才培养模式

在《帕夫雷什中学》一书中,苏霍姆林斯基指出:“我竭力做到居于我这个校长工作首位的,不是事务性工作,而是教育问题……应当善于把教育思想体现在千百件各种各样的事情中。”“我们总是力求做到使学校全体工作人员——从校长到看门工人——都来实现教育思想,使全体人员都全神关注这些思想。”可见苏霍姆林斯基关于校长管理理念的论述,很重要的一点就是通过教师的教育思想的管理来形成教师合适的教育行为,来实现学校的教育目标。在推进基础教育新课程改革中,正确的教育思想及信念乃是课程有效实施的前提条件之一。

那么省泰中如何做到有效地实现对教师的教育思想的领导,并进而促使教师的教育信念发生变化的呢?我们在强化过程管理方面,先后提出“三个全面”“三个负责”“三个适度”,营造“三自氛围”(自主、自觉、自愿)。

“三个全面”即全面贯彻教育方针,全面关注所有学生,使每一位学生得到全面发展,大力营造“让每一位学生都受到尊重,让每一位学生都健康成长,让每一位学生都热爱学习,让每一位学生都得到最好的发展”的育人环境。

“三个负责”即对学生负责、对老师负责、对社会负责,追求科学、和谐、理性的高品位教育,真正让学生成为报效祖国之才、对社会有用之才、对人类有贡献之才。

“三个适度”即保持适度负担、适度压力、适度宽松。“理想的教育”是学生、家长、社会各界所期盼的,也是每一位教育工作者所追求的。但是追求“理想的教育”,应当谨防“教育理想化”!

要实现普通学校转型升级发展,就必须在创新人才培养模式上寻求新路子,在课程设置、内容选择、教学方式、考试评价、管理机制等方面寻求新突破,切实解决好“大众教育”“英才教育”“差异教育”等热点话题,积极探索为满足个性化学习需求提供服务的新途径。

2011 年 8 月,我校入选江苏省普通高中创新人才培养首批试点学校(共 14 所)。为此,我们专门制定了《江苏省泰州中学创新人才培养“锦绣计划”实施方案》,进一步贯彻落实国家创新人才培养的目标和要求,促进“特优生、特长生、特殊生”的高层次发展。注重利用国际教育理念、教育方法、教育模式、教育机制以及脑科学、心理科学,从课程结构、教学模式、过程管理、高校合作等方面进行大胆尝试,为创新人才的培养积累可借鉴的经验。

同时,省泰中为提高国际化办学水平,促进人才培养模式的转型升级,还进一步加强国际交流与合作,借助澳大利亚特拉蕾根中学、英国国王学院、美国芝加哥佩顿中学、德国赫尔曼利兹等友好学校平台,每年组织师生互访活动,拓展国际文化视野与综合素质培养渠道。另外,全力办好雅思英语班、苏教国际班、剑桥国际高中课程班等,并利用省泰中已有的汉语推广基地平台申报在国外开设“孔子课堂”项目,使国际化办学特色更加鲜明。

当今社会已进入“独生子女时代”,给学校管理带来了新的难题,复杂的社会环境也给学校管理带来了许多不利因素。因而学校在探索人才培养模式与改革过程中,对学生的认识不能停留在“非独生子女时代”,应该认真反思、研究对策,防止“极端化”的倾向。2008年初日本文部科学省颁布了新的《学习指导要领》,其最大的变化是基本舍弃了旧要领中“宽松教育”的概念,改为着重强调提高学生的实际学力,标志着在日本基础教育领域实施了十年之久的“宽松教育”黯然收场,教育改革开始转轨。近些年,欧美国家也已开始注意加强中小学生基础知识的学习。这些实例表明:改革如果不遵循一定的规律,或脱离社会现实,或操之过急,都是不可取的。事实上,只有在“适度负担、适度压力、适度宽松”状态下,更利于人的潜能的发挥与人才的脱颖而出。

(2) 注重质量提升,提出“六向六要”

质量、声誉是学校立校之本。从学校管理层面来说,如何大力推进素质教育,提升质量与办学声誉?为此,省泰中成立专题课题组开展学习研讨活动,明确提出“六向六要”。

向培养良好行为习惯要质量。希望每一位老师和同学自觉养成良好的文明习惯、良好的工作习惯、良好的学习习惯、良好的生活习惯。

向提高课堂效率要质量。课堂是素质教育的主阵地,课堂教学的效果关系到学校教学质量的提高,全体师生都要努力提高自己在课堂上的效率。老师们要把更多的时间放在课堂之外,充分考虑学情,认真备课钻研,设计合理的教学过程,提高课堂教学的效率。同学们也要在课前给预习留出足够的时间,培养良好的兴趣,寻求好的学习方法,发扬勤奋刻苦精神,提高学习效率。

向教育教学研究要质量。教育教学研究是推行素质教育和提高教育质量的必由之路,全体老师要增强研究意识,反思教学行为,不断加强学习与研究,全力打造“善学、善思、善悟、善用”的学习型团队,让学习成为一种风尚,让学习成为一种自觉,让学习成为一种乐趣,努力提升自身业务素养,真正实现科研兴校。

向增强自主能力要质量。老师们在教学中不仅要教学生“学会”,更重要的是教学生“会学”,提高同学们自主学习的能力。同学们在学习过程中要培养学习的独立性和自主性,努力增强自主能力,减少依赖性与盲目性,让自己真正成为学习的主人。

向科学规范管理要质量。提高学校教育教学质量要靠科学、规范的管理来实现。我们要严格执行省教育厅规范中小学办学行为,深入实施素质教育“五严”要求,贯彻科学发展观,认真落实《江苏省中小学管理规范》,注重过程管理与细节管理。

向兴趣与特色发展要质量。希望每一位师生都要培养健康的兴趣爱好,在正常的工作与学习之余充分发展自己的个性特长,努力提高自身的综合素质,争取人人都能有一项乃至数项特长,学校将进一步在彰显办学特色上下功夫。

自2009年来,省泰中获得北京大学首批“中学校长实名推荐制”资质,相继成为省内外知名高校优质生源基地。

(3) 推进素质教育,拓展学生综合素质

《国家中长期教育改革与发展规划纲要》明确指出:“以人为本、全面实施素质教育是教育改革发展的战略主题。”在推进素质教育方面，我们注重从提高全民族素质的高度大力推进素质教育。学校通过建立各种平台、营造各种机遇，让师生们懂得“素质就是一辈子忘不掉、一辈子用得上的知识与本领”“不能没有让人眼亮的一手”“素质教育的 DNA 就是习惯培养”，真正“将口号化为行动”。

例如，实施学生之星、教师之星“双十星”评选——构建素质教育多元评价体系；制定“泰州中学素质教育基本要求”（培养“十种意识”）、开展素质教育“十大主题教育”、办好“泰中六节”（科技节、文化艺术节、体育节、读书节、外语节、感恩节）、实施“素质教育个十百千万行动计划”；拓展校外素质教育实践基地，聘请高校兼职教授、校外科技指导老师、民间艺术大师进课堂；构建师生多元评价体系等，激励学生对自己负责，健康成长，全面发展。

案例 8 “负责任的教育”办学理念之我思我悟

江苏省泰州中学是一所历史悠久、文化底蕴深厚的百年名校。多年来，学校坚持科学发展，走特色办学之路。在确立特色办学发展思路的过程中，我们结合现代教育理念，努力追求办学理念的高品位、教学理念的高品位、办学宗旨的高品位、育人目标的高品位，确立了“倡导负责任的教育”的办学理念（对学生负责任、对老师负责任、对社会负责任），并取得了令人瞩目的成效。下面我就谈谈自己对学校这一办学理念的理解与感悟。

“负责任的教育”是思想品德教育的重要内容，在强调培养青少年道德推理能力，凝聚精神力量的同时，更注重发展青少年承担社会责任和义务的品质。学生只有具有健康向上的开放的胸怀，具有现代思想意识、思维方式和责任意识，才能在建设社会主义和谐社会中积极迎接社会的挑战，为社会做更大的贡献。而在我们的中小学课本里已经广泛开展了思想品德课程，但是并没有全面地、有组织有计划地在教学范围内突出开展责任教育，责任教育还只是一个潜在的教育课程。现在一些中小学生的责任意识现状不容乐观，主要表现在以下几个方面：一是自我意识强、责任感淡漠。一些学生只要求权利，不愿尽义务；对社会要求过高，对自己要求低；遇事推脱，不勇于承担责任；抗挫折能力差，缺乏战胜困难的意志和毅力。二是公德、纪律意识弱化。有些学生不遵守学校纪律，社会公德意识差，违法乱纪现象时有发生。三是对个人的责任强于对社会的责任。他们对自己以及家庭有比较明确、强烈的责任意识，而对社会缺乏责任意识，自私自利，集体和协作观念、服务和奉献精神不足，没有强烈的民族责任感等等。这些现象确实让人担忧。因此“负责任的教育”的开展是非常有必要的。那我们泰州中学是如何实现“负责任的教育”的呢？

“负责任的教育”首先是管理者的“责任管理”。无论处在哪一个管理岗位上，都承担着相应的责任，管理者要具有为教师、学生负责的责任意识，做好管理的工作。

构建责任管理，营造责任校园。学校责任教育的执行者、引领者是教师。教师的师表是引导学生学习感悟责任的最好表现形式，教师的师表形象就是“负责任的教育”最有说服力的活教材，是最好的引领示范。“负责任的教育”的一个重要分支，就是教师责任心的研究。我校努力打造责任教师团队，构建责任课堂。

学校负责任地管理，老师负责任地教学，这些都是为了培养有责任心的学生。“负责任的教育”不仅是老师的事、领导的事，更是全体学生的事，让学生成为“负责任的教育”的主人。实践证明，只有当学生成为主体的时候，他们才会切切实实地亲身体验，树立起对社会、对集体、对学习、对家人的责任心。与此同时，学校还向学生灌输“责任学习”，让孩子明确自己身上肩负的各种责任，并时刻谨记自己的责任，在学习和生活的过程中敢于履行自己的义务。承担自己的责任是每个孩子应该具备的基本素质。

李霄璐(省泰中地理组教师)

2. “负责任的教育”当与责任文化同在

充分挖掘省泰中“负责任的教育”的文化根脉。责任是省泰中源远流长的“教育基因”，担当责任是弘扬省泰中历史文化传统的要求。宋代著名教育家、泰中精神鼻祖胡瑗说过：“致天下之治者在人才，成天下之才者在教化，职教化之任者在师儒，弘教化而致之民者在郡邑之任，而教化之所本者在学校。”这充分说明了政府、学校、教师在人才培养方面的责任担当。

然而责任在当代，却是青少年人生观和价值观当中缺少的“基因”。笔者曾经看过这样一则短信：一位长者问一个青年：“你们这一代的责任是什么？”年轻人回复：“我们这一代人的责任就是不负责任。”虽然有些调侃味儿，但却显现出当代青年人缺乏责任意识的严峻现实，不能不引发人们的深思！

责任是个人必备的能力和素养。“责任高于一切”“责任重于泰山”为每个人所熟知。托尔斯泰认为：“一个人若是没有热情，他将一事无成，而热情的基点正是责任心。”比尔·盖茨曾经说过：“人可以不伟大，但不可以没有责任心。”责任心是一个人品格和能力的承载，是一个人走向成功所必不可少的素养。责任感是一个人日后能够立足于社会，获得事业成功与家庭幸福的至关重要的品质。试想：一个不懂得负责任的人，你还指望他对事业负责？一个没有责任心的人，你还能指望他成就大业？一个缺乏社会责任感的人，你还能指望他为社会尽责、为人类造福？

无论是出于弘扬省泰中担当责任的历史传统的要求，抑或是回应培养当代青少年责任品质的时代要求，倡导“负责任的教育”都是省泰中的必然选择。

致力于营造“负责任的教育”文化场，打造“责任教育”品牌，是省泰中努力追求“优质发展”“多元发展”“特色发展”“全面而有个性发展”的重要实践。“负责任的教育”的理念渗透于省泰中教育教学改革、素质教育实施、教育教学管理等各个方面，有力地彰显出省泰中推进素质教育的特色和成效。学校一方面努力探索践行"责任文化"与"责任育人"体系及有效途径;另一方面,试图通过报刊、网络、论坛、讲座等多种手段、多种形式,发挥辐射示范作用,力争进一步扩大社会影响,引起社会各界共同关注"负责任的教育",倡导"负责任的教育",研究"负责任的教育",践行"负责任的教育",进而在全社会共同营造负责任的育人环境,携手办好"负责任的教育"。

学校陆续采取了收集整理名家名人责任教育箴言,编写江苏省泰州中学《责任行为指南》,编写"责任教育"校本教材、开设校本课程,唱响责任文化主题歌《责任之歌》《中国梦》,举办"感悟泰中精神理念"论坛、讲述"我的'责任教育'故事"等活动,创办内部杂志《责任教育天地》,开办校园网"责任教育"栏目,链接中国责任网,开设校园广播台(电视台)《责任教育之声》,让师生注册成为"责任教育使者"等一系列举措,全方位、立体化、多渠道地营造"责任教育"文化场。自 2009 年以来,省泰中以成功申报教育部重点课题《发掘"三名文化",推进"责任教育"实践研究》为契机,进一步打造学校独特的素质教育特色品牌。经过持续不断地实践,"责任教育"理念日渐在全校师生心灵打上深深的烙印,并在全国范围内产生了一定影响,有力地促进了教育教学质量和学校美誉度不断提高。

2014 年 10 月国家级课题《发掘"三名文化",推进"责任教育"实践研究》结题论证暨成果报告会

不论是与优良传统相融合铸塑"负责任的教育"的文化根基,还是将"负责任的教育"融入优质特色学校的创建实践当中,这一切都表明"负责任的教育"理念区别于一般意义上的责任教育,具有更为深刻丰富的内涵以及实践探索意义。

(二)"负责任的教育"就是要抵制"不负责任"的教育行为

《国家中长期教育改革和发展规划纲要》指出,"教育观念相对落后,内容方法比较陈旧,中小学生课业负担过重,素质教育推进困难",这是当前中国教育现状的客观描述。实现教育转型升级，不能忽视教育思想观念的先进性。耶鲁大学终身教授陈志武曾说，“教育不转型，国家只能卖苦力；产业结构难转型，教育有责任；有思辨能力，方有经济转型”。这就要求教育致力于培养兴趣丰富、人格完整、头脑健全、具有思辨能力的现代公民，在此基础上培养和造就一大批拔尖创新人才。反思当下中国教育的现状，由于受到陈旧思想观念和不负责任的教育行为的影响，应试教育之风仍未得到有效遏制，导致对学生学科知识的“教育过度”，而道德品质养成、个性培养与社会责任感的“教育不足”，“呆滞的教育”也并没有消失。正是由于诸多“不负责任”的教育行为的存在，倡导和实施“负责任的教育”的必要性才更加凸显，每一位具有使命感的教育工作者都应坚决抵制“不负责任”的教育行为，自觉坚守“负责任的教育”理念。

1. “负责任的教育”应摒弃“呆滞的教育”

英国教育家怀海特所著《教育的目的》中指出“应当防止‘呆滞的教育’”[①]，笔者对此颇有感触。反思当下中国教育的现状，“呆滞的教育”并未消失，令“教育羞愧”的现象依然存在。

在教育领域，表面上高度负责、实质上“好心干坏事”的现象屡见不鲜。许多学校存在着一些扭曲的教育现象与做法，急功近利、片面追求升学率的应试教育倾向，过重的课业负担令师生苦不堪言，不仅难以收到理想的教育效果，而且严重影响了师生的身心健康。有的学校一天甚至要安排十几节课，“学生苦、教师累、校长难”，“瞎折腾，乱了套，变了味”。由此一来，“快要被逼疯了”的学生把学校比作“地狱”就不足为奇。据有关体质健康监测表明，我国青少年学生的主要体能素质指标近 20 年来持续下降，中学生的视力不良率已超过了 2/3，在江苏省 2007 年高校招生中，有 89.8%的考生因身体和健康原因专业受限；2008 年入学的大学生体能素质检测数据显示，全省仅个别地区平均分达到及格水平。2011 年 3 月 18 日《人民日报》载文《“每天锻炼一小时”咋就这么难》指出，保证中小学生“每天锻炼一小时”最早是 1958 年周总理提出的。现在 50 多年过去了，一直没有实现这个目标。中央对这个问题非常重视，出台了一系列政策，但部分学校没有按照要求保证质量地开设体育课，课外体育活动名存实亡。2011 年 3 月 24 日《中国教育报》也发表评论《盼每天锻炼一小时真正得到落实》。《光明日报》于 2012 年 11 月 17 日载文《“每天锻炼一小时”就这么难吗?》，文中透露了北京市体检中心发布的《2011 年度北京市体检统计资料报告》有关数据，75 256 名高中生参加体检，完全合格的只有 10 080 人，仅占 13.39%，再次敲响了中学生体质健康的警钟。类似的素材、案例时常耳闻目睹，而这种现状的存在令人担忧。又如，在高中阶段更是成了应试教育的重灾区，更多的校长们一味地追求高考的“优质”，一头扎到应试教育的怪圈中打拼，无暇顾及特色发展的思考与研究，以至于形成千校一面、千人一面的窘境。在这样的氛围下，当校长难也就成了自然之事了。

---

① 怀海特:《教育的目的》，庄莲平、王立中译，文汇出版社 2012 年版，第 50 页。

教育的核心是培养健全人格，健全人格应以健康体质为生理基础。然而，现实却是一方面学科知识的“教育过度”，一方面是学生道德品质、养成、个性培养教育缺失与教育不足。目睹种种不负责任的教育现象，人们不禁要问：教育的尊严在哪里？教育的幸福在哪里？关注教育民生的责任究竟谁来担当？“呆滞的教育”何时才能根本转变？

“呆滞的教育”往往具有教育、教学、管理与决策的低层次、低效率、低品位，缺乏灵气、趣味、生机、活力、特色等特征。笔者认为，形成“呆滞的教育”的根源在于教育观念的滞后、办学模式的生硬、评价尺度的单一、办学体制的僵化、办学自主权的缺失，等等。此外，我国的教育功利色彩太重，没有课程支撑，办学特色往往成为暂时的“花盆”；某些报刊媒体热衷于炒作状元、为应试教育典型大唱赞歌等，助推了应试教育之风；以政绩观为代表的评价观等等，都是特色形成难以有所突破的制约因素。

联想起中国大量的政府官员、教育官员和富豪送子女赴国外留学，为什么他们对中国的教育失去信心？值得人们深思！难怪有人说，中国教育病了，而且病得不轻。每一个关心中国教育的人，关心国家前途和命运的人，都对治疗我们的教育深怀期待。

为了摒弃“呆滞的教育”，笔者提出以下几点思考。

首先，政府和教育行政部门必须有所作为，下决心、花气力治理教育环境，校正教育的“航向”，真正给予学校办学自主权，扎实推进素质教育，鼓励学校多元发展、特色发展，不当应试教育的“宠儿”，也不当变相的“幕后推手”；

其次，学校教育应该自觉贯彻执行党的教育方针和政策法规，自觉遵循教育教学规律，崇尚科学、理性、智慧、和谐的高品位教育，不当应试教育的“急先锋”；

再次，家长应当转变教育观念，立足长远，关注孩子的全面发展与身心健康，不当应试教育的“马前卒”；

最后，各类报刊媒体应当明辨是非，不为应试教育推波助澜，不当应试教育的“吹鼓手”。

2. “负责任的教育”应警惕“伪素质教育”

推进素质教育，应当准确把握素质教育的内涵。素质教育理念自20世纪80年代提出以来就引起全国上下对于应试教育等种种违背教育规律、不利于人才培养的教育教学行为的反思，这种反思也促使素质教育理念的不断完善。然而推行素质教育数十年以来，教育者对何谓素质教育以及如何践行的问题并没有明确共识，导致“素质教育轰轰烈烈，应试教育扎扎实实”，素质教育理念停留于口头之上，实际的教育教学行为却是“伪素质教育”。“伪素质教育”就是贴着素质教育的标签，而实际背道而驰，例如“做秀”“玩潇洒”追求表面上的蹦蹦跳跳、热热闹闹、松松垮垮，实际上是放松对学生的管理，对学生不负责任。笔者认为教育领域内的“伪素质教育”具体表现为教育“理想化”。

教育的“理想化”，即常常在“理想化”的状态与假设之中作出不合国情、不切学生实际的“理想化”的思考与决策。往往是打着“素质教育”“愉快宽松”“改革创新”等旗号，实质上行“不负责任”之实。教育的“理想化”与“理想的教育”是背道而驰的。

"理想的教育"是学生、家长、社会各界所期盼的,也是每一位教育专家、每一位校长、每一位老师和教育工作者所追求的。当然,什么是"理想的教育"?其答案是多样的,但笔者以为"理想的教育"必定是"负责任的教育",即对学生负责任、对教师负责任、对社会负责任的教育。

此外,"理想的教育"还应具备以下特征:

第一,理想的教育应当具有先进的办学理念、规范的办学行为、长远的办学目标,必须充满激情、充满智慧、充满活力;

第二,理想的教育应当关注师生人格修养与道德情操,关注师生的身心健康,关注学生的全面发展,科学素养与人文素养并重、理论与实践并重、传承与创新并重;

第三,理想的教育应当是追求人本化、人文化、人性化的教育;

第四,理想的教育应该是高品位、高效率、高层次的教育;

第五,理想的教育应当是科学、和谐、可持续发展的教育。

值得注意的是,在我国现阶段教育教学改革与实践当中,在各地基层学校管理、推进素质教育和实施新课程方案当中,往往从上而下,从专家、学者到教育行政领导,从学校管理人员到教师,常常是在"理想"的状态之中作出"理想化"的决策,添加一些近乎天真的、潜在的"假设",把教育环境过于理想化,人为地给教育带来不正确的导向和许多不正常现象,导致意外的负面影响与被动局面,甚至给受教育者造成不必要的创伤。

(1) 理想化对待学生

往往把学生都当做个个是天才、英才、全才、完人,在理想的状态之下,制定课程的标准、教学的目标与教学要求等等。有的则过高估计学生的道德修养、学习习惯与能力水平,一味地强调自主、愉快学习、探究创新。尤其应当看到,当今社会已进入"独生子女时代",独生子女对我们的学校教育教学管理带来了新的课题与负面影响。现在的独生子女往往在家里面是"小皇帝",被视为掌上明珠,自我感觉良好,优越感很强,自私、怕苦、畏难,不懂得感恩,也不知何为"责任感",逆反心理严重,难以接受家长的批评,大多家长在子女的教育问题上无能为力,把对子女教育的责任推向学校和老师,给学校教学与管理带来了新的难题。因而对学生的认识不能停留在"非独生子女时代",我们应该认识到这一系列问题带来的新的负面影响,应该与时俱进,认真反思、研究新的教育方法、措施与对策。

(2) 理想化对待教师

有些决策者往往不太了解现在教师队伍的现状,有过高估计教师整体素质与整体水平的倾向,认为老师个个聪明能干,业务功底扎实,教学水平高,事业心责任感特别强,有的要求过于苛刻。但是应当看到,当今教师队伍素质现状令人担忧,特别是近十年来,师资队伍的整体素质有明显的下降趋势。比如,在很多地方,往往是中考达不到普通高中录取线的考生上中师、大专,高考中的优秀考生报考师范的动力不足。再看看现在的部分年轻教师,往往在思想上、态度上、工作作风上,在责任意识、奉献精神等等方面，由于受当今社会思潮的负面影响，总感觉到与老教师相比已有明显的“代沟”，人生观、价值观差异较大，有的比较浮躁，舍不得吃苦，贪图享受，对学生缺乏关爱与耐心，安于现状，不思进取。

（3）理想化对待管理

如何对教育教学管理的适度性进行定位？学校管理如何贴近现在的学生和教师实际？这也是值得我们不断反思与改革探讨的热门话题。有些主管部门领导往往不了解基层一线的具体情况与酸甜苦辣，对工作的难度与复杂性估计不足，工作方法过于简单化，打打电话听听汇报，发发文件开开会，至于工作是否对路、有无成效，则很少考虑。现在学校的管理往往出现两种状况，一种是过分放松，采取“放羊式”管理，有的打着“素质教育”旗号，缺乏对学生必要的明确要求与严格规范的管理，导致学生缺乏规则意识，道德养成教育不到位，自由主义倾向严重，学生的潜能与聪明才智得不到充分的发挥；还有的把工作态度松松垮垮、不抓不管、不闻不问视为“以人为本”“人文关怀”。当然，也有一些学校走向另一种极端，急功近利、只顾眼前，应试教育之风盛行，以牺牲师生的身心健康为代价，片面追求升学率等等。

（4）理想化对待新课改

特别是对待新课改教材编写与处理方面存在理想化的倾向。有的入门学科，在起始年级就有“走进某某学科”素材，往往带有难度较大的内容，让学生望而生畏。

（5）理想化对待教育环境

特别是社会状况给学校管理带来了很多负面的影响，比如不健康的录像、武打小说、充满暴力内容的电视片等对学生有很深的影响。而且文明礼仪、道德现象的滑坡等等也给我们管理、决策带来了错觉或模糊的认识。

反思教育的“理想化”倾向，笔者认为有以下几点值得注意。

第一，对教育教学管理等改革问题以及大是大非问题，要明辨是非，冷静思考，贴近实际，灵活应对。

第二，要站得高，看得远，同时要沉得住气，经得住时间和实践的考验。

第三，既不要目光短浅、急功近利，也不要带着从众心理盲目跟风。

第四，在追求理想教育当中，应当坚持方向性，把握适度性，注重有效性，去除盲目性，注重创新性。

变“应试教育”为素质教育，任务依然十分艰巨。在批判应试教育的同时也不能走极端，不能“理想化”，要将“应试教育”与“应试技能”区分开来。如果将素质教育理解为学生可以少学甚至不学，或者不要压力、不要负担，那不但是对素质教育的曲解，还会严重影响教育质量，影响学生的未来，因为对于个人而言，青少年阶段是人一生当中最佳的学习时段，因此必须重视这一时期必要的培养和训练。所以，真正的素质教育，是在学生生成人格、增长知识的同时，又能够让他们感受到乐趣并终身受益。

摒弃“呆滞的教育”，推进素质教育，促进学生身心健康、全面发展，就是要对每一位学生负责任,改“替学生一阵子想”为“对学生一辈子负责”;就是要遵循教育规律,不脱离学生实际,不急功近利,不片面追求升学率;就是要准确把握素质教育的内涵,不搞“跟风”“做秀”,谨防教育“理想化”;就是要求真务实,实事求是,顺乎自然,保持适度负担、适度压力、适度宽松;就是要努力营造在自觉、自愿、自主的状态下提高效率、提高质量的良好氛围,让师生们更加理性、更加智慧、更加有效地学习、工作与生活。

三、“负责任的教育”的特点

“负责任的教育”理念可谓大道至简,质朴无华。其内涵深刻,品位高雅,超越时空,跨越国界,适合各类人群,适合政府部门、教育机构、学校、家庭、社会,因而具有哲理性和普适性等特点。

1. 基础性

责任是指社会成员应承担的分内之事,并承担自身责任行为的后果。因此,责任教育从字面意义上说,是指对学生进行分内应做的事的教育和失责应当承担相应过失的教育。以此为切入点,使学生认识到扮演学生角色所应当承担的相应责任,如何成为一名合格的学生,进而努力成为一名好学生是学生首要思考的问题,并以此为基础逐渐学会如何对自己的身份和言行负责,而这一切也为学生更好地接受教育、为接受更大的责任担当奠定基础。哲学所言树立人的主体性的命题即以对自己负责、学会积极主动地扮演自身角色为出发点,即是倡导主体性责任教育。

鲁洁教授认为责任教育“实质上是主体性德育理论的深化”,应处于学校德育的核心地位。责任是人之为人的根本,而教育是“直面人的生命、通过人的生命、为了人的生命质量提高而进行的社会活动,是以人为本的社会中最体现生命关怀的一种事业”,因此,责任教育理应成为教育的核心内容。责任教育作为学校道德教育的一部分,学生在校内外的一切道德教育活动都是可以主体性责任教育为主线而展开,因而可以说它是学校德育的基石。

2. 体验性

“负责任的教育”是一种教育思想,同时也是一种教育实践,以造就人的责任情怀、担当精神以及履行责任的本领为根本宗旨,因而“负责任的教育”不是简单的知识层面的传授,而更注重在实践活动中体验负责任的重要性,体验人与人之间共生的利益、感受到人的关系性存在。“负责任的教育”不是抽象且空洞的理念,它必须落实并回归于实践,强调行为主体的体验和感受,最终将“负责任的教育”理念内化于心,外化于行。责任在回归实践的同时也在实践过程中得到升华,在实践的过程中,行为主体对责任的认识也进一步加深,责任感得到增强,责任品质得到锤炼,教育品位得到提升。在“负责任的教育”实践中,不仅应注意引导学生回味和反思整个教育活动开展期间的准备、过程和结果,感知和认识活动实施的目的和意义,寻找自身需要提升的领域,从学校实施层面而言,校长和教师都应从自身做起,自觉践行“负责任的教育”。

3. 自主性

践行“负责任的教育”这一办学理念，探索负责任教育途径，构建“责任育人”体系，通过一系列具体的措施将负责任教育具体化、生活化，努力让每位师生将“说负责任的话，做负责任的事，当负责任的人”作为自身的立人之本；让每位师生多一些责任情怀、家校情怀、家国情怀；让每位师生懂得一个有理想、有抱负、有责任感的人应当以天下为己任，凭责任感做事；让每位师生对自己负责、对学校负责、对社会负责。

“负责任的教育”的目标在于提升教育的品位，更有利于培养负责任的公民与优秀人才。道德教育的过程只能是一个价值引导和自主建构相统一的过程，因而责任教育必须尊重主体的自主选择。首先，责任品质虽然可以通过学校教育进行培养，但更重视行为主体的内化，把“负责任”从一种主动自觉的理念转化为责任行为。对于责任主体而言，通过履行责任将最终形成一种坚定的责任品质，成为个体价值观念的重要组成部分。其次，责任的选择性也决定了责任教育的自主性。责任行为主体的多样性和责任对象的层次差异决定了个体在履行责任时具有较大的可选择范围。

责任教育的自主性决定了学校在实施责任教育时，应引导学生自己做教育活动的主人，让学生在责任教育实践中进行自主设计、自我管理和自我教育，最终形成正确的责任行为。

4. 整体性

“负责任的教育”是要办对学生、对教师、对学校、对社会、对未来负责任的教育。对于学生的教育、培养，政府、教育部门、学校、家庭以及社会都有着各自不可推卸的责任与义务。因此，践行“负责任的教育”，需要政府、教育部门、学校、家庭以及社会等各方面通力协作，共同构成践行“负责任的教育”的主体要素，各要素既有独立性又有关联性，也有着严密的逻辑性和承继性。因此，推进“负责任的教育”是一个系统的工程，需要全社会理解、支持，整体联动，共同努力，共同参与，共同承担起责任。

5. 持久性

“负责任的教育”既是一种教育理念又是一种办学实践，切实推进“负责任的教育”是一项持久的工作。首先，“负责任的教育”的内容因时代的发展变迁以及社会的现实需求而与时俱进，不断更新；其次，主体一旦树立了责任意识，主体的自我责任教育就会随着自身的日益成长而不断提升，“负责任的教育”的重要性和意义也会日益凸显；最后，由责任是人之为人的这一根本性质决定，而“人”永远处于不断的成长进步当中，因此，无论对于教育者还是受教育者而言，“负责任”都将会是永恒的话题。

四、“负责任的教育”宗旨与价值

（一）“负责任的教育”的宗旨

任何教育活动都需要有明确的教育目标作为方向指导，只有在目标中确定的项目和内容，才能在教育实践中得到广泛重视和落实。教育目标是有层次性的，一方面是指教育的实施者通过教育活动所要达成的目标，即教育实施者(各国政府)通过文件、政策规定(如教育大纲)等形式明文确立的总体目标；另一方面是指受教育对象所应形成的品质和能力等，即在实际操作中，根据总体目标进行细化而提出的具体的、可以操作并且可以达成的目标。两者从理论上而言是一致的，但从其实践层面考察却是有程度区别的。这一点同样适用于“负责任的教育”目标。

为了更为确切地理解“负责任的教育”的宗旨，笔者先从“责任教育”的目标谈起。从道德教育的角度来说，道德品质的培养旨在让道德精神内化为行为主体的意志并落实于主体的行为当中，从而达到道德教育的目标。作为一种德育途径的责任教育，其目标可以划分为“新课程标准”层面和学校实施两个层面。

首先，“新课程标准”层面。在我国，政策层面的学校责任教育目标体现在课程标准之中。初中新课标中，总目标要求帮助学生“增强社会责任感和社会实践能力”；情感、态度、价值观方面分别列出具体目标，情感上要求“热爱集体，具有责任感”，能力方面要求“具有基本的道德判断和辨别是非的能力，能够负责任地做出选择”；承担社会责任部分的总目标要求“理解自己负有的社会责任，努力做一个负责任的公民”，国情部分的总目标规定“弘扬和培育民族精神，认识当代青年的社会责任”。高中新课标在责任教育的总目标中没有明确表述，只在情感、态度、价值观方面要求“热爱集体，具有责任感”，“具有基本的道德判断和辨别是非的能力，能够负责任地做出选择”；承担社会责任部分的总目标要求“理解自己负有的社会责任，努力做一个负责任的公民”，国情部分的总目标规定“弘扬和培育民族精神，认识当代青年的社会责任”。高中新课标的总目标中没有责任教育方面的明确要求，只在情感、态度、价值观的分目标方面要求学生“增强社会责任感和民主法制观念，培养公民意识”。

相对而言，西方国家在责任教育实施方面早于我国，其中美国更是走在前列。作为公民教育的重要内容，美国责任教育的目标始终与公民教育的目标相伴。1938 年美国教育协会的教育政策委员会在题为《美国民主教育之目的》的报告中，把教育目标分为四大类：自我实现、人际关系、经济效率、公民责任，具体提出了社会正义、社会活动、社会了解、审慎的判断、容忍、维护公共资源、科学的社会应用、世界公民(善于合作)、遵守法律(尊重法律)、经济知识、政治责任、笃信民主等 12 个公民责任目标。美国促进科学协会在 1989 年提出的《普及科学——美国 2061 计划》中宣称：“教育的最高目标是要使人们能够达到自我实现和过负责任的生活。”美国公民教育中心专门编写自由社会法律系列丛书《责任》课程，旨在增强学生对责任在其生活中的重要性以及责任在当代社会中的重要性的意识，提高学生有效地、明智地处理责任问题的能力和倾向。在日本，学校德育一直遵循着 1947 年颁布的《教育基本法》，其中规定：“教育必须以陶冶人格为目标，培养出和平国家和社会的建设者，爱好真理与正义，尊重个人价值，注重劳动和责任，充满独立自主精神的身心健康的国民。”

其次，学校实施层面。学校实施层面则是以培养具有责任品质的健全道德人格的学生为目标。也就是说，责任教育“把培养学生的责任意识，激发学生的责任情感，提高学生的责任能力，优化学生的责任行为，作为学校德育工作的主要目标”[①]。概括来说，责任教育的目标在于构筑精神高峰，提升精神素质，培育责任情怀，形成健全道德人格。由于从哲学上而言“人总是未完成的”，因而“健全道德人格”的养成也是一个长期的过程。

从上述实施责任教育的目标，对比中外有关责任教育目标的设定，可见，我国政策层面对于责任教育目标的划分不够深入和具体，无论是责任品质方面“具有责任感”的表述，还是总体教育目标是成为“负责任的公民”的表述，都只是较为宏观的、浅显的概括，造成人们无法全面理解责任教育的目标，不利于指导责任教育实践，影响到教育的实效。借鉴《美国民主教育之目的》或是日本的《教育基本法》，我国需要结合自身的社会背景、文化背景和时代背景，对学校责任教育目标从国家角度、政策层面作出更为清晰而具体的表述与规定。

作为办学理念的“负责任的教育”其宗旨与作为一种德育途径的责任教育的目标有很大的区别。从宏观上来说，笔者所倡导的“负责任的教育”，不只是停留在一般意义的责任感、使命感教育上，不是“责任”与“教育”的一种简单的拼凑与组合，而是二者融合而成的“结晶体”。“负责任的教育”要求在教育决策、指导与办学行为之中必须关注人的健康成长与全面发展，必须关注人的前途与未来，必须推行对学生负责任的素质教育。说到底，“负责任的教育”关系到“办什么样的教育、培养什么样的人”的大问题。作为一种办学理念，“负责任的教育”应当是科学、理性、和谐的高品位的教育，办“负责任的教育”应当成为办“人民满意的教育”的理想追求！

从微观角度而言，践行“负责任的教育”这一办学理念过程中，将爱与责任融入教育教学与管理之中，努力为学生的成才精心营造负责任的教育生态环境，构建“责任育人”体系，探索责任育人途径，通过具体有效的措施将“负责任的教育”具体化、生活化，真正让每一位师生达到“说负责任的话，做负责任的事，当负责任的人”的境界。

有学者认为我国的学校道德教育面临“错位的规则”和“孤独的个体”的困境，这一点同样体现在负责任教育的实践当中。任何教育目标都是教育者对于教育活动或者受教育者提出的预期目标，可以说是一种“应然”状态。教育活动受到教育活动参与主体、教育活动开展的软硬件环境、教育活动所处的社会背景等众多因素的共同作用，因而在教育实践过程中教育目标的完全实现或者达成只是一种理想状态。这就需要政府在制定责任教育目标时，杜绝空泛的、不切合实际的教育口号，尽量做到符合教育发生发展的规律，有针对性和可操作性，以保证责任教育目标对于“责任教育”实践指导作用的发挥。

（二）“负责任的教育”的价值

1. 哲学层面的理解

人类学家马格丽特·米德在《文化与承诺》一书中提出：“在知识经济初见端倪的今

① 吴甸起：《从理论上更加开阔地认识“责任教育”的蕴含》，载《山东教育学院学报》2004年，第7—9页。

天，文化变迁更加迅速，使得个人难以预见将来以至于不知道该学什么才能适应未来社会的需要，唯一的办法是教育我们的后代有一个成熟、开放、自我完善的人格，即经过教育后形成自律性的道德人格。而责任教育是形成个人道德自律、培养健全的道德人格的基础。”在《哲学的改造》中，杜威指出，我们是生而无知和不成熟的，因而处于对社会的依赖状态。教学和道德训练，实际上就是成年人逐渐提高幼弱者照料自己的能力的过程。他不仅把自治看做道德成熟的标准，而且把自治视为教育追求的最高理想。一个自治的人就是一个能够对自己人生负责的人。由于这种人是一定社会和社会团体的一部分，在其中实现自身价值，因而，他就具有社会责任。就像维克多·弗兰克说的：“每个人都被生命询问，而他只有用自己的生命才能回答此问题，只有以‘负责’来答复生命。因此，‘能够负责’是人类存在最重要的本质。”

生活世界的教育具有自然性、直观性、奠基性的特点，推行“负责任的教育”必须面向生活，在学生的生活中进行才能具有实践的力量。哈贝马斯认为：“生活世界所具有的那种强烈而隐蔽的直接性奠定了任何一种知识模式的无法摆脱的基础。”任何一种教育，其效果最终都要受到来自于生活世界的检验。赫勒的交往理论认为，个体日常生活的变革是推动世界变革的基础前提，可以说“负责任的教育”培育主体的“责任情怀、担当精神以及履行责任的本领”即是赋予个体变革日常生活方式的最为根本的途径。

2. 教育学层面的理解

苏联教育家马卡连柯明确指出：“培养一种认真的责任心，是解决许多问题的教育手段。”现代教育理论一直重视研究责任教育，总体倾向于在德育中进行责任教育。美国功能论代表人物帕森斯主张教育要“使学生具备社会责任心、义务感及相应能力”。存在主义教育也主张教育“要使学生意识到自己的责任。要敦促学生对自己的哪怕是漫不经心的选择负责”[①]。1972 年，联合国教科文组织把使人“承担各种不同的责任”列入指导教育发展方向的基本设想。进行明确的责任教育早已是西方德育的任务之一，道义型德育和功利型德育都不例外。“社会性人信奉以仁爱、忠诚、责任、义务、宽容、和谐为基点的道义型文化，以社会责任为主；经济性人信奉以竞争、利益、权利、尊严、责任、效率、自由等功利型文化，以自我为中心。20 世纪中期吸收价值澄清论等各种道德理论研究成果发展起来的品德教育教程，其中心“是指培养负责任、符合国家需要的合格公民”。1989 年联合国教科文组织将“面向 21 世纪教育国际研讨会”的主题确定为“学会关心”，呼吁一种道德关怀与道德责任。在世界责任教育思潮影响下，我国于 90 年代开始的责任教育研究主张把责任教育纳入德育中进行，如：叶澜把“责任心”列为当代道德教育的基础内容。

“负责任的教育”作为一种教育理念，除具有责任教育的一般价值之外，还具有自身独特的意义。它更关注人性的提升、人格的健全、人的终身发展的教育，更关注社会、时

① 陆有铨：《躁动的百年——20 世纪的教育历程》，山东教育出版社 1997 年版，第 132 页。

代、民族乃至全世界的未来的教育，是致力于对时代发展、民族复兴、人类文明、社会和谐负责任的教育。

近年来，省泰中围绕“倡导负责任的教育”这一办学理念，努力为学生的成才精心营造负责任的教育环境，赢得了省内外专家学者的关注与好评。杨九俊先生将我校所倡导的“责任教育”的要义概括为：天职意识、挚爱情怀、科学精神、大家品位。著名教育专家傅东缨来泰州中学讲学时寄语“责任教育”——“兴于泰州中学的‘负责任教育’文脉渊远，意旨博大，自下理接地气，至上大道通天。其境大气，根为大爱，魂为大任，核为大智”。中国教育科学研究院原院长、76 届校友袁振国寄语：“责任是人的立身之本，责任教育是育人的灵魂。”《人民教育》原总编辑傅国亮寄语：“责任教育是教育的责任。泰州中学的责任教育是探索培养什么人、怎样培养人的成功经验，为基础教育内涵发展贡献了宝贵的理论思考和实践策略。”

“负责任的教育”是一种教育理念，同时也是一种教育实践，更是一种教育精神与文化。如果全国上下各级政府、教育相关部门、所有学校、每一位校长和老师都有崇高的教育情怀、高度负责的态度、强烈的事业心与责任感，真正从有利于学生全面发展为本，从国家、民族与社会未来着想，那么，教育的形象、特色、品位、声誉等必将得到显著的提升，素质教育的春天就会真正到来。

第三节　“负责任的教育”历史溯源

一、国际上负责任教育演变

关注责任和倡导责任教育有其深刻的历史背景和现实紧迫性。

责任和责任教育在西方历史上始终占有十分突出的地位，从古希腊的社会习俗伦理责任，到康德的义务论的责任观、边沁的功利主义责任观、韦伯的责任伦理观、居友的无义务无制裁的道德责任论、萨特的自我负责的责任观等等，对于责任和道德责任都给予了很大的关注。马克思主义经典著作中亦存有对责任的论述，例如，恩格斯曾说：“如果不谈所谓自由意志、人的责任、必然和自由的关系问题，就不能很好地讨论道德和法的问题。”

全球化时代的来临使人类进入了一个如乌尔里希·贝克所言的“风险社会”。应对全球风险社会的挑战，“责任”成为对世界公民的最起码要求，即要求人们在作出满足自己需要和愿望的个人决定时，对自己、对他人、对社会，乃至对影响人类生存的生态环境等有全盘考虑并承担起相应的责任。

1972 年，联合国教科文组织在《学会生存》中所确定的教育发展方向之一，就是使每个人承担起包括道德责任在内的一切责任；1989 年该组织又将“面向 21 世纪教育国际研讨会"的主题确定为"学会关心",进一步呼吁道德关怀与道德责任。

1993年联合国教科文组织召开的"面向21世纪教育国际研讨会",将人的道德、伦理、价值观列为21世纪人类面临的第一个挑战,明确提出:理想、责任感、自主精神、坚持意志和良好的环境适应能力、心理承受能力,是21世纪人才的主要特征。当代人文主义教育特别强调加强"自由责任"的教育,提倡每个人在自由生活的同时,不可推卸对他人、社会、自然的责任,并将自由与责任视为现代伦理生活的核心。1994年联合国教科文组织总干事马约尔博士在"市场经济与教育改革"国际研讨会上指出,西方发达国家对市场经济也不是无限制扩大个人自由,相反加大了个人对社会的责任。全球范围内教育主题从"学会生存"变为"学会关心",又从"学会关心"变为"学会负责",足见其重要性。

如何在道德教育中有效增强社会成员的责任感是20世纪80年代以来各国教育界一直关注的理论问题。法国教育部早在1997年的《法国教育体制改革》文件中指出:"教育的最终目的在于……培养自由社会的公民,而增强青年人的公民责任感又是公民教育的首要目标。社会责任感的教育自20世纪80年代以来已成为日本社会普遍关心的话题,日本政府第三次教育改革在大力倡导个性自由的同时,也提出了"自由伴随着对社会的神圣责任"的响亮口号。德国在《联邦德国教育总法》中也规定,学校应培养学生在一个自由、民主和福利的法律社会中对自己的行为有责任感。①

其中,在各国的责任教育实践中,美国的责任教育实施时间较早,有一定的借鉴意义,无论是在责任教育方面还是公民教育方面,欧洲等其他西方国家都在向美国靠拢。以下将以美国为例来介绍西方国家负责任教育的演变。

(一)美国的负责任教育概说

通过对青少年道德问题的反思,关于面向21世纪的教育变革问题,美国主要以公民教育和品格教育来培养青少年的责任品质。有2/3的美国人认为,学校应在青少年学生道德发展方面承担责任,要求建立一种"健全的道德教育",帮助学生选择更高的道德标准,对团体与社会具有更大的公民责任心。美国学校开设的公民教育课是实施道德教育目标渗透的一个重要手段,把是否具有鲜明的民族精神、民族意识作为评价教育效果的标准,美国强调宣扬所谓的"美国精神",强调要培养具有"强烈的对国家的忠诚感"的美国人。因而,美国的学校德育强调培养青少年参与社会生活的能力、道德推理能力,在塑造国家精神的同时更注重发展青年承担社会责任和义务,创造新生活的品质。难怪乎美国西点军校以"责任、荣誉、国家"为校训。

关于责任的确切内涵,美国各界并没有形成完全统一的认识,但美国较早地对责任教育(the education for responsibility)范围作出明确界定。一般地讲。负责任的行为主要表现为:尊重并同情他人;视实践诚实为理所当然之事;表现出支持我们行动准则

① 国家教育发展中心:《发达国家教育改革的动向和趋势》,人民教育出版社1996年版,第232页。

的勇气；在根据准则行动的过程中发展自制力；保持自尊。①

目前在美国，责任是美国公民品德教育的六大支柱（诚信、尊重、责任、正直、关心、公民技能）之一，责任的核心价值在于国家责任和爱国主义。从美国责任教育的历史来看，国家责任教育是一条主线，贯穿美国责任教育的始终，只不过在不同的历史时期，责任教育的侧重点有所不同。

（二）美国负责任教育的变迁

责任教育是美国中小学公民教育的重要组成部分，已有200多年的历史，经历了一个从“有效的民主公民”教育、“责任公民”教育、“过负责任的生活”教育，到今天“国家责任”教育的过程。但人们普遍认为，负责任的人是指这种人：不管有无他人在旁注视都以其应有的方式行动。

1. 公民责任教育溯源

责任成为美国公民教育的基本价值取向是伴随着社群主义思潮发展而逐渐确立起来的。一般而言，美国是一个盛行自由主义、个人本位至上的国家，这种精神传统可以说是与公民教育的价值取向和责任教育的目标相背离，这一跨越的实现正源于社群主义思潮的发展。

随着自由主义社会市场经济的发展，在科技发展、物质充裕的同时出现了种种社会弊端，人日益丧失主体性，物化为科技的奴隶，传统的道德伦理遭到了冲击。作为一种文化思潮，社群主义是站在新自由主义的对立面而存在的，它以新集体主义为哲学基础，反对自由主义把自我和个人当做理解和分析社会政治现象和政治制度的基本变量，认为个人及其自我最终是他所在的社群所决定的。社群主义试图修正“有限政府”“自由放任市场”这种社会模型，强调个人必然有其从属的历史文化传统，这种认同感构成民主社会的“多元性”与“差异性”，所以应在普遍的公民权之上，进一步尊重个别社群的特殊需要，同时加强个人与个人之间的道德纽带，如此方能追求良善公共生活的终极目标。认为传统的道德伦理遭到了冲击的原因就是因为自由主义所倡导的个体主体性消解了主流的道德伦理，使趋于一致的价值标准不复存在，造成了道德的混乱和无序。为此，公民教育就应当以社群全体成员（即国家全体公民）为基础，为了共同的政治价值安排公民教育，提出以“整体社会权”来平衡“个人权”，在有关社会福利、医疗、公共安全、教育等社会公共政策领域形成社群主义的新思维，以推动社会改革，与此同时特别强调公民教育的参与、实践的重要性。社群主义对于美国实施公民教育、责任教育的影响贯穿始终，历次对于责任意识或实施责任教育的理念的调整都不同程度地体现着公民参与这一社群主义思想的要求。

2. “有效的民主公民”教育

美国的责任教育可以追溯到其建国初期，当时美国公民教育的目标是使公民理解

① 金传宝：《美国家长对孩子进行责任教育的原则和策略管窥》，载《现代教育科学》2005年第11期，第47—49页。

并认同美国政治制度和国家理念,具有爱国心以成为好公民,从而保证共和国能够得到最广大公民的支持和拥护。学校在当时被看作是在树立公民核心价值观、普及知识和树立民主责任感等方面对公民进行教育的最佳场所。1790 年前后,美国开始在中小学开设“公民科”,并把“公民科”的目标界定为“培养学生的爱国心和对美国政治制度、国家理念的理解”,培养“有效的民主公民”,以形成美国的民族精神和培养“有特色的美国人”。

进入到 19 世纪末,随着大批移民来到美国,为了使多民族的公民能够认同美国的民主制度和价值观念,统一国民的思想,公民教育的目标是使移民尽早“美国化”,获得“美国身份”认同,同化到美国政治制度;进入 20 世纪二三十年代以来,由于受“社会学习”的影响,学校责任教育开始更多地强调通过学习美国历史,学习“公民和政府”知识与价值观念,参与共同体活动,参与“国家事务”,参与社会生活,关注属于个人或公众的社会问题。为进一步推进“有效的民主公民”教育,1938 年美国教育协会的教育政策委员会在题为《美国民主教育之目的》的报告中,把教育目标分为四大类:自我实现、人际关系、经济效率、公民责任,具体提出了社会正义、社会活动、社会了解、审慎的判断、容忍、维护公共资源、科学的社会应用、世界公民(善于合作)、遵守法律(尊重法律)、经济知识、政治责任、笃信民主等 12 个公民责任目标。

3. “责任公民”教育

20 世纪六七十年代,美国青少年的道德状况出现了危机,由此引发社会对于“责任公民”教育的思考,美国青少年道德危机的主要表现是:“越来越多的青少年暴力犯罪;越来越多的不诚实;不断增长的对长辈的不尊重;同伴仇视;从幼儿园到大学普遍存在的偏见;越来越弱化的职业道德水平;性早熟;越来越自我中心和不断衰微的公民责任;越来越多的自损行为;道德文盲。”[①]美国青少年道德状况问题不断引起社会关注,反响最为著名的就是 1983 年美国高质量委员会《国家处在危险之中:教育改革势在必行》的提出。针对美国青少年的道德状况问题,公民的社会角色以及学生的责任意识开始被明确提出。

1970 年公民教育出现的“社会角色模式”侧重于学生对社会的参与。根据学生的 7 种社会角色(指公民、工人、消费者、家庭成员、朋友、社区团体成员和自我)实施国民教育,因与学生的生活实际相联系,所以引起了学生的浓厚兴趣。1984 年美国学者约翰·古德莱德(John I. Goodlad)在所著的《一个叫做学校的地方》中指出,美国教育有四大类目标,其中第三项社会、公民和文化目标的子目标就是公民参与,包含美国历史观、政府职能、国家与社区的政治生活、社会传统、公民民主权利运用等 9 项次子目标。

70 年代以后,美国社会提出了“责任公民”的概念,其主要内含是指:要承认他人享有法律上规定的各种权利和责任,承认他人遵守各种规则和信守诺言的责任。强调在

① 于洪卿:《美国中小学责任教育及其启示》,载《中国青年研究》2008 年第 5 期,第 105—108 页。

塑造国家精神的同时，更要注重发展承担社会责任、义务和创造新生活的品质；强调学校公民教育的使命，就是要打造“责任公民”。

4. “负责任的生活”教育

为了促进学校德育的落实，20 世纪 80 年代后期，美国社会推出了 500 余个教育法案，鼓励学校制定系统的德育评估标准，并有 21 条德育准则，其中主要有 12 条，即：自立、值得信赖、勇敢、自信、成为真正的自己、尊重别人的权利、正直、勇于承认错误、信守行业道德、谦恭有礼、己所不欲勿施于人、有创造性等，突出了责任教育的倾向性。

1987 年，美国非政府组织“美国国家学校联合会”向美国教育部提出了“在公立学校塑造品德”的计划，强调如关心、诚实、公正、责任等核心道德价值观的教育。

1988 年美国公民教育中心主持编制的《六至九年级公民教育培养方案》规定，对学生进行责任教育(Responsibility Education)分为六个步骤：(1)确认社区中存在的公共政策问题；(2)选择班级研究的问题；(3)收集班级所要研究问题的有关资料；(4)编制班级方案；(5)报告方案；(6)总结学习经验。这些都是社群主义思想对责任教育要求的体现，突出强调了公民教育的实践性特点，在获取公民教育知识的基础上重视公民技能的培养。

1989 年美国促进科学协会提出的“普及科学——美国 2061 计划：发达国家教育改革的动向和趋势”中指出，教育的最高目标是要使人们“能够达到自我实现和过负责任的生活”。① 1992 年美国“品德教育协作组织”(简称 CEP)又对具有道德的负责任的美国人作了如下说明：“一个有道德的人是负责任的，他必须三思而行，值得信赖、勇于承担责任；他必须坚韧和勤奋，不断谋求优异，决不轻言放弃；他必须具有自我控制能力，有纪律；一个有道德的人是一个好公民，他必须遵守规章制度和法律，尊重权威，关心国家大事，保卫邻里和社区的安全，志愿承担义务，纳税，保护环境和自然资源。”②

1994 年版的《公民与政府科课程标准》序言中指出，公民与政府课程标准内所列的各种建议，目的在于协助各中小学培育有能力、负责任的公民，这些公民对于保存与发扬美国宪政式民主政治的基本价值和原则都能有出乎理智的信诺。

5. 以责任为核心的品格教育

20 世纪 90 年代兴起的品格教育，特别关注价值观的培养，其主要代表人物托马斯·利可纳(Thomas Lickona)在《为品德而教育：我们的学校怎样教育尊重与责任》一书中，把“尊重和责任”视为普遍道德价值观的核心，作为学校读写算之外的必授课程，突出了学校的责任教育。品格教育的复兴是出于对六七十年代的道德教育的反对。以价值澄清学派为代表的道德教育，是一种个人主义价值观教育，它在实践中导致了更深

---

① 美国促进科学协会：《普及科学——美国 2061 计划：发达国家教育改革的动向和趋势(第四集)》，人民教育出版社 1992 年版，第 8 页。

② 转引自于洪卿：《美国中小学责任教育及其启示》，载《中国青年研究》2008 年第 5 期，第 105—108 页。

的道德危机，个人责任感和社会责任感普遍削弱。因此，品格教育极力要求恢复传统的价值观教育，把社会道德内化为个体的品德，如尊重、责任等，以平衡自由和责任的关系，遏制个人主义、自由主义的恶性膨胀。这样，品格教育既能维持社会正常的道德秩序，又能实现这种秩序中的个体在道德上的自主。

品格教育仍然坚持传授各种普遍的道德价值观念，但反对传统的道德灌输，认为道德价值只有在自由自主的情况下，才是有效的、有意义的。所以，品格教育主张给学生创造各种机会，让他们发展道德推理、道德反省、道德评价、解决道德冲突的能力，如讨论道德两难问题，开展丰富多彩的道德实践活动等。品格的培养不仅是学校的责任，而且是全社会的责任。学校是最主要的品格教育机构，教师是品格教育的骨干力量。品格教育仍然强调教师的权威和榜样作用，但也强调学生的主动参与和思考。教师与学生应该合作，教师要在发挥学生的主体性的基础上起主导作用。这种民主的道德氛围有利于促进学生道德责任的发展。品格教育的方法多种多样，如实施道德纪律、劝诫、解释，也有营造道德氛围、指导道德评价、提供学校和社区活动机会等。

美国波士顿大学教授瑞恩总结出品格教育的6E法：在学生的理智作用下，与学生进行有关的对话，向学生解释某些规则，给予学生某种启示；教师鼓励学生的自我评价和评价各种价值观，并且提供各种评价机会；学生应该参加各种活动，亲身体验[①]；为学生创设良好的道德氛围，发挥环境期待。这些方法都有利于养成学生的责任意识与责任行为。

6. “国家责任”教育

二战后，特别是苏联发射了世界上第一颗人造卫星以后，培养学生具有爱国主义精神和成为能对国家尽责任和义务的“国家主义”教育一度使美国“国家责任”教育达到了顶峰。“9·11”事件后，企图维护超级大国的单边主义即“国家主义”又重新抬头，反映在责任教育上，就是更加强调教育的“国家责任”，并把品德教育作为美国21世纪的核心问题，要求学生要自觉地为国家安全和国家利益服务。这在美国教育部《2002—2007年战略规划》及时任教育部长罗德佩奇的规划陈述中都有表露。所以，以“国家责任”为中心，仍是当前美国品德教育的核心价值所在。

案例9　美国公民教育中心(1995年版)高级中学学生《责任》课本目录

引言

第一单元：什么是责任？

第一课　什么是责任？责任是从哪里来的？

第二课　如何考察责任问题？

第二单元：履行责任的好处和代价可能是什么？

① 赵祥麟、王承绪：《杜威教育论著选》，华东师范大学出版社1981年版，第95页。

第三课　履行责任的后果是什么?
第四课　如何评价承担责任的好处和代价?
第三单元:如何在相互冲突的责任之间作出选择?
第五课　在相互冲突的责任之间进行选择应当考虑什么?
第六课　如何在这种情况中解决相互冲突的责任?
第七课　法庭应当鼓励哪种责任?
第四单元:你认为谁是责任人?
第八课　如何确认责任?
第九课　谁应当对泄漏石油负责?
第十课　你认为谁对和平协议的签署作出了贡献?

二、我国"负责任的教育"历史渊源

责任教育作为道德教育的核心内容,其目的在于培养个体的责任品质,构造健全的道德人格。从我国的传统思想文化可见,责任意识或责任情怀在我国有较早的渊源,这些为近代以来责任教育逐步演变成我国重要的教育理念奠定了基础。

2001 年 10 月中共中央、国务院颁布了《公民道德建设实施纲要》,就公民的道德责任的培养提出了具体要求,至此,培养具有道德精神和责任品质的合格公民成为我国道德教育关注的热点问题。为此,我们必须认真分析中国责任教育的历史传统和经验,认真分析当代中国社会开展责任教育的现实基础和背景。

(一) 中国"负责任的教育"思想探源

在中国思想史上,不乏关于责任的论述,但少有先哲围绕责任概念展开论述。据考证,在中国古代,"责""任"是作为两个词使用的,意义同今天略有不同。"责难于君谓之恭,陈善闭邪谓之敬,吾君不能谓之贼"(《孟子·离娄》),据《说文》解"责:求也",句中"责难"大意为勉励人做难为之事,有要求、督促的意思。《康熙字典》上虽然没有"责任"一词,但"责"的一种用法就含有责任的意思,把"责"当"责任"的意思使用。此外,古汉语中"责"尚有:义务,责任;责问,责备;责罚;索取,责求;债务等义。古时"任"的含义与今天基本相同,就是因相信你而交付给你的责任。

承担责任是人的社会性的重要内容,因而自从有了人类社会就有责任,虽然中国很晚才出现"责任"一词,但是"我国传统道德最讲责任"①,负责任是中华民族自古以来的美德与追求,直至当今我国领导人倡导在国际上展示负责任的大国形象。对中国人而言"负责任"是具体的并且存在于生活中的各个方面,笔者概览中国古代的责任教育思想呈现以下特点。

① 程东峰:《责任论》,中国林业出版社 1994 年版,第 73 页。

1. 与个人的特定角色相联系

传统儒学从社会实际的人伦关系和伦理生活出发，划分出各种各样的角色，规定起相应的责任，即“以名定责”。如孟子概括出五伦：“父子有亲，群臣有义，夫妇有别，长幼有序，朋友有信。”(《孟子·滕文公上》)西汉的董仲舒则概括为“三纲五常”，即“君为臣纲，父为子纲，夫为妻纲”以及“仁、义、礼、智、信”。

2. 以社会责任为导向

古代的责任充满了“家国意识”的社会责任，并且这种社会责任以个体的自我责任为前提基础。

(1)“家国意识”以维护国家秩序为根本目的

“修身、齐家、治国、平天下”是无数中国传统知识分子终身为之奋斗不懈的使命和理想，也是被古代知识分子最为推崇的人生轨迹。古代思想史上占据主流地位的思想家们宣扬的如仁、义、礼、忠、孝、信、诚等，一直是封建社会教化的主体内容，旨在引导人们为封建社会秩序的巩固尽责任。从“天地君亲师”及“修身，齐家，治国，平天下”等无不规定着不同角色地位上人们的责任。但是正所谓“天下兴亡，匹夫有责”，无论出于何种社会角色，国家责任一直为古人所重视。当今，我们就是要培养有责任感、为“天下忧”、乐于服务社会的人才。

(2)“修身”为本的自我责任教育

在儒家的“德治”思想中，十分重视对人的道德修养和责任心的要求，“内圣外王”就是说内在道德修养高的人才可以成为好的社会管理者。原因即在于，道德高尚的人执掌政治权力，能自觉地履行其社会责任。有美德、有境界的君子应积极地为社会承担责任，从“齐家”做起，除管好家庭以外，还应力争参与政治，从而承担更重要的治理社会的责任。儒家伦理认为一个有道德的人应注意“修身”，“自天子以至庶人，一生皆以修身为本”，只有先把自己修养成君子(有德行的人)，才能把“家”治理好，治理好小家，才能进一步治理国家。唯有把国家治理好，才能治理好天下。从这一原则出发，个人的自我责任修养就具有了层次性。首先，对家人要有责任心；其次，从孝敬父母出发，还要“推己及人”，孔子的“当仁不让”，孟子的“舍我其谁”，都表达出勇于承担自我责任的担当；最后，是更大范围的家国责任和社会责任，张载的“为天地立心，为生民立命，为往圣继绝学，为万世开太平”，范仲淹的“先天下之忧而忧，后天下之乐而乐”等，代表了中国从古到今伟大思想家一脉相承的对人的社会责任的呼唤，显示着对国事民生的崇高责任意识。梁启超说：“人生天地间各有责任”，“自放弃责任，则是自放弃其所以为人之具也。是古人也者，对于一家有一家之责任，对于一国而有一国之责任，对于世界而有世界之责任。一家之人各放弃其责任，则家必落；一国之人各放弃其责任，则国必亡；全世界人各放弃其责任，则世界必毁”，说明责任于个人、家庭、国家和世界的关键作用。鉴于此，梁启超把责任心作为其人生的价值观之一，“诸君读我的近二十年来的文章，便知道我自己的人生观是拿两样事情做基础：(一)‘责任心’，(二)‘兴味’……我半生来拿

‘责任心’和‘兴味’这两样事情做我生活资粮，我觉得于我很是合宜。”

(3)“人文化成”：对自然万物的责任关怀

人对天地万物负责。传统思想中除却关于个人对他人、对社会、对国家的责任的阐述外，还有返璞归真的自然思想。中国传统文化中，从儒家孔子《论语·泰伯》的“唯天为大，唯尧则之”(遵循上天的规律和要求，唯有尧能效法上天)，张载的“乾为父，坤为母”“民吾同胞，物吾与也”，到庄子的“无以人灭天”，都主张人类的生产生活要对环境负责。这些思想在今天看来仍有时代精神和价值。

“人文化成”，施展仁爱。典籍中处处可见我国古人对于自然万物的责任关怀。如孔子所说：“钓而不网，弋不射宿”(《论语·述而》)，指的是人在取用生物(鱼)时，不要斩尽杀绝，而要适当留有活口和生机，以利这一物种的繁衍生息和发展；不杀归巢之鸟，其意是让母雏团聚，使幼鸟得以喂养。儒家推崇仁爱，讲究人对万物生灵的恻隐之心，倡导仁者爱人，强调“亲亲、仁民、爱物”，对于物，也仍强调应持一种“爱”的态度，这也可以说是儒家仁学的泛化，这种关怀精神显示出儒家文化生态伦理的精华。儒家强调：人因其心智和礼义方面的杰出性，人的活动理应体现出这种高度的“人文化成”的禀赋，人之为人，应去残忍之心，表现仁爱之心，体恤万物，以展现人的尊严与高贵，而不应像动物那样，凭爪牙之利，弱肉强食。清代著名学者郑板桥指出：人为万物之灵，应体会上天衍生万物的好生之心，“爱念”万物。儒家认为人固为天地的中心，但人对万物的取用应有节制，“天地好生之心”，应让万物各遂其性，生生不息。

(4) 忧患意识中的责任伦理思想

韦伯于1919年首次提出“责任伦理”的概念，呼吁政治家在追求和运用权力时，要考虑到自己的行为后果并对之负责，受到广泛关注。当代西方学者伦克把韦伯的责任伦理称为“后果伦理”，而将自己和约纳斯、雷德一类学者为回应新科技挑战而提出的科技时代的伦理称为“责任伦理”。责任伦理作为一种理论系统属于现代伦理学范围，其思想渊源源远流长，中国古代伦理思想中的忧患意识则体现出对后果的预见责任。

在中国先秦时期的经典《周易》中即能找到其所蕴含的现代价值精神。“忧患意识是我们民族精神的具体责任之一，也是中华民族强烈的责任意识的具体体现。”[①]“忧患”一词最早出现于《周易·系辞下》：“《易》之兴也，其于中古乎？作《易》者，其有忧患乎？”孔颖达等肯定《周易》为忧患之作，其目的是“垂法以示于后”，即制定伦理法则来规范后人行为，以防止忧患之事的出现。据此可见，《周易》忧患意识的背后蕴藏着丰富的关怀后世、避免过错的责任意识，它并不是为个人的遭遇而悲戚，而是为后人而忧而患，这是一种深藏于内而又能包容天下的强烈的责任意识。《周易》三百八十四爻辞中，作者以自己的丰富经验和实践智慧时刻提醒人们危险无时无处不在，采取行动时必须对

① 张春香：《〈周易〉责任伦理思想浅析》，载《周易研究》2005年第2期。

自己的行为后果负责。

概括来说，中国传统伦理文化中具有丰富的责任教育的思想理论渊源，责任意识渗透于传统日常生活的方方面面（关注人与人、人与社会、人与国家的伦理责任），同时也充满辩证思想，关怀当下同时预见未来（关注人与自然万物的和谐生存以实现“天人合一”），关注社会同时注重以自我修养为本。这些丰富的责任教育资源与当代哲学、伦理学关于责任伦理的探索以及我国提出的科学发展观不谋而合，彰显出鲜明的时代精神和先哲智慧的远见。1988 年，诺贝尔奖获得者齐聚巴黎以“面向 21 世纪”为主题集会，会议的新闻发布会上最精彩的是汉内斯·阿尔文博士①的发言。他在其等离子物理学研究领域中取得辉煌成就后，得出以下结论：“人类要生存下去，就必须回到 25 个世纪以前，去汲取孔子的智慧。”儒家文化提倡的“己欲立而立人，己欲达而达人”等道德规范由于包括崇高的普遍的伦理精神，已被写入 1993 年《全球伦理普世宣言》，引起了世界各国有识之士的广泛关注和共鸣。

（二）20 世纪中国学校德育课程标准（《大纲》）中的责任教育沿革

责任教育作为学校德育的重要内容被列入课程大纲是在清末实行新式教育体制以后。通过德育课程对学生进行道德教育和政治教育是学校德育的主要途径，德育课程的设置与当时社会的政治、经济、文化、道德等社会状况有紧密联系。由于 20 世纪中国社会经历多次大变革，因此近百年来中小学德育课程从课程标准、教学大纲到名称、设置和内容等都有频繁变动。新中国成立前，小学主要设置修身课，中学主要设置公民课。新中国成立后，中学开设政治，后改名为思想政治。“文革”后小学开始设政治，后设思想品德，在 2002 年开始的新的课改中，小学思想品德改为目前的品德与生活、品德与社会，初中的思想政治改为思想品德。这是 20 世纪以来我国德育课程设置的基本概况。

基于中国责任教育的历史传统，20 世纪以来各个历史时期的德育课程中都有培养学生责任品质的要求，德育学科中有明确进行责任教育的先例。从渗透到各阶段德育课程中的责任教育思想，可以发现其中不同历史阶段学校开展责任教育的理念、途径、方法、内容等。

1. 20 世纪初期

清末《奏定中学堂章程》规定《修身》课教学内容“摘讲陈宏谋《五种遗规》（即养正、训俗、教女、从政、在官法戒等）”，实际就是对学生进行封建伦理责任和职业责任教育。

民国初年，时任教育总长的蔡元培可谓是在我国第一次较为系统和明确地对中学生责任教育内容和相应的行为规范做出了界定。他在《中学修身教科书》中详细列举和论述了个人的各种具体责任行为规范。（1）修己方面的强身、清洁、勤勉、敬师、感恩、修知等。（2）家族方面，子女对父母孝敬、顺、爱、报德；父母慈爱、养育子女而不纵溺；兄弟

① 汉内斯·阿尔文博士，瑞典人，1970 年物理学诺贝尔奖获得者。

姊妹互通消息、以长抑短等。(3)社会方面,珍惜保护生命,不借故伤杀、滥杀、蓄财、不盗窃,借贷者应守信还贷并心存感激,交易论质标价;爱护名誉,不谗诬毁谤;博爱、赞助公益,量力捐财、办实事,不依赖恩惠,不损公物;讲礼仪,大度谦让、遵从习俗;注意国际交往礼节,尊重他人思想、信仰自由;在公共场所言行注意他人感受等。(4)国家责任,敬官吏,纳税、服兵役,知外交,守法尊权。(5)职业责任,官吏应有智识、通法律,勤业精学,有为有操守等;医生应爱业且精通专业知识,守秘密敢冒险,对病人情感恳切等;教员要富有知识、懂教法、会管理,行德等;商贾应正直不欺、守信用等。

1922 年的壬戌学制用《社会科》取代《修身》,其中的《公民》课更加重视政治责任教育。《1929 年中学暂行课程标准》将其短暂地更改为更重政党责任的《党义》课,《1932 年中学正式课程标准》又改回《公民》课,一直沿用到 1949 年。推行生活教育的陶行知先生在育才学校手册中明确要求学生“要负责做事”,他在育才学校三周年纪念晚会上做演讲时又说:“第一要紧的,是要‘站岗位’。各人所负的责任不同……人人应该有‘站岗位’的教育。站牢在自己的工作岗位上,教育自己知责任、明责任、负责任——教育着自己进步”[①]。这些说明我国德育学科在创设初期就已很重视进行责任教育了。

2. 新中国成立以后

新中国成立以后,通过总结战争年代的思想政治工作经验,我国在学校设置了“政治课”进行社会主义思想道德教育,国家和政党的政治责任教育是其重中之重。1985 年 8 月中共中央发出的《关于改革学校思想品德和政治理论课程教学的通知》规定,政治课名称改为“思想政治课”(1992 年决定中学各年级不再分列课名,统称“思想政治”),初中阶段要使学生“树立自己对社会的责任感”。1988 年 7 月颁布的《中小学德育大纲》要求,初中对学生进行社会主义公民教育,使他们“懂得维护祖国的统一与安全,维护国家的利益和荣誉是公民应尽的义务”,“培养学生依法享有公民权利和依法履行公民义务的观念……树立公民的社会责任感”;高中“树立为建设社会主义祖国而奋斗的政治责任感”。到了 20 世纪末,德育中的责任教育内容由浓缩于学科之中的普遍的道德规范走向与学生实际和学科内容相结合的选择性整合。继党的十八大以来,习近平总书记阐述了“中国梦”,全国上下着力开展培育与践行社会主义核心价值观的教育,加强法制建设与社会综合治理,其实质是进一步强化国民道德责任教育,这是社会进步的标志。中小学校是社会主义核心价值体系教育的重要渠道,2014 年 4 月教育部出台了《关于培育和践行社会主义核心价值观,进一步加强中小学德育工作的意见》;2014 年 10 月教育部、团中央制定了《关于在各级各类学校推动培育和践行社会主义核心价值观长效机制建设的意见》,使广大师生自觉将社会主义核心价值观内化于心、外化于行。

总体而言,20 世纪以来我国德育课程中的责任教育有这样一些特点:

---

① 《陶行知全集(第三卷)》,四川教育出版社 1991 年版,第 17 页。

第一，从清末民初到新中国成立以来各个阶段，中央政府都从人与人、人与社会，尤其人与国家关系的角度，要求学校采取多种形式开展责任教育。第二，责任教育的内容上注重利用中国传统道德内容如忠、孝、礼、义、仁、爱等为国人所广泛接受的思想开展对学生日常行为品格的教育和养成。第三，责任教育目的以社会本位为出发点，发挥教育的社会功能以适应不同时期的社会政治、经济和文化发展水平。第四，责任教育的内容在不断扩展，从传统的个人与他人、社会以及国家之间的责任扩展到人对全世界、对世界万物包括自然界的责任。第五，责任教育的方式已突破课堂，注重与实际生活相联系、以社会实践和社会调查为途径来培育公民责任意识。

此外，早期学校德育中的责任教育还存在其片面性。责任教育内容有明显的政治化倾向，重视知识性道德教育、忽视学生主体性、脱离学生生活实际的现象非常普遍，尤其过于注重德育的社会功能，过于强调个人对社会的责任而忽视对个体个性、个体利益的尊重。由于对学生的内在主体性和自主选择的忽视造成学生学习被动，缺少独立负责的意识和能力。这与当前我国学生倾向于逃避和推卸自己应当承担的责任的现状有密切的联系。主体责任意识的缺乏和责任教育对尊重个体主体性的忽视最终导致社会风气不正与学生责任品质不良的恶性循环，学生内在发展的动力不足也影响着学生创造性、创新人格的养成。

三、泰州中学“负责任的教育”的发端与继承

中国教育学会原副会长陶西平曾说：“学校文化是一条流淌的长河，学校文化是一项持续的工程，需要坚持理念与实践、共性与个性、继承与创新的统一。”校长在珍视并发掘原有的有利于学校文化建设的资源的基础上，还应不断整合、提升，培育并促进学校文化发展。这种整合、提升、培育与促进就是基于学校历史文化传承和对教育现状的把握之上，审时度势、与时俱进，对学校发展进行总体定位和规划。如何才能把握教育发展的脉搏并找准学校发展方向呢？

作为一校之长，一定时期内的办学目标是什么？以怎样的教育思想、办学理念去实现办学目标？只有勤于思考、善于思考，才能理清办学思路。省泰中“负责任的教育”办学理念的提出即是在笔者对学校历史文化的研究、教育现状的反思、对素质教育的探究以及创建特色学校的要求等基础上提出的，符合省泰中千年文脉与长远发展的特色理念。

（一）“教化之所本者在学校”

文化的产生并非一朝一夕即成，任何一种文化都是一种积淀，只有传承才能形成一种传统、一种文化。任何一所学校文化建设都不是孤立进行的，它必须是在继承原有学校文化基础上的创新。校长要立足于学校地域文化特点，在原有文化积淀基础上，提升学校文化品位和教育质量。江苏省泰州中学打造的“责任文化”即是这样一种以深厚文化积淀为基础的校园文化；泰州中学实施的“负责任的教育”即是对自身发端于北宋时

期的悠久教育历史文化的弘扬与创新。

泰州中学发轫于1902年在安定书院旧址上创办的泰州学堂，是一所历史悠久、文化底蕴深厚、具有优良办学传统的百年名校。“千年书院”“百年名校”的美誉彰显了省泰中厚重悠远的积淀：诞生于此的“致天下之治者在人才，成天下之才者在教化，教化之所本者在学校”教育思想，演绎千年，闪烁着不灭的光辉，定格其高雅而博大的理念；屹立在校园内的安定书院是北宋理学先驱、著名教育家胡瑗的讲学故址，“明体达用”的思想精髓，根系海陵，风行天下，昭示其精深而持久的影响；承传于此而又源远流长的“教育基因”，培养出领袖人物及一大批科学家、教育家、艺术家、企业家等栋梁之才，诠释其古老而鲜活的文脉。

深厚的文化底蕴造就了以洪宗礼、于一平、叶凤吾等为杰出代表的一批名家名师和以胡锦涛总书记、李德仁院士等为杰出代表的一大批名校友。这些名人的思想和精神实质是崇高的责任情怀和担当精神，也是省泰中倡导并践行“负责任的教育”的精神文化渊源。

早在北宋时期，弘教讲学于泰州的理学先驱、教育大师——胡瑗，即提出了“致天下之治者在人才，成天下之才者在教化，教化之所本者在学校”的先进教育理念。胡瑗毕生躬耕杏坛，“穷经以博古、治世以通经”，其“明体达用”的思想和大刀阔斧的教育改革实践，创立了“苏胡教法”，对宋代及以后都产生了深远的影响。由于胡瑗先生世称“安定先生”，后人为弘扬他的精神和思想，在其当年讲学的旧址上兴建了“安定书院”(亦有“胡公书院”之称)。

1. “致天下之治”的责任情怀

作为北宋时期的教育大家，胡瑗先生曾创立著名的“分斋教学”法(苏湖教法)，广泛而深入的教育实践锤炼出传承至今的教育理念：“致天下之治者在人才，成天下之治者在教化，教化之所本者在学校”。胡瑗从“致天下之治”的目的，揭示了人才、教育与学校三者之间的联系。这一观点在当时教化不兴、苟趋禄利的社会环境下可谓是至理名言，乃至千年后的今天仍不失其光辉。

在《周易口义·论民本》中，胡瑗表达出：“不以一己为忧乐，所忧者天下，所乐者天下”的慨叹，这与同时代范仲淹广为人知的名言“先天下之忧而忧，后天下之乐而乐”所表达的思想一致，充分体现了一代先贤的家国思想和深厚的责任情怀。

2. “明体达用”的教育观

胡瑗在教学中不仅注重书本知识的传授，还主张学生要积极实践、感知书本外的知识，以达到知行合一、学以致用。他在讲学期间组织学生到野外、到各地游历名山大川，并把此项活动列入教程之中，做到让教育理论与教育实践相统一。他认为：“学者只守一乡，则滞于一曲，隘吝卑陋。必游四方，尽见人情物态，南北风俗，山川气象，以广其闻见，则有益于学者矣。”

在宋仁宗明道、宝元时期，为了纠正取士不以“体用为本”，只讲究诗词歌赋的教育弊端，胡瑗提出以培养通经致用的人才作为教育的根本目的的鲜明主张。胡瑗在答宋神宗问时说：“臣闻圣人之道，有体、有文、有用。君臣父子，仁义礼乐，历世不可变者，其体也；举而措之天下，能润泽斯民，归于皇极者，其用也。”“体”是指君臣父子、仁义礼乐等圣人之道，是封建社会的基本道德标准；“用”是指掌握运用这个基本道德标准去治理国家。也就是说，教育不能只是为了科举考试，获取功名，还应培养出既精通儒学经典，又能在实践中运用的人才。

胡瑗开创了宋代理学先河，同时为贯彻“明体达用”的教育思想作出很大努力，渗透到教育改革之中，并取得成功，成为他从事教育改革和实践的思想基础。讲学20余年，随胡瑗从学弟子数千，名臣学者多出其门。胡瑗一生的人格风范、成就业绩，不仅受到北宋王朝的充分肯定和北宋学子、学者的倾心敬仰，而且受到后世历代人们的钦佩。宋神宗称之为“真先生”；范仲淹誉之为“孔孟衣钵，苏湖领袖”；王安石尊之为“天下豪杰魁”；苏轼推之为“章为万世程”；文天祥敬之为“一代瞻仰，百世钦崇”；司马光颂之为“苏湖之教，造士有术”；米芾赞之为“宽厚纯诚，躬行力践”……胡瑗有《易传》《论语说》《尚书会解》《武学规矩》等百余卷著作传世，其教育思想在现代依然熠熠生辉。

正是这种“明体达用”的教育观，千年传承不息，积淀了省泰中深厚悠远的历史文化底蕴，“致天下之治”的开明远见昭示了胡瑗宽广的责任情怀，也为其后省泰中沿承千年文脉、倡导的“负责任的教育”奠定了基础。省泰中实施的“负责任的教育”，从理念到实践都可谓是对胡瑗教育思想的传承与创新。

胡瑗先生的“致天下之治者在人才，成天下之才者在教化，教化之所本者在学校”的名言，充分揭示了学校在人才培养方面的责任担当。自北宋胡瑗之后，至明代中期，平民哲学家、教育家、泰州学派创始人王艮又将“修身立本”“日用即道”等思想输入安定书院。清朝中期，历经千年的安定书院又迎来一股“明理做好人”的思潮，直至1902年在安定书院旧址上兴建泰州学堂，先贤的耕耘不辍铸就了这片神圣的沃土。

（二）推进素质教育的理念探索

胡锦涛同志在党的十七大报告中强调要切实减轻中小学师生过重课业负担，2008年3月他在参加十一届全国人大一次会议山东代表团审议时的讲话中又指出：“青少年是国家的未来。中国特色社会主义事业要靠今天的青少年去继承，中华民族的美好未来要靠今天的青少年去创造。教育培养下一代，不仅要大力提高他们的科学文化素质和体能健康素质，更要提高他们的思想道德素质”，“要把德育工作摆在素质教育的首要位置、贯穿教育教学各个环节”。

当前教育领域教育教学改革步伐加快，新课程改革、高考改革、推进教育公平力度加大，并取得突破性进展。但是，教育改革创新的任务还很艰巨，许多问题引起了人们对教育现状的担心和忧虑。在全国很多地区、很多学校，“素质教育”似乎成为时尚的口号，难以得到有效实施；“重智轻德”现象较为严重，中小学师生课业负担过重，以牺牲师生健康为代价、片面追求升学率的状况仍未得到根本扭转；学生兴趣、爱好、特长培养难以得到保障；学生综合素质较差，普遍缺乏动手能力、生活自理能力与创新意识；家长对子女的期望值过高；中小学校长压力太大，校长难当成为普遍的现象；片面地对学校质量、声誉的评价往往有失公正，科学合理的评价体系尚未健全。

构建和谐社会需要和谐教育，需要人的素质的和谐发展。人的素质是综合国力的重要表现，是国家经济和社会发展的重要基础。每一位教育工作者应该从国际竞争的严峻现实以及国家发展的战略高度出发，深刻认识提高青少年学生素质的重要性，大力推进素质教育，努力构建和谐教育。在推进素质教育方面，笔者有以下几点思考。

1. 关于推进素质教育的理性思考

素质教育实质就是一种教育思想和理念，正如前国家教委副主任柳斌在谈及我国的教育改革时所指出：“实施素质教育的前提是教育思想要有一个大转变。”素质教育的内涵十分丰富。从素质教育的定位看，其宗旨是提高国民素质，目标是培养德智体美全面发展的合格公民，灵魂是思想道德教育，重点是提高创新精神和实践能力；从素质教育的功能看，素质教育充分考虑人和社会发展的需要，尊重学生的主体地位、主动精神和个性差异，注重形成健全的人格；从素质教育的价值取向看，素质教育关注“人的发展”，并以促进学生的发展作为核心价值。说到底，素质教育就是全面贯彻党的教育方针。

赞科夫有言，“激情，是所有教育者应该具备的品格，更是所有管理者必需的品格，所有教育活动皆需在情绪高涨的气氛里进行”。然而，钟情于素质教育，不仅要有对素质教育的满腔热情，还要有对素质教育的理性思考，有一颗对待素质教育的平常心。推进素质教育既要积极稳妥、实事求是，又要防止激进、浮躁。家长、政府、社会应当站在公正的立场上来看待学校的教育行为，看待教师的教学行为，看待学生的发展状况，不求全责备，不夸大其词，也不要“一叶知秋”。

作为校长，必须要在“素质”培养上下功夫，由此打造的不只是学校的品牌，更是学生一生的幸福。根据多年的教育经验和亲身经历，对于素质教育，笔者有以下几点认识：其一，素质是“一辈子忘不掉、一辈子用得上的知识与本领”。这种知识与本领是终身受用的素质，是一种灵性的气质，属于智慧的范畴。拥有一般性的知识并不等同于拥有智慧，有的知识虽学而不一定用上，而智慧却是伴随学生一生的素养。其二，每一个成功者“不能没有让人眼亮的一手”。“人无我有，人有我优”，不仅是一技之长，更是“技”“道”合一的“一手”。当这种能力有了用武之地之后，可以产生巨大的效益，可以给自己的生命增添亮色，也能给身边的人带去幸福。其三，“素质教育的 DNA 就是习惯培养”。教育家叶圣陶曾说：“教育就是培养习惯”，习惯的好坏，决定着一个人的生命走向。好的习惯是终身取之不尽用之不竭的“利息”；而坏的习惯，则犹如欠下终身还之不完的“债务”。所以，切实践行素质教育，必须关注学生良好习惯的培养。基于对“素质”内涵的理解，笔者认为践行素质教育应在防止“伪素质教育”的基础上，注重培养学生的非智力因素。

2005年11月，时任中央教科所所长朱小蔓在南通教育会议上明确指出，中小学实施素质教育并不是针对个别或部分的“精英教育”，而是为了全体学生的“大众教育”；不是只顾学生的部分或片面发展的“片面教育”，而是关注学生德智体美等和谐发展的“全面教育”；不是脱离现实的“理想教育”，而是注重现实条件和学生实际的教育。素质教育必须关注人的成长与发展，必须关注学生的前途与未来，必须对学生负责任。其实，素质教育与高考、与质量、与升学率本不应该对立！问题在于如何通过合理安排、加强管理，将几者变成有机的统一体。

要将基础教育目标定位于着眼培养合格公民，使每个学生的个性都得到充分的发展，进而全面提高民族的整体素质；要在考试评价制度改革多样化方面做文章，努力构建多样化的人才培养和人才成长的立交桥；既要探索多样化的考试形式，又要更多地体现过程性评价，还要处理好传承与创新的关系。“教育改革不是打倒一个另立一个”，素质教育的推进，不应当以竞争、考试为对立面。每一所学校都有其自身独特的文化底蕴与优良的传统作风，有一套培养学生兴趣、爱好与特长的行之有效的办法和措施，应当让优良传统与作风发扬光大，同时又要不断开拓创新、与时俱进。

在平时教育教学过程中，要注意激发学生的学习积极性和学习兴趣，借助于教师的指点、同学的互助、环境的影响、文化的熏陶，通过自己动脑动手和模仿，达到培养学生的学习习惯、成功意识和克服困难的坚强意志等优秀品质以及团队合作意识和责任意识的目的。

2. 校长应为推行素质教育树立典范

陶行知曾说：“实施创造教育必须依靠富于创造性的教育者，特别是教师和校长的创造性劳动。创造性教师和校长是‘活的学校’的灵魂和创造性学生的培养者，校长是一个学校的灵魂，校长更应该是学校创造教育的灵魂。”素质教育呼唤创新精神，教育创新，校长责任重大，只有具备创新精神的校长，才能带领全体师生共同创新。

教育需要悟性，而悟性基于学习、研究、反思、实践。校长作为所在学校推行素质教育的领头羊，应当具有践行素质教育的能力。不仅要有对素质教育的热情与理性思考，还应当有参与素质教育的切身经历、体验与感受，或长期进行探索、实践、反思与追求，校长的素质应当与素质教育共“成长”。

素质教育的内涵十分丰富，但其目的总结一点即是培养全面发展的学生，这尤其是针对只追求高分的应试教育而提出的，从另一个侧面而言，素质教育提出的时间虽短，看似是一个新词汇，但是其内涵实际是顺应教育的规律和本质所需，是教育最根本的诉求，因而素质教育的存在不因时间而受到限制。根据笔者的理解和体会，所谓“技多不压身”也是素质全面的一个体现。记得在20世纪70年代，那时虽然受“读书无用论”思潮的影响，对学生的知识文化素质要求远不如现在，但是学生的思想素质好、境界高，动手参与生产劳动的实践机会多，体艺活动丰富多彩，学生学习负担很轻，学生组织能力很强。许多学生身怀“百般武艺”，能歌，善舞，会书画，会演奏多种乐器，精通多种棋类，能从事多种球类活动，爱好十分广泛。1977年刚恢复高考制度时，虽然录取率很低、录取分数线不高，但是学生进入高校后，发展潜力大、后劲足。大学毕业后，很快就能胜任本职工作，活跃在各条战线上，现在大多已在各行各业的重要岗位上挑大梁，被称为“77现象”。相信有过这种经历的校长和老师会特别钟情于素质教育，会对切实践行素质教育充满激情。

素质教育实施的过程应该是校长素质提升与成熟的过程。虽然时代不可复制，眼下年轻的校长也许不会再有这种经历和体验，不仅如此，或许其中的很多是经历了充满浓厚的应试教育色彩的中小学时代。但是，这并不是真正的阻碍，人的素质的全面发展是人自身或者教育的内在诉求，人的素质的培养和提升完全可以通过学习、借鉴、探索、实践实现，努力培养自身广泛的兴趣爱好，增强自身的多重素养才能成为一名素质全面的校长。

有了对素质教育的真实的体验与感受，才能当好一名切实开展素质教育的有心人、贴心人、引路人，做素质教育的“促进派”与“忠实信徒”。一个素质全面的校长，自然会在实施素质教育的过程中凭借个人魅力赢得师生的钦佩与信赖，进而缩短与师生之间的心理距离。有了高素质的校长，更能培养出高素质的教师，更能造就出高素质的学生，“校长有思想，教师有风格，学生有特长，学校有特色”才会有希望。

3. 要推行素质教育也要保证教育质量

教育部原部长周济曾经指出，中国教育界理解的质量概念，是与学习者综合素质相关的质量。所谓综合素质包括四个方面，即思想道德素质、人文素质、科学技术素质和身体心理素质。我国之所以大力推行素质教育，目的就是要促进学生在综合素质方面的全面发展。每一所学校都应当增强社会责任感，成为理性而负责任的学校，真正让学生成为报效祖国之才、对社会有用之才、对人类有贡献之才。

实施素质教育过程中，应加强宣传，树立正确的教育观、质量观、课程观、教学观、教师观、人才观，使素质教育的思想观念深入人心。素质教育所提倡的“减负”并不是要“减质”，不是不要负担，不是不要压力，而是旨在营造出在自觉、自愿、自主的状态下提高效率、提高质量的良好教育氛围，培养学生的“乐学”精神以达到更加理性、更加智慧、更加有效地学习、工作与生活的目的。所谓负担，不仅仅是指显性的学习课业压力等，还有来自教师与家长的负能量。而不适当的“关心”和教育，例如家长的过高期待和教师枯燥乏味的课堂教学等等，实际上会成为学生沉重的心理负担，学习也就成为苦役。如果从学校到家庭，向学生传递的都是正能量，都是快乐而又向上的精神鼓舞，学习就不再是什么负担。

笔者在学校管理中不仅要求全体师生切实转变观念，更要从改变自身学习行为、教学行为做起。推进素质教育的关键不在于会说口号，而是要将素质教育内化到日常生活行为之中。内化的过程，既需要比较长的时间，也需要足够的耐心。但一旦内化于心灵与行动之中后，就具有了相对的稳定性、长久性，甚至终身受益。所以，素质教育之果，有时会结在当下，更多是结在未来。

（三）创建特色学校的思考与实践

对于特色学校的含义，许多专家学者给出了不同的解读。国内有关学者将其定义为：在先进的办学思想指导下，从本校实际出发，经过长期的办学实践形成了独特的、稳定的、优质的办学风格与优秀的办学成果的学校。《人民教育》原主编傅国亮认为，若用一句话简要表明的话，特色学校就是个性化的学校，即认识和优化了个性的学校。教育部中学校长培训中心陈玉琨教授认为：办学特色是学校独特的办学理念的反映，办学特色集中体现于人才培养模式，办学特色是学校持久稳定和被社会公认的特征。中国教育学会原副会长陶西平认为，学校的特色发展，说到底就是要努力创造某一个（几个）领域的卓越，集中体现学校的价值认同，对学校内部发挥巨大的凝聚作用，并将其融入师生的生活方式、教学方式以及其他行为方式之中，从而成为学校师生成长的、具有个性特征的教育教学生态环境。

笔者认为学校特色的形成是一个长期的教育创新过程。学校办学特色的培育需要经过“凝练教育理念、培育学校文化、创新人才培养模式、反馈培育结果、争取社会认同”的成长过程。一般遵循“优势项目——项目特色——学校特色——特色学校”的阶段，需要不断深化，不断丰富，不断积累。

《国家中长期教育改革与发展规划纲要》指出：高中阶段教育是学生个性形成、自主发展的关键时期，对提高国民素质和培养创新人才具有特殊意义。《纲要》强调把提高质量作为教育改革发展的核心任务，为国民提供更加丰富的优质教育。并要求注重教育内涵发展，鼓励普通高中办出特色、办出水平。同时指出了创新办学体制和教育管理体制，满足群众多层次多样化的教育需求。鼓励地方和学校大胆探索和试验，深入推进课程改革，推进培养模式多样化，满足不同潜质学生的发展需要，探索发现培养创新人才的途径。改革质量评价制度和考试招生制度，建设中国特色现代学校制度。

2010 年 7 月全国教育工作会议上，胡锦涛同志就推动教育事业科学发展提出 5 项要求，其中明确指出必须重视教育质量，树立以提高质量为核心的教育发展观，建立以提高教育质量为导向的管理制度和工作机制，注重教育内涵发展，鼓励学校办出特色、办出水平和出名师、育英才。

《江苏省中长期教育改革与发展规划纲要》中率先提出推动普通高中“优质特色发展”的“双轮”驱动战略，明确了实施“普通高中质量提升和特色建设工程”的具体目标和要求，指出必须“坚持优质发展”，“坚持特色发展”。树立体现素质教育要求的质量观，切实加强内涵建设，加快提升普通高中整体办学水平和学生综合素质。增强普通高中自主发展能力，鼓励学校根据普高教育性质和任务，立足传统文化、地域特点、学生发展要求与教学现状，形成具有独特文化和教学特色的普通高中。大力推进学校办学模式，育人方式多样化、个性化。

所有这些，都为普通高中优质特色发展阐明了相关内涵，指明了发展方向、目标、要求以及一系列实施途径与方法。

作为高中校长，肩负着特殊的责任与使命。推动普通高中优质特色发展、创建特色高中，应当成为高中校长的责任与自觉追求。2010 年 5 月，“江苏人民教育家培养工程”首批培养对象中学校长组 12 名校长围绕“普通高中的特色发展”这一主题发表了《无锡宣言》，呼吁改变“高中千校一面，同质发展的状况”，决心担当责任，率先探索，积极实践，走出一条改变现状，实现多样化发展、特色发展的路径。笔者以为，普通高中的特色发展，从本质上看就是要创新人才培养模式，就是要使我们的教育真正转向为学生个性发展服务的路径。

1. 特色建设应把握的基本原则

全面性原则。特色是体现于学生群体的稳定的鲜明特征，而不是表现在部分学生身上的零星点缀；特色发展是面向每一个学生的整体的发展，而不是指向少数学生的局部的提高；特色建设是使全体学生获益的行为，而不是让个别学生受惠的举措。

基础性原则。特色发展应着眼于学生的长远利益，而非急功近利；特色发展要着力提高学生动手动脑、生存生活、做事做人的基本能力，而不应仅仅致力于提升学生的某一特长技能；特色建设追求满足学生发展的培养模式的多样性，而不刻意追求教育风格方式的独特性。

内生性原则。特色建设是校本的，应该基于学校的教学哲学、文化传统，而不应机械移植、盲目照搬；特色建设强调与时俱进，持续创新发展，而不能一成不变；特色建设应因校制宜，成为学校自主发展的生动实践，不能搞形式主义。

2. 特色学校建设应处理的几种关系

创建特色学校，笔者认为身为校长应当认真思考并注重处理好几个关系：

优质提升与特色发展的关系。曾经有人戏言：“没有分数过不了今天；只有分数过不了明天。”这恰好说明了“优质”与“特色”统筹兼顾、“双轮”驱动的重要性。不“优”不“特”，算不上好学校，终将要被淘汰；只“优”不“特”，缺了品位、少了活力；只“特”不“优”，底气不足，没有说服力；既“优”又“特”，双轮驱动，两全其美，相得益彰，方为人们向往、信得过的名校。

“特色学校”与“特长学校”的关系。特长学校更注重知识与技能，特色学校更注重精神与文化。特色的目标究竟指向“特长”还是“文化”，应当贴近本校实际。

教育公平与优质特色发展的关系。傅国亮认为，只有办出适合不同学生需要的不同学校时，才是真正意义上的教育公平。袁振国曾经指出，要打破千人一面、千校一面的凝固状态，形成百花齐放、生动活泼的局面。到那时，“因特色而择校”，那才是符合人才规律与社会需要的！

2009 年 3 月蒋建华校长与时任中央教科所所长
袁振国在中美高中特色办学研讨会上合影

创新人才培养模式与优质特色发展的关系。特色学校建设助推特色人才与创新人才培养。需要指出的是，学校办学特色形成应当不只是历史名校、优质学校的专利，每一所学校都具有潜在的特色，都可发展成为特色学校。即使校史短暂、学校薄弱，也完全可以办出自己的特色。

教育家办学与优质特色发展的关系。学校的特色发展也是教育家成长的有效途径。陶西平认为，教育家是突破常规理论与实践的局限的人，这种在办学过程中突破常规的理论与实践就是学校的特色。所以，从某种角度来说，教育家是产生于具有办学特色的学校之中的。

3. 推动学校优质特色发展

学校竞争力在于差异化和特色化。每一个人都可以创造出“不一样的精彩”，同样，每一个学校也都可以创造出“不一样的精彩”！

“办学特色是学校价值取向的集中体现，而学校的价值追求又可分为两类：一类是学校的核心价值取向，这是所有学校的共性，也是社会接受学校的基础；一类是学校的附加价值，即每一所学校的与众不同之处，这是社会选择学校的前提。”陶西平曾用一个巧妙的比喻阐释自己的观点：所有饭菜的核心价值都是营养和卫生，但有的人愿意吃川菜，有的人愿意吃鲁菜，有的人愿意吃粤菜，就是因为这些菜的附加价值不一样，因而各有特色。有了特色就可以供别人选择，核心价值是满足选择基本需求，而附加价值是提供更高层次选择的，也就是满足更高层次的需求。

说起泰州中学历史上从宋代著名教育家胡瑗到当今杰出校友胡锦涛，确实令每一位泰中人感到无比骄傲与自豪！作为省泰中的掌门人，我在办学实践中常常带领大家思考：“两胡”之外，我们还有什么值得自豪的？除了高考，我们还有什么办学的“味道”？

为此，我们在注重稳步提升质量的同时，加大特色高中建设力度，彰显素质教育特色，打造“责任教育”品牌，努力追求优质特色发展。

例如，在实施素质教育方面，本人志在做一名钟情于素质教育的校长，注重从提高全民族素质的高度大力推进素质教育。《国家中长期教育改革与发展规划纲要》明确指出：“以人为本、全面实施素质教育是教育改革发展的战略主题。”为此，我们采取一系列务实有效的措施，拓展学生综合素质，培养学生个性、爱好与特长，真正“将口号化为行动”。例如，制定“泰州中学素质教育基本要求”，培养“十种意识”（道德意识、学习意识、规范意识、责任意识、生存意识、俭朴意识、审美意识、公民意识、感恩意识、健康意识）；开展素质教育“十大主题教育”（道德与法规教育、责任与奉献教育、文明与习惯教育、感恩与俭朴教育、劳动与技能教育、生态与环境教育、心理与健康教育、生命与安全教育、审美与赏识教育、实践与创新教育）；办好省泰中“六节”（科技节、文化艺术节、读书节、感恩节、体育节、外语节）；启动“素质教育个十百千万行动计划”；拓展校外素质教育实践基地，聘请高校兼职教授、校外科技指导老师、民间艺术大师进课堂；构建师生“双十星评选”多元评价体系……激励学生对自己负责，健康成长，全面发展。我们每年像打造“春晚”那样办好学校文化艺术节文艺晚会，有趣的是，2011 年文化艺术节文艺晚会门票一票难求，有的学生通过老师“拉关系”找票，有的干脆在网上将票价炒到每张 200 元；有的同学为了能将节目搬上舞台，找到校长“求情”。

在深化教育教学改革、创新人才培养模式方面，我们主动积极，抓住机遇，拓展路径，借助全省首批课程基地“数学学习体验中心”、全省普通高中创新人才培养试点学校等项目，转变师生教学行为方式，探索创新人才培养的有效模式，促进“特优生、特长生、特殊生”的高层次发展，实现“千年书院、百年名校”在新世纪的跨越式发展。

（四）“尊师重教，立人强国”的教育情怀

每个人都有梦想与追求。作为基层教育工作者，笔者的教育梦想是“尊师重教、立人强国”。教育改变世界，教育担负着立德树人、成就梦想的神圣使命。实现中华民族的伟大复兴，人才是核心，教育是基础。教育大计，教师为本。“重教”应先“尊师”，有好的教师，才有好的教育。教育需要科学，需要智慧，需要理性。尊师重教不仅仅是重视经费的投入、队伍的建设与增加办学自主权，也要注重在全社会培育良好的教育生态环境。社会各界在保障教育优先发展的同时，要大力营造尊师重教的良好风尚与负责任的育人环境。

当今社会需要的是更多出类拔萃的具有创新思维和创新能力的人才，而非仅有学习能力的“高分宝贝儿”。“任何一所学校都要为不同的学生提供最适合于他们的教育，这才是最大的公平”（刘百川），任何以牺牲学生人格、个性与健康为代价换来的升学率都是不足取的甚至是不道德的。教育工作者、家长和社会都应当树立正确的教育观、人才观、价值观，形成良好的育人导向、科学的评价机制与健康的舆论氛围。

“少年强则国强”。强国当以立人为本，立人当以立德为先，立人当以立学为基，立人当以立行为要。当下社会一些不良的现象依然存在，侵袭着校园良好的校风、教风和学风，正如美国著名学者内尔·诺丁斯所批评的那样：年轻人正在接受的是一个“道德上贫困的教育”。

党的十八大报告强调：“把立德树人作为教育的根本任务。”《国家中长期教育改革和发展规划纲要》在谈及教育发展战略主题时指出：“着力提高学生服务国家服务人民的社会责任感、勇于探索的创新精神和善于解决问题的实践能力。”陶行知说过“教人变好的是好教育”。叶圣陶认为教育的全部目的就是要养成学生的良好习惯。陈鹤琴把“活教育”理论概括为三大方面：做人，做中国人，做现代中国人；大自然、大社会都是活教材；做中教，做中学，做中求进步。国际著名教育改革家艾伦·德瓦艾特说过，教育有两个目的，一个是要使学生变得聪明，一个是要使学生做有道德的人。

每一位教育工作者当以立人强国为己任。在新的时代背景下，我们的教育要从提高全民族素质的高度大力推进素质教育，加强世界观、人生观、价值观的教育，把学生培养成为一个堂堂正正的中国人，成为一个关心世界和国家命运的人，成为一个适应21世纪世界发展潮流需要的有用之才。每一位青少年要做到人格高尚、学养厚实、兴趣广泛、体魄强健，实现知识、能力和社会责任感的有机统一。这是广大教育工作者与受教育者共同担当的责任，是成就教育成功的梦想。笔者提出的“负责任的教育”理念正是建基于“尊师重教，立人强国”的教育梦。

（五）倡导“负责任的教育”理念

教育，离不开责任。

教育，应当与责任同行！

2005年，笔者接任泰州中学校长，坚持“传承、发展、创新”的方针，在深入研究胡瑗教育思想、承继先贤开明的教育理念以及我国教育现状的基础上，在发扬优秀的教育传统的同时，立足于新时期教育发展的长远规划，旗帜鲜明地提出“负责任的教育”的概念。此后通过全校师生的反复讨论和教代会通过，确立“明理达用”的校训和“倡导负责任的教育”的办学理念。“负责任的教育”正是对省泰中千秋文脉与优秀传统理念的弘扬。所以，“负责任的教育”理念的提出基于学校文脉、基于国情、基于时代。

其目的一方面是对学校自身办学行为提出了明确要求与庄严承诺；另一方面是尽一份社会责任，以关注我国教育事业的大情怀，着眼国家与民族的未来，“跳出学校看教育、跳出教育看教育”，为呼吁全社会共同营造“负责任的教育”生态环境而不断地“鼓”与“呼”，呼吁全社会携手办好“负责任的教育”，从而构建教育治理新常态，进一步提升教育品位。

笔者以为，办“人民满意的教育”，前提是办对人民群众“负责任的教育”，而不是办违背规律一味迎合老百姓的教育。没有对人民群众“负责任的教育”，就不会有真正让“人民满意的教育”。所以说，办“负责任的教育”应当成为办“人民满意的教育”的理想追求！

第四节 “负责任的教育”与道德教育、素质教育及创新教育的关系

倡导并践行“负责任的教育”并不是孤立的，它与道德教育以及作为当代教育主题的素质教育和创新教育都有着密切的联系。

一、“负责任的教育”与道德教育

从培养“负责任的人”这一角度而言，“负责任的教育”与道德教育的目标一致；从学校教育塑造学生良好行为习惯的意义上来说，“负责任的教育”与道德教育的目标也是一致的。责任和负责任两者应当是密不可分的。道德教育不是对学生的消极约束，而应是人的自主实现，是人格的形成和完善。在学校德育中，只有调动学生饱满的参与状态，学生才能真正成为道德建设的主体：只有将认识水平的提高、情感态度的培养和行为习惯的养成有效地结合起来，让学生在自主体验和参与过程中学会主动承担自己的责任、学会负责任地处理自身的价值观和人格态度等问题，才能增强教育的针对性和实效性。如果道德教育只是要求学生“遵守”，仅仅关心学生外在行为习惯的养成，而不注重学生内心的感受，那么学生永远只是只会服从的机器而非具有主体意识的人，唯有尊重学生的主体性才能让学生在体验责任的过程中养成良好的道德素养，进而有良好的行为习惯。一个有道德的人，无疑是受过良好责任教育的人；一个讲求责任，对任何行为都积极负责的人，就是一个有道德的人；而一个对任何事都不负责的人，则就是一个“缺德”的人。因此，培养包括“有道德”的“四有”新人也是“负责任的教育”的其中要义。实际上，任何对道德教育的探讨都不可能不涉及责任教育。因为从一定意义上讲，道德教育实际就是责任教育，两者都是以“责任”为基础，就是教人负责任地去行动。正如中央电视台著名主持人朱军所说，“人生没有彩排，如同直播”，其实意味着每一个人都应当对自己的行为负责任。

德育理论专家认为道德教育也是道德责任教育，道德责任是指道德主体在道义上对其选择的行为的善恶及价值所应承担的责任，责任教育和德育有着相同的伦理哲学根基。马克思主义哲学关于人的本质是“一切社会关系的总和”的论断是责任和道德共同的理论来源。人的社会性存在，决定了他在解决自己的生存、发展问题时，必须考虑、顾及他人及社会的发展，遵循人类社会在其历史发展过程中总结出的一系列处理人与他人、人与社会、人与自然等关系的规范，做有道德和承担责任的人。也就是说，责任和道德都是人类在其社会性活动中处理各种伦理关系的行为规范，都是社会人的本质要求。责任是人们在社会中拥有特定身份地位、成为特定角色的基本行为规范要求，道德是人们依据社会交往规范行事并对具体行为进行善恶评判约束的结果，二者密不可分。

“每一个在道德上有价值的人，都要有所承担，不负任何责任的东西，不是人而是物。”道德是责任的理想追求，责任，尤其是道德责任，是道德的基础和核心。黑格尔在表述二者的关系时说：“道德就是关系、要求和应当，应当就是人们应尽的责任和义务。”[①]责任对道德的形成起着奠基性的重要作用，道德责任为诚实、公正、合作等其他品德的形成和发展提供驱力和生长点，“人尽责并不是因为他生来就有道德，人变得有道德则是因为他尽责”[②]。没有责任就没有道德，美德行为外显为责任的自觉履行。“生活中一切有德之事均由履行这种责任而出，而一切无德之事皆因忽视这种责任所致。”责任在伦理道德领域的地位越来越重要，以至德国古典哲学创始人康德把责任作为道德哲学的核心，开创了义务伦理学的先河，20 世纪汉斯·昆又提出了以对全球高度负责为特征的责任伦理学。现代道德的责任基础已根深蒂固，这使得“负责任的教育”在德育中进行不仅是可能的而且是必要的。

二、“负责任的教育”与素质教育

素质教育是“以提高民族素质为宗旨的教育，它是依据《教育法》规定的国家教育方针，着眼于受教育者及社会长远发展的需要，以面向全体学生、全面提高学生的基本素质为根本宗旨，以注重培养受教育者的态度、能力，促进他们在德、智、体、美、劳等方面生动、活泼、主动地发展为基本特色的教育”[③]。

1. 践行“负责任的教育”是素质教育的内在要求

“负责任的教育”理念倡导的是科学的、全面的、综合的、可持续发展的教育，它的实施恰恰符合素质教育开放性、整体性、发展性的本质特征和实现深层次发展的需要。“负责任的教育”是实施素质教育的重要组成部分，从大视角和深层面看，“负责任的教育”就是素质教育，素质教育是“负责任的教育”的具体体现和创造性发展。应当看到，责任意识是人的素质的重要组成部分，是与政治思想意识、审美意识等一样成为人的素质构成中的高层次、深层次的素质品格。一个人具有了很强的责任感，就能努力根据时代和社会所需去塑造发展各项素质。因而，责任教育在整个素质教育中具有不可忽视的作用。具有责任意识，才能形成学习的动力、竞争的胆识、开拓的勇气、动手的能力、创造的魄力和创新的智慧，责任意识品格不仅与其他素质形成和谐统一的关系，而且在素质构成整体中居于支配和主导的地位。所以，实施“负责任的教育”就是推动素质教育向更高层次发展。

2. “负责任的教育”为实施素质教育提供了理念支撑

素质教育是针对应试教育的弊端而提出的，实施素质教育符合教育发展的规律。

---

① 张康之：《社会治理中的责任和义务结构》，载《天津社会科学》2004 年第 1 期，第 53—58 页。

② 弗兰克·梯利：《伦理学导论》，广西师范大学出版社 2002 年版，第 219 页。

③《关于当前积极推进中小学实施素质教育若干意见》，国家教委 1997 年 10 月 29 日。

然而，素质教育倡导多年却一直没有从根本上改变我国现阶段的教育现状，原因一方面是应试教育的影响在我国根深蒂固，另一方面也是由于素质教育仅停留于目标层面、口号层面。如何从根本上转变教育发展理念，真正以负责任的态度大力推进素质教育，并将口号变为行动是关键所在，这是每一所负责任的学校所应当积极探索的。

“负责任的教育”为践行素质教育提供了理念支撑。素质教育旨在提高全民的综合素质，这与社会主义阶段教育培养社会主义现代化建设者和接班人的教育目标是根本一致的，推动社会进步关键在人才，而“负责任的教育”所倡导的目标正是培养人格健全、素质全面的人才。

以学校体育工作为例，这是实施素质教育的重要内容，能否保障学校体育与健康教育工作正常、有效地开展，是检验一所学校办学思想是否端正、办学品位是否高雅的重要标准。

案例 10　学生体质下降与学校体育责任缺失原因分析

学校体育指在以学校教育为主的环境中，运用身体运动、卫生保健等手段，对受教育者施加影响，促进其身心健康发展的有目的、有计划、有组织的教育活动。

青少年体质健康状况对国家民族未来的发展至关重要，据有关资料显示，自1985年以来，我国学生体质健康状况呈逐年下降趋势，学校体育有着不可推卸的责任。反思学生体质下降的原因，实际上是学校体育的责任缺失。通过调查发现，导致学生体质下降原因主要有：①学习压力大，没有时间参加体育锻炼。②对学生卫生、保健等缺少指导，导致生活饮食习惯不合理。③体育课堂只关注选项教学内容的传授，对身体素质练习较少。教师不能正确引导和思想教育，大多数学生有怕苦畏难情绪等。③交通方式的改变。原有步行上学或骑自行车上学，被家长用车接送、骑电瓶车等方式取代；④学生休闲兴趣的转变。原本学生休息娱乐主要以户外体育活动为主，但是，随着信息化时代的到来，原有的户外活动被网络、电子游戏等取代，学生足不出户。⑤学校体育管理欠缺。学校体育的相关政策法规与课程计划不能按要求执行到位，不能为学生提供必要的运动场地和运动器械。学生关于体育锻炼的作用、怎样健康饮食、如何锻炼增强体质、如何培养健康生活习惯的知识匮乏。

学校体育责任缺失与原因分析：1. 长期以来学校体育不被重视，教育地位低下；2. 由于受功利驱使，学生体质健康被置若罔闻；3. 学校体育安全管理缺失，学校、家长担心安全隐患的发生。4. 体育教师缺乏敬业精神，责任意识淡薄，体育教学质量下降。

那么，如何提升学校体育的责任意识？建议：1. 学校领导要树立正确的体育责任观。2. 落实好相关体育政策、文件精神与课程计划。3. 提高体育教育工作者的责任意识。4. 建立和完善学校体育安全防范风险的措施。

丁海榕（省泰州中学校办）

三、“负责任的教育”与创新教育

创新教育以培养人的创新精神和创新能力为基本价值取向，其核心任务是在全面实施素质教育的过程中，着重研究与解决在基础教育领域如何培养中小学生的创新意识、创新精神和创新能力的问题。

1. 具备责任品质与创新能力是时代发展对人才培养提出的要求

创新教育的理念是针对当今我国教育领域内存在的弊端而提出的，“负责任的教育”与创新教育的宗旨都符合素质教育的本质要求。“负责任的教育”的根本宗旨在于造就人的责任情怀、担当精神以及履行责任的本领，而这些正是构成责任品质的必备要素。创新教育是素质教育的核心要素，而责任情怀是创新的动力支持和感情基础。创新的迫切愿望和顽强意志源自于个体对国家命运和民族未来发展具有重大的使命感和历史责任感。单纯强调学生接受知识、获得高分的传统教育，其直接产物是造就了依赖性强、主动性差、“高分低能”的学生，然而这种传统教育模式及其培养出的人才与民族经济发展的转型时期所需要的培养模式和人才标准极度不相符，这也是中国经济长期难以克服依赖外国技术的原因所在。仔细分析，我们不难发现，人才缺乏创新能力，从个体角度来说是缺乏自主性的表现，从大的角度而言是对于国家民族的发展缺乏应有的责任担当，不能合理定位个人发展与民族进步之间的关系。

“创新是一个民族进步的灵魂，是一个国家兴旺发达的不竭动力，也是一个政党永葆生机的源泉。”在新的历史条件下，创新教育已经被提到了相当的高度，唯有推行创新教育才能促进创新精神、创新品质的形成，进而培养出创新型人才。缺乏民族责任感，没有祖国利益高于一切的观念和责任意识，创新教育便成了一句空洞的口号。传统教育只重视培养学生的知识继承能力，漠视人格培养，这是传统教育难以适应时代需要的根源所在，而创新教育是依据新时期对于人才提出的要求，有目的地培养创新精神、创新能力、创新人格的教育。

2. “负责任的教育”是创新教育的题中要义，“责任情怀、担当精神”是创造力的动因

创新教育要求培养具有创新人格的人才。创新人格包括创新责任感、使命感、事业心、顽强意志、坚忍不拔的性格，这些都是坚持创新并有所成就的保障。而创新教育所培养的人才，能否具备创造力和创新人格，能否成为一个独立自主、懂得反思进取的人，与个体自身是否具备强烈的时代责任感息息相关，而“责任教育”正是针对于此，旨在培养个体具备优秀的责任品质。责任品质是创造性人格中的首要因素，是创造力产生的内在动力，强烈的责任感能激发人的潜力，最终造就个体的创新能力。马克思说：“科学绝不是一种自私自利的享乐。有幸能够致力于科学研究的人，首先要拿自己的学识为人类服务。”一个人，只有以社会责任感为基础的时候，他才能具备与整个国家、社会的利益相联系的创造性人格与品质，并由此产生巨大的精神动力与创造力量。引领学生追求卓越不是要追求“失去灵魂的卓越”，如果忽视责任情怀、担当精神以及责任本领的培养，创新教育就无从谈起，学生的创造精神就会失去强大的动力，也就意味着他的创造源泉的枯竭，即使有所创造，其成果的社会意义也会大打折扣。

3. “负责任的教育”为创新教育的实施营造负责任的生态环境

培养创新人才是创新教育的最终目的。原教育部副部长李卫红曾经指出：“一个人能否成为杰出人才，不仅取决于智商的高低，更要看他的人生追求、意志品质和创新能力等非智力因素。这些在基础教育阶段形成的人格要素，往往成为制约一个人最终发展高度的关键因素。”中学、大学都有责任为创新的“种子”生根发芽提供沃土，营造好的教育生态环境。清华大学教授、中国科学院院士朱邦芬在《应给优秀的学生“松绑”》①一文中呼吁为学生的成才精心营造一个好的环境，指出：创造力比较强的人，喜欢有个宽松的环境，自己去学习和研究。作为一个教师，作为一所学校，我们要为学生的成才精心营造一个好的环境。这个环境既包括社会大环境，也包括我们学校、院系、年级、班级以至宿舍的小环境。把环境创造好了，优秀学生相对地比较容易“冒”出来。与此同时，国内外实践经验表明：教育的改革如果不遵循一定的规律，或脱离社会现实，或操之过急，都是不可取的。由此可见，必须为实施创新教育、培养创新人才营造一个负责任的生态环境，“负责任的教育”提出努力营造“适度负担、适度压力、适度宽松”的环境，正是立足于为人的潜能的发挥与人才的脱颖而出营造良好的氛围。

总体而言，“负责任的教育”涉及各个方面，内涵十分丰富。“负责任的教育”赋予素质教育和创新教育更丰富的时代蕴含。“失去灵魂的卓越”是可怕的，只有具有责任情怀、担当精神及责任本领的人才才是高层次的人才；只有包容培养责任情怀、担当精神及责任本领的教育才是高品位的教育。只有切实推进并深化“负责任的教育”，才能有效地为整个素质教育和创新教育的深入开展提供动力支撑，并开拓素质教育和创新教育的崭新天地。

---

① 朱邦芬：《应给优秀的学生“松绑”》，载《中国教育报》2011 年 11 月 28 日第 10 版。

第二章 “负责任的教育”价值与琐思

曾获得“感动江苏教育十大人物”提名奖的袁维儒(淮安人)2014 年 11 月 5 日在我校与笔者交谈时说过这样发人深省的话:“从某种意义上讲,不负责任的教育行为对社会、对师生的危害不亚于腐败行为带来的危害。”

的确,教育是民生,也是国计;教育是今天,更是明天。培养什么样的人、如何培养人,涉及国家和教育战略,反映着教育的价值取向,是教育的根本问题。我们所倡导的“负责任的教育”理念,听起来虽然平淡、普通,但关系着我国的教育大计,涉及究竟办什么样的教育、培养什么样的人与民族素质、国家未来、展示负责任的国家形象的大问题。

“办负责任的教育,负责任地办教育”应当成为政府、教育部门、学校、家庭、社会各界的价值追求与自觉行动。

第一节 我国实施“负责任的教育”的当代价值

任何一种理论或实践活动都有其产生和存在的时代背景,“负责任的教育”理念的实施也不例外。从世界大环境来说,当代中国处在世界经济全球化、政治多极化和文化多元化的背景之中;就中国自身而言,当代中国正进入改革的深水区,政治、经济、文化和社会的发展又恰好处于转型升级时期。从经济体制到生活方式,从政治体制到精神文化等的广泛变革,使得人的生存方式走向多元化、复杂化,与此同时人对自身的认识也在随着实践活动范围的扩大而加深。从原始社会到现代社会的推进中,人类逐渐摆脱自然界和神的统治,最终凭借理性使自身获得解放,人的主体性意识的觉醒和个性、自由的张扬无不表明人的力量日渐强大,然而人类自身潜力的发挥、实践活动的加深,既带来了许多社会问题、道德问题,这些问题使得学校教育面临新的挑战,同时也为学校道德教育的变革、学校责任教育的开展带来了新的机遇和条件。

一、社会主义市场经济体制呼唤“负责任的教育”

我国实行改革开放政策之后,社会主义市场经济体制已经初步建立,物质财富不断丰富,科学技术突飞猛进,整个社会处于急剧转型时期。但社会转型大背景下,人们的心态非常复杂，传统文化和现代文化、实在文化和虚拟文化、西方文化和本土文化交互碰撞，信仰缺失现象不断涌现；追求利益最大化的市场规律，就像一个漩涡，在市场经济里搅起了计划经济时代沉积已久的人性的恶；由于缺乏必要的制度约束和相应的价值引导，受现实利益的驱动，不少人的思想和行为变得更具功利性，对金钱和物质拥有的多少往往成为他们衡量个人价值的标准；人们一味追逐自身利益时，对他人和社会不负责任的事件时有发生……

经济学家、新自由主义代表人物哈耶克认为，市场经济最重要的道德基础就是责任感，如果每个人为了赚钱都不择手段、不负责任，那就不可能建立健全而稳定的市场机制，更不用说社会的稳定繁荣了。虽然短期内某些人的个人利益得到了满足，但从长远来说，必将损害社会的整体利益，甚至有损民族形象。随着社会文明程度越来越高，社会越来越开放，责任就愈发显示其不可缺失性。[①] 也正是出于对市场经济弊端的认识，作为现代西方经济学中最具影响力的经济学家之一的凯恩斯才主张经济学应当和伦理学并进，认为经济发展只有在当它能够使人们在道德上得到改善时，才算是正当的事业。然而这些都只是明智的经济学家的先见和警言，现实很难做到。当一系列曾经是西方资本主义国家发展过程中面临的混乱、难题等在我国重演时，我们也面临着窘境。

责任的丧失严重危害了人类自身和人类社会的生存和发展，以至于有学者发出感慨：“责任事故不断，不少人责任心丧失，玩忽职守，不负责任已成为我国社会生活的一大公害”[②]。国民心态开始出现“物欲化倾向”“粗俗化倾向”“淡漠化倾向”“躁动化倾向”等，正义感、责任感淡化，荣辱观、是非观混淆，公德心普遍缺失，个人行为失范，以及物质主义、享乐主义、拜金主义、消费主义抬头等等。在青少年中也出现了“道德贫困”和信仰危机，与成年人相比，缺乏判断力和自我保护能力的青少年是受到负面影响最大的群体。正如美国著名学者内尔·诺丁斯所批评的那样：年轻人正在接受的是一个“道德上贫困的教育”。

我国国民心态除却受到市场经济的影响之外，还受到大量西方社会思潮涌入的冲击，道德教育的环境日益复杂，青少年价值观、道德观更加显现多元化趋向，甚至出现一定程度的混乱，社会不稳定因素进一步增多……然而仅有对于现状的清醒认识是不够的。

面对这些危机，社会主义市场经济的现状呼唤主体道德自律，在学校教育中应自觉地把德育工作摆在重要的位置，自觉深入地对青少年进行责任教育，否则，我们将可能重蹈西方国家覆辙，付出沉重的代价。

一个认同市场经济的社会绝不应是一个放弃道德和人类理性精神的社会，2000 年中央经济工作会议指出：“要积极建立适应社会主义市场经济发展的思想体系。实行继

---

① 宋烨：《责任生成的道德内涵及其实现机制》，载《南京师大学报》2003 年第 4 期，第 89—95 页。

② 程东峰：《责任论》，中国林业出版社 1994 年版，第 6 页。

承优良传统与弘扬时代精神相结合，尊重个人合法权益与承担社会责任相统一，注重效益与维护社会公平相协调，把先进性与广泛性结合起来，努力形成与经济和社会发展相适应的健康和谐、积极向上的思想道德规范。要在全社会强化信用意识，加强公民诚实守信的道德教育。”

加强学生品德教育和责任教育是现代化进程中“责任教育”的目标所在，学校教会学生负责、培养负责任的公民是发展社会主义市场经济的必然要求。

二、提升国民素质呼唤“负责任的教育”

“五四运动”时期的新文化倡导人纷纷批判中国人的劣根性，即国民性，又称“臣民性”，其具体表现为麻木不仁、封闭自守、奴隶主义、势利、虚伪、鄙怯、庸俗等，中国漫长的专制主义统治是其存在的沃土。

文豪鲁迅在“五四运动”时期曾写下大量批判中国人国民性的文章，促使他弃医从文的原因正是由于他清醒地认识到学医拯救的只是国民的躯体，而如要改造国民性就必须用新思想武装大众。对于国民性问题，梁启超曾提出“以造就国民为目的”的“新民说”，认为教育应该培养民众的国家思想、权利思想、政治能力、冒险精神等。严复作为最主要的启蒙思想家，通过《天演论》《原富》《法意》等的翻译，把西方的核心价值观如自由、民主、平等等思想介绍到中国，提出“鼓民力、开民智、新民德”的国民素质教育。

新中国成立以后，我国“确定了由中国共产党所代表的实现全体人民利益的政治体制，并承担起规划社会、改造家庭、组织经济等多种重任，形成了‘体制化社会’”①。每个公民都被纳入到严密的管理体系中，在这种体制下，有学者将国民素质归纳为三种：“怕公仆”的奴隶型人格，“靠单位”的依附型人格，“随大流”的盲从型人格。

改革开放的一个重要社会变迁就是突破了“体制化社会”的格局，个人不再被视为整个组织中的一个固定分子，而是被视为具有自主权利的独立个体。他可以自由选择自己的生活方式和行为方式，自由地决定与其他个体结成怎样的组织关系。

市场经济的发展推进了社会的民主化进程。市场经济社会对个人价值逐渐予以承认和重视，人们的主体意识普遍增强。每个公民将要对自己负责，成为“主体”，必须具备主体意识，即自主、自强的意识。但市场机制催生出的“主体性”，由于缺乏有效的制度和道德约束，也不是真正完全意义上的人的主体性，国民素质的落后仍是当代中国现代化进程中最大的障碍。所以国家一方面不断加强政治民主制度建设，大力推进民主化、法制化进程，提出建设社会主义政治文明的构想，另一方面不断加强和完善公民的道德文化建设。

2001 年《公民道德建设实施纲要》颁行，提出着重培养公众的公民意识，实现国民素质的现代化。“人的现代化主要是观念的现代化，即价值尺度、思维方式、行为方式和

---

① 李萍:《论日常行为视域下的公民道德》，载《河北学刊》2005 年第 2 期。

感情方式等文化心理方面的现代化"①,根本来说,是人的精神的现代化,是人类道德精神的弘扬。只有具备一种对己、对他人、对国家、对人类负责的精神的人,才能称为现代的人。因而在主体性、个性和自由逐渐彰显的时代,人必须在道德精神的引领下,彻底抛弃单纯追逐权钱、追求享受的生存观念和价值取向。

梁启超曾言"人生天地间各有责任",责任是人之为人的根本,只有具备责任意识的人才是自主的、健全的和有益于社会的。基于此,"现代化人格"的培养和建构是学校责任教育义不容辞的使命。

三、建设创新型国家呼唤"负责任的教育"

当今时代是一个越来越凸显责任的时代,高度的责任感是未来社会对人才素质的基本要求。"全球化时代的来临使人类进入了一个如乌尔里希·贝克所言的风险社会。应对全球风险社会的挑战,'责任'成为世界公民的最起码要求,即要求人们在作出满足自己需要和愿望的个人决定时,对自己、对他人、对社会,乃至对影响人类生存的生态环境等有全盘考虑并承担起相应的责任。"②美国提倡"品格教育",将学生责任感的培养作为人文教育和道德教育的核心内容之一,重心从注重能力向注重责任转移,从而培养"责任公民"。德国在《联邦德国教育总法》中规定:培养学生在一个自由、民主和福利的法律社会中……对自己的行为有责任感。日本在《教育基本法》中规定,教育的中心目标是大力培养有强烈责任感和充满独立精神的国民。中国的发展,关键靠人才,人才资源是我国经济社会发展的第一资源。学生是我国未来社会建设的核心人才资源,其责任感的强弱将直接影响到社会的和谐和国家的强盛,民族的兴衰和社会主义事业的成败。我国《教育中长期改革与发展规划纲要》把育人为本作为教育工作的根本要求,提出"努力培养造就数以亿计的高素质劳动者、数以百万计的专门人才和一大批拔尖创新人才",强调"着力提高学生服务国家、服务人民的社会责任感",并将其列入教育战略主题的重要内容。

在我国,培育和增强当代学生的社会责任品质对于构建社会主义和谐社会具有重要的现实意义,更是中国特色社会主义事业可持续发展的必然要求。责任是道德建设的基本元素,社会公德、职业道德、家庭美德都以责任为基础。当前社会上一些领域道德失范、诚信缺失,一些社会成员人生观、价值观扭曲,从侧面反映出责任感的淡化日益成为社会中的普遍现象。和谐社会是责任社会,没有责任感的社会,其凝聚力、动力性和稳定程度就会大大降低。只有每一位公民都能做到像习近平总书记所要求的那样"守土有责、守土负责、守土尽责",各司其职、各负其责,才能形成全体人民各尽其能、各得其所而又和谐相处的社会。和谐社会的根本在于人,而塑造社会之根本又在思想道

① 解思忠:《中国国民素质危机》,中国长安出版社 2004 年版,第 10 页。

② 逯改:《责任视野中的家庭与学校教育》,载《学术论坛》2008 年第 5 期,第 191—194 页。

德教育，德育的本质则是培养具有高度责任感的人。国内学者班华在论及科技教育时指出，要在对学生科技教育过程中加强“科学发展观”的教育，发现、领会其中所蕴含的思想道德教育因素，并付诸教育实践，进行包括人际伦理、社会伦理、经济伦理、生态伦理教育等方面的教育，让学生在培育科学精神的同时，培育起对未来、对生态、对人类的责任意识和道德与人文精神，使他们成为构建和谐社会的新鲜力量。因而，学校实施责任教育，培养学生承担和履行社会责任、服务和增益于社会，塑造其强烈的自我责任意识和社会参与意识等等，对于构建和谐社会意义深远。

提升责任品质是促进个体健康成长和创新发展的内在要求。建设创新型国家，关键是具备创新型人才。未来高素质人才创新精神和实践能力的有效提升，不仅需要良好的专业知识与实践技能，需要对社会需求的体察和刻苦钻研的精神与实践，更需要勇担重任的勇气和气魄。责任不仅是一种品德，更是一种能力，并且是其他能力的统帅和核心。一项关于诺贝尔奖获得者医学创新的原动力的调查表明，在其创新行为中，即具有好奇心、求知欲和兴趣这些心理层面的科学创新原动力。包括 IBM、微软以及惠普在内的很多卓越的创新企业都将履行社会责任作为其提升竞争力的重要举措，非常重视员工责任感的培养，在微软公司，责任感贯穿于员工们的全部行动，强调“人可以不伟大，但不可以没有责任心”。

记得在 2008 年 3 月 18 日与中外记者见面会上，时任总理温家宝动情地说：“如果我们的国家有比黄金还要贵重的诚信、有比大海还要宽广的包容、有比高山还要崇高的道德、有比爱自己还要宽广的博爱，那么我们这个国家就是一个具有精神文明和道德力量的国家。”同年 7 月，在广东与企业家座谈时，他提出了一个鲜明的论断：企业家身上应该流着道德的血液。此后，他在多个场合强调企业家的道德和社会责任。其实，岂止是企业家，我们每一个中国人都应当坚守道德的底线、做人的良心、社会的责任。

四、我国青少年道德素养与责任品质现状呼唤“负责任的教育”

学校道德教育不可能在真空里进行。学生生活于某一社会之中，学生的道德成长本身也发生在某一社会里。社会对学校教育的影响有时是相互矛盾的。学校道德教育反映了社会对青少年的期待，但社会的不良道德状况又会否定这些期待。

20 世纪 70 年代末以来西方国家青少年普遍出现道德危机，进而引起全球对于道德教育变革的关注，而在我国社会转型时期，青少年道德素质同样存在着不适应现象，受社会发展的大环境的影响，诚信缺失、道德滑坡等负面影响同样折射到了我国青少年学生群体之中。各个层次、各个方面的道德失范、道德弱化现象极为普遍，这些道德问题较为集中地体现在青少年责任人格的缺失，体现在责任精神和责任能力的不足，一项关于我国中学生的责任品质现状的调查研究表明，我国的中学生普遍处于一种“不‘损人’而尽量‘利己’的不作为层面”。

实施“负责任的教育”，培养学生良好的责任品质，是推进素质教育、培育与践行社会主义核心价值观、促进学生全面发展的现实需要。当代青少年学生责任品质的现实状况与社会发展的要求有一定差距，无论是我国社会转型的背景还是青少年道德缺失的现状都与20世纪西方国家青少年道德危机十分相似，因此在我国着力解决道德缺失、提升学生道德素质的过程中，西方国家的道德教育改革探索经验与教训值得我们借鉴。

"道不可坐论，德不能空谈。"新时期要求以核心价值观引领人才培养，主渠道应当在课堂教学，关键在社会实践。社会主流价值应该是与人类基本价值和民族优秀传统价值不矛盾的，是对人类基本价值的选择和提升、对民族优秀传统价值的继承与弘扬。中小学校是社会主义核心价值体系教育的重要渠道。

党的十八大报告在强调建设社会主义核心价值体系的基础上首次提出了"三个倡导"："倡导富强、民主、文明、和谐，倡导自由、平等、公正、法治，倡导爱国、敬业、诚信、友善，积极培育社会主义核心价值观。"这一覆盖各方意见、反映最大公约数的精辟表述，使人们热切期待的社会主义核心价值观的基本内涵跃然而出。

习近平总书记在2014年5月4日北京大学师生座谈会上，旗帜鲜明地提出社会主义核心价值观"是一种德"的重要思想。他说："核心价值观，其实是一种德，既是个人的德，也是一种大德，就是国家的德、社会的德。国无德不兴，人无德不立。"明确社会主义核心价值观就是一种德，有着重要的现实意义。他强调，核心价值观承载着一个民族、一个国家的精神追求，是最持久、最深层的力量。他指出，"人生的扣子从一开始就要扣好"，广大青年要从现在做起，从自己做起，勤学、修德、明辨、笃实，使社会主义核心价值观成为自己的基本遵循，并身体力行大力将其推广到全社会去，努力在实现中国梦的伟大实践中创造自己的精彩人生。接着，习近平总书记于2014年5月30日在北京市海淀区民族小学主持召开座谈会时的讲话中要求从小积极培育和践行社会主义核心价值观，指出：少年儿童如何培育和践行社会主义核心价值观呢？应该同成年人不一样，要适应少年儿童的年龄和特点。我看，主要是要做到记住要求、心有榜样、从小做起、接受帮助。

为了有利于培养"全面发展的人"，《教育部关于全面深化课程改革　落实立德树人根本任务的意见》于2014年3月30日正式印发，这份文件中有个词引人关注：核心素养体系——研究提出各学段学生发展核心素养体系，明确学生应具备的适应终身发展和社会发展需要的必备品格和关键能力，突出强调个人修养、社会关爱、家国情怀，更加注重自主发展、合作参与、创新实践。另外，教育部还将修订学生守则，把核心价值观变成学生日常行为准则。

第二节　西方的责任教育实践之于我国的启示

在现代化和全球化进程不断推进过程中，当代青少年道德问题、责任失落问题不仅成为教育家思考的问题，也成为各国政府关注的焦点。西方国家通过对道德危机的反思，认为在未来的21世纪应该把道德教育放在全部教育的首位，提出了“让道德教育来解决道德问题”的口号，加强学校道德教育已成为各国的共识。与我国的德育不同，西方国家的道德教育属于公民道德教育，除了政府和教育机构之外，其中主要承担者还有宗教团体、宗教组织，其主要完成的目标不外是“善良、诚信、责任”六个字，而这六个字正是当今市场经济和全球化社会协调发展必不可少的生存命脉。在此基础上，西方国家纷纷调整和变革道德教育的思路和策略，这其中尽管各国开展道德教育的方式、方法和内容不尽相同，但在强调对青少年的责任教育，以培养学生对自己、对他人、对民族国家和整个世界的责任意识和责任感方面，各国态度空前一致。责任品质的培养成为一种世界道德教育改革的方向和潮流，各国在青少年责任教育方面的做法对于我国有一定的借鉴意义。

一、负责任的教育理论研究的先导作用

为实施责任教育，西方主要国家采取了一系列措施，但最为首要的是开展多种理论研究，也创造了一些适合责任教育的德育教育理论。西方主要国家中，美国在德育理论研究方面起步最早、成果最丰富，这也使得美国成为现代世界学校德育的发祥地[①]，我们要大胆吸收美国责任教育理论中的有益成分来完善我国的责任教育基础理论。美国的责任教育理论主要来自于公民教育理论，其中的指导理论包括杜威的道德教育理论、科尔伯格的美德认知发展理论、杜拉斯等人的价值澄清理论、纽曼的社会行动模式理论等等。

从19世纪末开始，以杜威主义为代表的实用主义德育思想开始深刻地影响美国的学校德育。杜威认为：“教育的本质就是道德教育”，“任何增进学生对社会生活理解的学科都具有道德意义”。如前所述，随着战后美国社会问题增多，特别是60年代的学潮、反战等社会问题，青年的道德问题成为社会热点，因此，形成了道德认知理论、价值澄清理论、人本主义教育观等，强调了学生在德育教育中的主体地位，学生的道德选择能力增强，从而在理论上为学生自主承担道德责任建立起了联系。为此我们要有选择地吸收利于我国开展责任教育的内容加以运用和创新。

二、负责任的教育内容应与实践、生活相联系

（一）将负责任的教育内容渗透到学生所生活的社区之中

西方国家责任教育的内容并不局限在有限的几个方面，而是具有很强的开放性。将对学生责任意识培养与能力训练放入学生实际生活的社会大背景之中，教育内容与学生的实践活动以及实际生活内容相联系，更有益于学生领会责任的内涵和意蕴。例

① 伍国峰：《中学生责任教育的实践与思考》，上海师范大学教育科学学院2004年。

如,美国将学习内容蕴于学生所生活的社区之中,直接选取学生生活的社区当中的公共政策问题。在学生学习的整个过程中,学生在组内通过合作,根据每项学习内容的提纲展开调查、访问、分析、整理,最后总结形成一份调研报告。经过这一过程的责任教育训练,使所有学生都参与到了社区的管理中去,从生活中体验如何成为"宪政式民主社会中有能力、负责任的社会、政治参与者"。这与我国现在热衷于应试教育的部分学校与社会封闭隔绝、部分学生"两耳不闻窗外事"的状况形成鲜明的对比。

(二) 将社会责任感教育渗透到科技、人文教育活动之中

除却将对于学生的责任教育内容渗透于社区生活中的公共政策制定等活动中外,美国还将社会责任感教育通过高科技教育、人文教育活动与社区实际生活相联系,具有鲜明的特色。如在科研人员的指导下,组织高中学生利用高科技知识和手段,参与解决社区面临的实际问题的课题研究。通过科学实践活动,帮助学生了解社区居民的需要,使他们的行动与公众的实际生活密切联系起来,在实践中培养和发展他们的责任感。美国的学校德育,强调培养青年参与社会生活的能力、道德推理能力,在塑造国家精神的同时更注重发展青年承担社会责任和义务,创造新生活的品质。相比之下,我国在学生道德教育方面形式主义、脱离实际、不讲求实效的状况发人深思。

三、实施负责任的教育应既有针对性又有多样性

受美国现代学校德育教育理论的影响,世界主要西方国家在学校德育责任教育方面也探索出了系列的教育方法,而且各有特色。

(一) 校内外协调一致

针对 20 世纪道德教育与学生生活世界剥离的误区,当代责任教育注重同生活紧密联系,在面向生活、参与生活中不断扩大、拓展,以满足和适应社会发展与青少年道德发展的需要。美国学校积极支持学生参加各种社会活动,使其在活动中受教育,在社会政治方面,学生参加反对战争、维护和平、环境保护、反种族歧视等活动,增强了其参与社会的意识和责任心,促进了道德价值观的发展。

国外的责任教育方式注重校内外协调一致,建立学校、社会、家庭相契合的责任教育系统,各种社会组织也积极配合学校的教育目标,为学生提供实践公民准则的机会。社会服务活动在美国被认为是进入新世纪以来公民教育的主要方法,也被称为"服务学习法",就是让学生深入社会实践活动,参加各种义务劳动,培养其社会责任感、社区主人翁意识和自豪感,同时能够加深其对责任的理解,将责任品质的塑造从知识层面深入到实际行动。还通过社会服务如筹集资金活动、选举与竞选活动,发展学生的利他主义和自尊自重观念,对学生的学习动机、择业能力、社会责任感都会产生潜移默化的影响。

(二) 实施"隐蔽德育课程"

各国重视课堂教学的改革,最有影响的是"隐蔽课程"概念的提出与实践。隐蔽课

程也叫“潜在课程”，它是美国教育学家杰克逊1968年在《班级生活》中首次提出的，是学生本位(中心)的变体之一。隐蔽德育课程是指，教育者为了实现德育目标，有组织、有计划地在教学范围内以各种方式通过受教育者无意识的和非特定的心理反应，使他们获得道德情感方面的经验的教育，是所有隐蔽课程的主要构成因素。柯尔柏格认为，德育如果不关心隐蔽课程，无论如何达不到预想的效果，隐蔽课程是实现德育的桥梁。美国经过数次教育改革，形成了隐形教育、全面教育以及强调实践的美国式公民教育实践模式，隐蔽课程的实施启示我国在实施责任教育的过程中，应同时抓显性教育和隐性教育资源与课程，不能仅以显性为主。

(三) 目标和措施具有层次性

20世纪90年代初，美国国会通过的《2000年目标：美国教育法》，明确把公民教育的课程目标定位于培养负有责任的公民。在美国责任教育价值观和核心理念的影响下，美国青少年公民责任教育更强调一种从个人出发，积极参与的公民角色。公民个人责任教育是美国青少年公民责任教育的出发点和归属点。而我国提出“培养社会主义合格建设者和可靠接班人”的要求，把责任教育的目标主要定位在培养青少年服务国家、服务人民的社会责任感上。在传统价值观念的影响下，我国更明显地将国家的需要和社会的责任作为公民教育的根本着眼点，坚持国家利益、集体利益高于个人利益。

中美对于公民责任教育目标设置的差异启示我们，在设定责任教育目标时应从关注个人责任开始，在对自己负责的基础上，引导人们把个人目标同实现“中国梦”的伟大理想结合起来。

第三节 推行“负责任的教育”的基本方略与路径

一、实施“负责任的教育”的方略与路径

(一) 实施“负责任的教育”的方略

总体来说，“负责任的教育”的实施策略可以借鉴德育策略和方法，但也需要根据责任教育的不同情境，具体地综合选择多种方法来进行。例如对于责任情感中责任认识的养成和规范的接受，讲授法、讨论法、读书法等传统知识教学的方法仍然具有其自身存在的价值和作用，可以帮助学生形成对责任的内容和意义的认识。但责任教育不仅仅停留在责任认识的层面，要培养学生的责任能力还应结合生活实践，运用体验法、责任冲突法等促进学生把外在的规范要求内化为自己的价值结构，形成自觉的责任意志和践行责任的能力。在责任本领的养成和塑造上，可以运用生活情景法、基本规范训练法使学生形成基本的责任行为习惯，也可以通过提高学生综合素质和责任能力，运用意志锻炼法使学生具备较强的责任行为信念和行为能力，通过习惯和能力的合力作用，就

可以培养学生逐渐形成自然而然的负责任的行为。

培养学生责任品质的方法是丰富而多样的，关键在于针对责任教育的总目标和阶段性、局部性目标选择和运用适当的方法，这需要教育工作者有令人钦佩的专业精神，更需要有丰富而又有创造性的教育实践智慧。那么，在学校推行“负责任的教育”中有哪些具体方略？以下简要介绍几种。

1. 服务教育法

责任教育应走向社会，面向生活，回归生活，崇尚“生活化”。“从本体论上讲，生活价值高于道德价值，生活高于道德，不仅是因为可以设想一个无道德的生活世界，却无法设想一个无生活的道德世界，而且是因为生活或生命在逻辑上的在先性或独立自存性。”[①]哈贝马斯认为生活世界所具有的那种强烈而隐蔽的直接性奠定了任何一种知识模式无法摆脱的基础。任何一种教育，其效果最终都要受到来自于生活世界的检验。关注学生道德生命自由生长的道德教育必须是面向生活的教育，只有在生活中进行的道德教育才是有效的，因为现实的伦理只能在社会生活中被应用，生活世界的教育具有自然性、直观性、奠基性的特点，有利于实现学生的社会化和个人化。同样，责任生成教育也只有面向生活，在学生的生活中进行才能具有实践的力量。责任生成是我们道德教育的目标，它必须落实到或扎根于学生的日常生活，直接面对学生生活中的问题和困境，充分利用生活中的教育资源，在学生的日常生活中实现责任生成。我国著名教育家陶行知的“生活教育”为人们树立了很好的榜样。

在青少年成长过程中，家长或老师都以关心学生的成长为理由，代替学生做各种决定，无形当中，学生变成了责任的接受者，而无任何自主选择的机会。因而，他们不懂得责任从何而来，难以体会责任选择的过程和责任承担的重要性，这样的教育是一种残缺的教育。实际上，责任体现在现实的生活中，因此当责任教育生活化后，责任才能成为一种自然发生。所以，责任生成教育要从家庭生活入手，从学生的日常学习活动入手，从围绕在学生身边的各种关系入手，使责任与学生的生活息息相关，生活是有责任的生活，责任是在生活中的责任。学生在家庭生活中体验和生成的是亲情责任，在学校生活中，体验和生成的是一种较低层次的社会责任，走入社会或是大自然，体验和生成的是一种高层次的社会责任感，从这些贴近学生生活的责任教育出发，进而可以培养学生普遍的价值取向并将社会进步作为个人责任的使命感。责任教育回归生活才能使得责任成为学生的内在需要，这就要求责任教育必须与实践相结合，在实践中锻炼个人的责任品质。

美国在公民教育当中采用的“服务学习法”，以杜威的“教育即生活”为理论基础，让学生深入社会实践活动，参加各种义务劳动，培养其社会责任感、社区主人翁意识和自豪感，同时能够加深其对责任的理解，将责任品质的塑造从知识层面深入到实际行动。

---

① 王啸、鲁洁：《德育理论：走向科学化和人性化的整合》，载《中国教育学刊》1999 年第 3 期，第 16—20 页。

杜威认为，如果学生运用学习的课程知识服务和发展他们的社区，他们将会成为很好的负责任的公民。

服务教育法由以下几个部分组成：(1)预备——学生在他们的社区中发现问题，并制定适应社区需要的发展计划；(2)合作——学生与当地社区形成伙伴关系，共同解决社区问题；(3)服务——学生实施有助于社区的服务计划；(4)反思——学生花费一定的时间对所从事的社区服务工作进行思考、讨论，并形成研究报告。研究表明，通过服务进行教育对促进学生的社会责任感有积极作用，主要包括关注他人的福利、帮助他人的责任感，以及对他人负责的态度。参加服务的学生认为“教会了我怎样与同伴和教师相处得更好以及怎样在一个集体中工作得更好”，“帮助我了解了社会及怎样使它变得更好”“发展了我的创造性并学会独立思考”，参与过服务的学生认为他们对社会做出了贡献，因而更富有同情心与责任感。

2. 尊重介入法

弗洛姆认为爱的共同要素是：“关切、责任、尊重、知识”，同时他认为“爱”的核心就是责任，而责任与尊重紧密相连。从某种意义上说，责任是一种自觉地付出，能够唤醒这种道德自觉的是人格的感召和对个性、人格的尊重。首先，尊重学生是对人的主体性的弘扬，尊重学生意味着把学生当做无可替代的个体，是对其人格尊严和个人自主选择的尊重。其次，尊重学生也意味着信任学生，相信学生作为独立、发展的人所具有的价值内涵和精神品性，这一点也为“皮格马利翁”效应所印证。只有尊重学生，才能使学生相信自己所拥有的能力，才能使学生树立使命感和责任感，有了生活的目标，就会产生前进的内驱力。

台湾学者毛连塭认为：“儿童道德发展最有效的利器，莫过于让他们对其行为的好坏负责……这就需要尊重介入。”道德教育的策略或者原则之一即是多门(Doman)所倡导的尊重介入，这一原则同样适用于责任教育。尊重介入的主张与弗洛姆所提倡的尊重，其核心思想是一致的。多门认为在道德教育中，必须了解学生的发展需要，肯定学生具有决定和解决问题的能力，对学生的价值观和所作出的选择予以尊重，但必要时在适当的时候以适当的方式介入与引导。道德教育必须尊重和培养学生的自主选择的能力，培养具有自主性、自律性、自由性、责任性的道德主体人格。把握尊重介入原则有两点需要注意。首先，它并不否定教育者的指导作用，而是在尊重、理解、爱护学生的基础上，用自己的学识、言行、境界、风范去引导和帮助学生，鼓励学生自己去思考、理解、体验道德责任。其次，尊重介入不等于放任自流，必要的介入正是为了实现尊重中彼此的互动，责任与尊重紧密相连。以尊重为前提的介入与引导，既不会代替学生作出选择，又能够引导学生自己作出价值判断和选择，进而承担相应的责任，对自己的选择负责。

3. 自主介入法

在责任教育过程中，教育者的介入与引导固然重要，受教育者的自主作用也不容忽视，应当努力营造自主、自愿、自觉地感知责任、承担责任、履行责任的风尚，真正地变

"要我负责任"为"我要负责任"。

首先，如康德所言"人是目的"，责任是主体的内在需要，要求责任教育必须尊重主体性。康德在其责任论中指出人是自在的目的，一切其他目的都作为手段而为之服务，由此，这一目的就构成了善良意志制定法则的目标。人作为理性存在者本身就是目的，绝对命令所要求的普遍立法之所以可能，正是在于人作为目的是一律平等的。这就启发我们在责任教育的过程中要注意到教育对象的平等与尊严。传统责任教育往往重功利，如灌输式的教育，忽视人自身的发展，不是从人本身、从人的需要出发，而是把责任作为一种外在的力量，过分强调其外在约束性，机械地按照规范行事，人在责任面前是被动服从的。如果责任教育缺乏对人格尊严应有的关注，就会使其偏离人的内在需要，蜕变成为压抑人、异化人的力量。既然责任教育的目的在于培养人的理想人格、造就人的内在道德品质，归根结底是为了人，是源于人的需要并为人服务的，那么，责任教育应以人为客观目的，从人的生活、人的身心发展需要出发，确定人的主体地位，发挥人的主体性及主观能动性，从而唤起人类责任的良知，并以此来衡量并实施合理、有效的责任教育。

其次，自由是责任的基础，唯有尊重主体的自由选择才能培养主体的责任意识。只有当一个人能够在个人自由意志支配下从一开始就自由地行动时，我们才能对实际发生的事情追究责任。"自由、自主是责任产生的基础和根本前提，没有自由则没有责任……剥夺学生自由决定和自由创造的权利，也就取消了人们担负责任的内在根据。"①与责任行为而言，"我"的责任必须建立在两方面前提之上：一方面，"我"必须是行为的所属者，即某一行为的主人；另一方面，该行为必须属于"我"——它必须是"我"的行为。责任行为必须是主体自由意志进行选择的结果。如黑格尔所言："人的决心是他自己的活动，是本于他的自由做出的，并且是他的责任。"这也从侧面说明，自由并非无拘无束，自由意味着责任，责任以自由为前提，随着个人自主选择程度的提高，道德责任感就越来越强。如前所述，责任与灌输无缘，实施责任教育应避免的误区之一就是避免道德灌输。而在灌输式教育的对立面就是主要培养学生的道德自觉，于责任教育而言，即是责任自觉。道德活动在根本上是一种自主和自为的过程，而不是由外力压制和被动接受的过程。个体人格尊严的确立和对个人自主选择的尊重是道德教育的目标。②

4. 角色体验法

现代社会分工越来越细，并且每项职业都在日益走向专业化，"隔行如隔山"，如果不是刻意地去角色互换、体验的话，一个人很难领略众多职业的不同。而没有体验就没

---

① 鲁洁、王逢贤：《德育新论》，江苏教育出版社 2000 年版，第 468 页。

② 肖川：《主体性道德人格教育：概念与特征》，载朱小蔓：《道德教育论丛》，南京师范大学出版社 2000 年版第 1 卷，第 396 页。

有理解，更难以承担责任。

开展责任教育，要培养学生的责任品质，就必须让学生体验不同角色的职责与义务，这就需要通过角色互换让学生切身体验不同角色应承担的责任。角色体验法主要是通过让学生实际担任特定情境和特定要求下的社会角色，或让学生扮演某种场景中的角色，来体验这一角色的社会责任和行为方式，使学生在切身体验中形成习惯，养成态度，形成价值观的责任教育方法，也称为角色扮演。

“责任”原本指每个人应承担的分内之事，而“分”即是每个人的角色，体验角色的过程就是主体按角色生活、体悟角色的职责所在和行事风格、体会责任的过程。角色扮演给学生提供了一些以经验为基础的真实情境，让学生完成情境中的某一任务，对情境中给出的道德困境作出判断和选择，在这一过程中会在理性、情感方面产生一些变化，从而形成其道德经验。这一过程也会使学生在角色中形成角色责任认识，体验角色的责任情感，激发对角色的责任的“移情”，从而内化为自我的责任。它既能帮助学生通过实践特定角色的“分内事”来掌握角色责任，又能体验完成“分内事”后的享受和未完成“分内事”的遗憾与损失，而未完成职责所在的消极体验又能加深学生对这一角色责任规范的印象。如：教师可以设定情境，组织学生认领角色，进行角色表演；还可以在课堂和学科活动中尽可能多地设置值日生、帮困生、主持人、策划人、志愿者、活动小组组长、资料搜集员等角色，每次分派给不同的同学，使每一个学生都有要“负责”的事情，然后明确要求不同角色在这次活动或课堂上要完成的任务。活动结束前留出时间作为总结、评价时间，形式包括个人自评、小组互评、全班评等不同方式，评出并表彰成功完成角色责任的“负责任使者”，而不负责的同学则要相应地承担其责任范围内的损失，以此加深学生的责任行为和情感体验，通过行动培养责任意识和训练责任行为，达到提升责任品质的目的。

应当注意的是，学校运用“角色体验”这一方法的重点或者目的不在于关注学生是否符合“正确”的答案，而应当注重学生在参与体验过程中的情感变化，是否形成了自身的道德经验，是否领略到责任，而非按照教师或者学校期待的方式做出某些行为。

5. 公正团体法

公正团体法由认知道德教育理论代表人物科尔伯格所提倡。公正团体法是一种集体教育方法，其最显著、最根本的特征是：建立各种管理组织，鼓励学生民主参与，营造一种民主的道德氛围，在民主管理过程中发展学生共同的价值观念，并激发学生的道德责任感，培养学生对集体和他人的责任心。公正团体法重视学生民主参与学校管理的权利，能为行使这种权利创造各种机会和提供组织保证，有助于培养学生关心公共利益的责任意识，有助于形成学生的利他精神和集体责任感。同时，公正团体是一个充满民主的道德氛围、由大家共同管理的场所。在这个场所里，教师与学生彼此尊重信任、广泛协作。这种合作氛围有利于形成学生的集体协作和共同负责的精神，并能为促进学生自觉内化和建构各种道德价值观念、培养负责的社会成员提供最佳的环境。

6. 价值澄清法

价值澄清法，是指责任教育过程中，不仅告诉学生他们应该“做什么”，而且引导他们分析做与不做的后果以及每种后果对自己的利弊，他们就能够在利益的对比权衡中明白履行责任的重要性，从而主动提升自身责任品质。“在社会主导价值引导乏力、多元价值混乱的今天，面对众多强劲的负面影响源，只靠单纯地正面说服教育是无济于事的，唯有帮助学生辨清事理，权衡利弊，使学生懂得形成良好的责任品质于人于己都是利大于弊的道理，学生才会主动积极地承担起自己的责任。”①

此处的责任价值澄清方法，是借鉴20世纪60年代西方德育的“价值澄清论”，但是责任价值澄清法作为一种责任教育方法又与之有所不同。价值澄清论的代表人物哈明(Merrill Harmin)和西蒙(Sidmey B. Simon)在1973年曾指出：“价值澄清法的主要任务不是认同和传授‘正确的’价值观，而在于帮助学生澄清其自身的价值观。”而由于责任是人之为人的这一根本性质，责任价值澄清方法借助价值澄清论的分析评价方式，但澄清的目的正是为了引导学生树立正确的责任价值观，使学生认同责任。这一责任培养目标使它既能充分调动学生的自主性，又避免了道德相对主义给学生造成的困惑。

7. 责任叙事法

责任叙事法是指通过向学生展示和叙述一些生动逼真的责任故事与典型的责任案例(包括教育者本人、师生身边的人的经历、新闻事件、寓言、神话、典故等)，激发学生的道德责任体验，从而促进他们责任品质形成和发展的教育方法。法国学者保罗·利科认为：“故事为我们提供了一种重新描述世界的模式。不管是传记性的或虚构的，故事、案例都提供了我们生活的意义和归属。它们把我们同他人联系起来，同历史联系起来，同国家联系起来，同未来联系起来。通过提供一种具有丰富的时间、空间、人物甚至对生活的建议的丰富多彩的画面，给我们提供了想象、陈述和隐喻，使我们在道德上产生共鸣，促进我们对他人、世界和自己的认识。”②由于责任产生于现实生活的角色与职责，因而责任教育最本质的特征就是贴近生活，如果局限于条条框框、目标、规范等等空洞的说教，则无益于学生责任品质的形成，对于当代注重张扬个性的学生而言，这种教育只会激发他们的逆反排斥心理。而逼真、鲜活、生动的故事与人爱听故事的好奇心理相贴合，往往能使学生产生虚拟的“在场感”，不知不觉沉浸在故事的气氛中，在这样的责任叙事过程中，学生就像欣赏一幕幕生活悲喜剧，会自然产生出文艺审美一般的情绪、情感体验，责任的意识就容易同化到学生自我心理结构之中。这里介绍两个相关的故事：

案例1　一位丹麦父亲的责任教育

老劳特是这里鱼市场的大户，有个1.9米多高的儿子，很懂事而且听话，除了

---

① 王友菊：《论加强中学德育学科中的责任教育》，首都师范大学2003年。

② Carol Switherell, *Narrative and Moral Realm: Tales of Caringand Justice*, Journal of Moral Education, 1991, 20(3), 238—241.

上学外，课余的时间几乎都在帮助父母劳动。

老劳特一向是个乐呵呵很和蔼的人，只是那次是个例外。我亲眼看到老劳特把小劳特拽上汽车，脸色铁青。我急忙上前探问究竟。老劳特黑着脸告诉我，今天下午小劳特在商店里，把一个塑料塞子松动的次品保温箱卖给了一个渔民，这个箱子是他拿出来准备退货的，小劳特不知道。

我笑着要老劳特消消气：“在我们中国，有句话叫不知者不为罪。”老劳特说：“我是没有告诉他。可是他作为店员应该在卖出箱子的时候替顾客检查清楚。现在，他需要跟我一起去弥补别人的损失。”

很不巧，那个渔民范德萨当天不在。事情果如所料。老劳特在一天后，在鱼市场找到了那个渔民，满满一箱子的鱼都变了质，散发出一股子腥臭的味道。老劳特把正在上课的儿子叫了回来。当着大家的面，老劳特要小劳特把那箱变质的鱼放到自己的秤上，称了一下然后拿出计算器来，按照当天那种鱼的价格，算出了渔民的损失，大概在1000欧元。他拿着计算器给自己的儿子看，然后说：“看到了？这是你的错误造成的损失。要知道，自己的错误要自己来承担。我已经帮你在学校请了一个月的假，你这一个月应该为范德萨劳动，到你赔偿够他的损失为止。”

案例2　德国小学生的环保日志

德国的教室很大，还有4个不同颜色的垃圾桶，分别丢弃金属、废纸、塑料和食物。孩子们喝茶进餐用的杯碗没有塑料和纸制品，都是玻璃、金属或是瓷器的，可以重复使用。小学生一入学就领到一本环保记事本，编者告诉孩子：要热爱大自然，热爱优美的环境，也要热爱身边或大或小、或强或弱的生灵。一个小学生在环保记事本上记录了下面一段生活故事。周一：我为濒临灭绝的灰鹤捐了1马克的零花钱；周二：睡觉忘了关灯，浪费了大量的电，真不应该；周三：上图画课时连撕了3张白纸，老师说，造纸要消耗木材和大量的水，我感到惭愧；周四：我发现妈妈只为洗2件内衣就开动洗衣机，浪费水和电，妈妈接受我的建议，等衣服积多时再洗……

有研究指出，运用责任叙事法应注重内容的真实性。无论是现代社会当中的现实案例还是古代经典的责任故事，其内容都要尊重原型，不能出于树立榜样的需要而将其描画为一个完美无缺的“神”。责任承担是人所必须面对的，基于人性的不完满和追求实现完满的特征才更符合人性，任何责任叙事中的形象都不能脱离这一真实的人性。与曲高和寡的故事形象相比，贴近真实生活的人格形象更能深入人心，唯有这种真的形象才能避免学生有高不可攀的感觉，从而在面临道德两难或者责任选择时，会主动向叙事故事中的榜样靠拢。

如前所述，责任教育是学校道德教育的基本内容，其教育方法可以借鉴德育方法。教无定法、学无定法，除以上7种方法，还可将其他方略引入到责任教育当中，也可以综合运用几种方法。但是无论何种方法的运用都要以关心学生的发展为出发点。马克思·范梅南曾言,“教育的智慧性是一种以儿童为指向的多方面的、复杂的关心品质”。无论是何种教育,对于学生真诚的爱与关心都是必不可少的,对于责任教育尤其如此,教育者具有榜样示范性,是学生入门的引导者。因此,教育者自身对于责任的理解与践行是对学生最好的教育素材,“以身作则”才能更有说服力。但是,值得注意的是,对于学生的关心要以真正关心学生的全面发展为前提,而不是人为强加的、不符合学生身心发展需要的“破坏性关心”,这只会造成教育的“弄巧成拙”。

需要指出的是,在学校实施“负责任的教育”过程中,以上各种方略不仅适合于学生,也适合于教职员工。

(二)实施“负责任的教育”的路径

实施“负责任的教育”是一个需要全社会共同参与的系统工程,家庭教育、社会各系统、学校教育共同负有教育学生、引导他们成为具有责任感和责任本领的社会成员的责任。

在一定意义上说,家庭和社会环境对影响青少年学生责任品质的养成起着决定性作用,这是因为学校教育只是众多影响因素中的一个维度,指望仅仅依靠学校教育来改变目前道德低下、精神滑坡、责任失落的社会状况是不现实的,不能把育人的责任都推向学校。社会对于学校教育的影响往往是矛盾的:一方面学校作为承担教育使命的专门机构,肩负着培养青少年良好道德素养和责任品质的期望,另一方面社会负面的价值观、一些不够积极健康的社会事件等又为学校开展教育带来巨大的挑战。以道德教育为例,随着社会和教育的功利化取向日趋明显,尽管政府文件和公众都认为家庭、学校、社会三足鼎立,应共同承担教育培养下一代的任务,但在论及社会道德风气和青少年道德危机时,实际的社会评价中往往把“板子”都打向学校,学校教育责任承载着难以承受的负荷。

尽管如此,学校教育在引领社会道德精神的复归、在人才培养的工作中具有不容忽视的重要作用。《公民道德建设实施纲要》指出:“学校是进行系统道德教育的重要阵地。各级和各类学校必须认真贯彻党的教育方针,全面推进素质教育,把教书与育人结合起来……把道德教育渗透到学校教育的各个环节。要组织学生参加适当的生产劳动和社会实践活动,帮助他们认识社会、了解国情、增强社会责任感。”由此可见学校推行“负责任的教育”的必要性和现实意义,践行“负责任的教育”,学校是主渠道和主阵地,要着力营造以责任感为表征的学校文化,把责任感教育纳入日常教育教学过程中,纳入日常的实践活动中,不断建立健全学生责任感教育的长效机制和营造良好的社会大环境。要以成人、成才、奉献为思想脉络,努力体现时代性、层次性、针对性和实效性,构建更为开放、灵活、务实的“负责任的教育”的体系,为国家培养“负责任”的公民和更多的优秀人才。

1. 营造浓厚的“责任文化”氛围

(1) 注重社会环境对于“负责任的教育”的影响

我们都知道,美国人非常喜欢挂国旗,学校、宾馆、酒店、博物馆、商场以至各种娱乐场所等,星条旗随处可见。这些政治环境的设置与场馆的建设体现了美国的民族精神,青少年在这种社会环境中,无意识地接受了国家责任意识的教育。美国的许多家长也很明白这些道理,所以他们在日常生活中也用自己对社会负责的行为来影响他们的孩子,身体力行,非常注意在孩子面前的形象。比如,信赖敬重他人、按时交纳税金、遵守社会公德等。

(2) 用正确的价值观内化“负责任的教育”理念

受社会环境的影响,青少年的价值观念和价值判断标准也日趋多元化,一些学生在思想意识中重自我、轻社会;重利益、轻抱负;重索取、轻回报。这些思想意识直接影响到社会责任感的强弱。有调查研究表明,责任感的教育是为全球人所重视的重要的品质教育,但在我国重视责任感教育的人“只有30%多一点,处在世界各国垫底的位置”。相反却把“智巧”和“计谋”看作是获得发展机会的重要因素。某特大城市教委的一项德育调查也表明,教师对学生的责任心和艰苦奋斗精神满意程度较低。以德治国的方略和素质教育的实施对学校德育提出新要求,因此,把社会主义核心价值体系融入国民教育全过程,积极用正确的价值观引领责任感培育十分重要。要坚持社会主义的意识形态,引导学生树立社会主义理想信念,引导他们正确处理好个人利益与国家利益、个人需求与社会责任之间的关系,培养热爱祖国、振兴中华的使命感,树立正确的社会主义荣辱观,深切关爱祖国的前途和命运,把实现自己的人生价值同祖国的需要结合起来,用爱国主义情怀和民族精神激发青少年立志成才,努力营造一个以尽责为荣、不负责任为耻的责任文化氛围和诚信体系,促进责任意识发展和负责精神形成,使人们坚持实事求是的科学态度,知行合一,说真话,做实事。

(3) 发挥大众媒体对“负责任的教育”的引导作用

注重舆论环境的育人功能,通过对身边负责任的典型人物、事迹的正面宣传报道,释放“正能量”,发挥示范引领作用。着力加强网络阵地建设,顺应现代信息技术迅猛发展和青少年学生接触、运用互联网等新兴传播媒介越来越广泛的新趋势,善于运用青少年熟悉的网络语言,喜闻乐见地开展网上责任教育,努力提高责任教育的覆盖面和影响力。

随着大众传媒的发展,大量的、复杂多变的政治、经济、文化信息对学生产生了巨大的思想影响,为了加强对青少年的思想引导,美国运用教育电视台等多种现代传播手段组成了一个强大的舆论网络系统,尽可能发掘精神资源,弘扬民族精神,增强美国人的民族自豪感和责任感。与正规的学校教育相比,这些大众传媒具有潜移默化、寓教于乐的特点,更容易被人们接受和认可,从而使学校责任教育置身于社会责任教育之中,相互影响,共同促进和提高。

案例3　2012年本人提交全国人大建议摘要——尽快有效遏制“三俗”现象　提升媒体宣传文化品位

背景分析

当前，在我国随着社会物质生活条件逐步提高，人们缺失正确的信仰与价值观，拜金主义、享乐主义思潮泛滥。在这样的背景下，我国报刊、电视、网络等宣传媒体的负面影响不可低估，往往蒙上了金钱利益色彩，缺乏正确的舆论导向，“低俗、媚俗、庸俗”现象比比皆是。例如，以“时尚”遮蔽文明、用“偶像”替代典范、放任社会文化和价值理想的低俗现象泛滥。一些报刊媒体为了追求利润，吸引读者眼球，不惜篇幅长篇报道、大幅照片刊登明星的私生活，类似于明星何时结婚、何时怀孕、何时生小孩、何时离婚、何为第三者等信息时常可见；有的国产影片或者电视剧格调低下，经常出现过于亲近、过分暧昧的镜头，这在国外影片电视剧都很难看到。往往宣扬的是打打闹闹、无所事事、卿卿我我、不劳而获、不务正业、不思进取等格调低下、毫无文化品位的内容。

针对上述现象，清华大学新闻与传播学院院长范敬宜曾经指出：“媒体的浮躁源于文化的缺失。”“文化，是人类的灵魂。文化一旦被边缘化，一切道德、观念、信念、学问、操守就失去了依附。”

文化不存，操守焉附。现在的学生往往缺的不是知识，而是缺乏理想与信念，缺乏道德、文明、礼仪与养成教育，缺乏人文素养，缺乏勤奋刻苦精神，缺乏自主能力与基本生活技能、动手能力的培养。

建议

宣传部门、文化广电部门等单位要下决心彻底进行清查整顿，切实采取有效措施，净化社会舆论环境，克服文化低俗、信仰匮乏、精神脆弱、伦理失范、道德沉沦的状况，坚决摒弃“三俗”内容，遏制“三俗”现象。

“人无精神不立”，“人文素养能够帮助人提升人生境界”。要充分履行宣传媒体弘扬正气、营造良好社会风尚的责任，努力创设、形成正确的舆论导向氛围，多宣传典型英模人物成长故事与艰苦创业的精神，多激励人们奋发向上，为国争光，为人类造福。

(4) 营造校园“负责任的教育”文化场

以美国为例，学校文化活动丰富多彩，通过升旗仪式、节日庆典、集会活动等各种形式培养学生的爱国、爱校精神、民族荣誉感和社会责任感。例如，驰名美国的“面向21世纪的示范中学”——新罕布什尔州的索赫冈中学，教学楼大厅内的墙壁上用金色大字书写着该校的使命：“索赫冈中学热望成为培养具有尊重、信仰和勇气的学习者的社区，我们自觉地承诺、支持和关注个人独有的天资、热情和信念；展示和发掘个人智力和身心的潜能；向追求安逸的思想挑战，增强学习能力，勇于在实践中演练；鼓励和尊重个人为家庭、为国家、为世界积极承担义务”①。丰富的校园文化活动还可以为每个学生提供选举各种代表和参与学校、班级决策活动的机会，使学生能够积极地参与学校社团的管理过程，使学生有机会就学校社团面临的实际问题发表见解，进行分析并设计解决方案，从而大大提高学生的自治能力、参与能力和承担责任的意识。

近几年来，我们学校潜心营造“责任教育”文化场。一方面努力探索践行“责任文化”与“责任育人”体系及有效途径，激励师生用“责任”托起“中国梦”，既“想大问题”，又“做小事情”，带着梦想、带着激情、带着责任、带着使命学习、工作与生活。通过采取收集整理名家名人关于责任教育的箴言，编写《江苏省泰州中学责任教育行为指南》，编写“责任教育”校本教材、开设校本课程，唱响责任文化主题歌《责任之歌》《中国梦之歌》，举办“感悟泰中精神理念”论坛、讲述“我的‘责任教育’故事”等活动，创办内部杂志《责任教育天地》，开办校园网“责任教育”栏目，开设校园广播台（电视台）《责任教育之声》，让师生成为“责任教育”使者，链接“中国责任网”等等一系列举措，全方位、立体化、多渠道地在校园内营造“责任教育”文化场。另一方面，试图通过报刊、网络、论坛、讲座等多种手段、多种形式，发挥辐射示范作用，力争进一步扩大社会影响，引起社会各界共同关注“责任教育”，呼吁全社会共同营造负责任的育人环境，携手办好“负责任的教育”。

2. 三位一体：构建家庭、学校、社会相结合的“负责任的教育”网络体系

推进“负责任的教育”，需要整合家庭、学校、社会各种教育资源，构建综合性的负责任的教育网络体系。家庭、学校、社会作为教育的三个渠道、三大领域，尽管它们在教育手段、内容、策略等方面有着显著的差别，在教育过程中的职能作用也各不相同，但却从不同的侧面教育影响着相同的对象。按照系统论的观点，系统中的各个子系统要互相配合，有机联系，形成一个完备的整体，才能发挥其最大效能。为此，在推进“责任教育”过程中，我们必须打破教育的条块分割，使家庭、学校和社会整体联动。

（1）家庭

家庭教育是人生的第一学校，是责任教育的基础，应建立家庭成员之间民主、平等、尊重的和谐沟通氛围，从小有针对性地培养青少年的主体意识和对自己行为后果负责的意识。

家庭教育要改变重智轻德的观念，重视言传身教，引导孩子从身边做起，从小事做起，从我做起。作为家长，有责任支持和鼓励孩子积极参与学校、社区和社会各种公益活动，在生活中体验和生成责任意识。而在现实生活中，不少家长往往担心影响孩子学习成绩，阻拦孩子参加学校素质教育活动和社会公益活动，值得人们深思。

（2）学校

学校是个体一生中有目的、有计划地接受教育的主场所。在青少年责任教育中，学校应发挥其主阵地作用，通过系统的教育使学生具备现代公民应具备的政治、经济、法

① 罗树华：《以“国家责任”为中心：美国的品德教育》，载《山东教育》2007 年第 13 期，第 4—8 页。

律、伦理道德和社会生活准则等各方面的基本常识，侧重于公民责任意识的启发和责任行为能力的提高，使青少年明确责任与理想、责任与能力、责任与法纪、责任与成才之间的关系，促进思想道德素质、科学人文素质、身体心理素质、实践创新素质的和谐发展。

学校不能单纯地靠增加课时、加班加点、搞题海战术等来片面地追求升学率。“责任教育”要取得实效，必须渗透在学校日常教育教学的各个方面。与此同时，学校教育要同社会主流道德观相一致，并在一定程度上引领社会道德发展的方向，引导学生选择、接受与社会需要相协调的道德观与价值观。学校要打破围墙之界限，在开放、实践中积极探索责任教育的新的行之有效的形式和方法，深化构建“责任教育”体系的理论与实践研究。

(3) 社会

“负责任的教育”实施需要政府、教育部门、学校、家庭和社会强化“责任链意识”，通力协作，形成合力，除却学校教育之外，还需要家庭以及社会各方的密切配合，“一个不能少”！要在全社会形成一种舆论力量和道德机制，倡导明确的主流责任观、价值观和人才观，科学、理性、全面地评价学校，积极营造以尽责为荣、不负责任为耻，以办“负责任的教育”为荣、不负责任的教育为耻的社会环境和舆论氛围，让人的责任感都得到强化。同时，建立赏罚分明、公正合理的制度，应引导社会认清辨别“不负责任”的教育行为，加大对不负责任教育现象的监督和打击力度，使一切不负责任的教育行为因不可逃避的“责任追究”而受到有效遏制，才能使青少年实现从责任“他律”到责任“自律”意识的觉醒和内化，从而激励他们自觉地履行社会义务。

案例 4 “90%乘积”背后的责任链意识

有这样一道数学题：90%×90%×90%×90%×90%=?，结果是 59%。在人们印象中，不论是工作，还是学习，若能达到 90%，即便够不上优秀，也算差强人意。然而，5 个 90%的乘积竟然是 59%，连“及格线”都达不到，更别提更多的 90%相乘了。

数学题不只是数字游戏，背后蕴含着深刻的道理。一个国家，一个单位，一个团队，一个工作流程，每个成员、每个环节就是一个乘数，其责任心就是成功系数，所有人的责任心构成一条责任链。工作的成效，取决于这条责任链的强弱，即每个组成元素责任心乘积的大小。要想十拿九稳、万无一失，责任链上的每个参与者都需要尽可能地履行 100%的责任。

（摘自《人民日报》2012 年 02 月 08 日“人民论坛”，作者：蔡建和）

启示：联想起如何办教育这件事儿，如果全国上下各级政府、教育相关部门、所有学校、每一位校长和老师、每一位家长及社会各界人士都有很强的“责任链意识”，具有崇高的教育情怀、高度负责的态度、强烈的事业心与责任感，真正从有利于学生全面发展为本，从国家、民族与社会未来着想，那么，教育的内涵、品位、特色、形象等必将得到显著的提升，就会形成优良的教育生态环境，素质教育的春天就会真正到来，便能取得一个圆满的“教育发展乘积”。否则，只要有某一环节出现不负责任的行为，那就可能成为不负责任的教育！“人民满意的教育”就只能成为空话！

3. 内容凸显：构建完备的“负责任的教育”的目标和内容体系

前文中，笔者曾指出当下教育领域中存在众多“不负责任”的教育现象，当前的学校教育仍存在很多不尽人意的地方。比如，在教育理念上，以灌输教育为主，忽视个体的自由选择；在课程内容设计上，过分重视和追求形式的完整性、系统性、严密性，忽视了内容的现实性与深刻性，且无明显的层次性、针对性；在教育方式方法上，责任意识和担当精神的培养沦落为知识教育，以道德认识教育为主，忽视对学生进行品德教育。

对于以上问题，要不断提高“责任教育”的针对性、实效性和吸引力、感染力，更好地促进青少年学生健康成长成才，必须遵循教育规律、学生身心发展规律和道德认知规律等，整体规划责任教育目标和内容体系，重视国民基本素质教育。要坚持以人为本，遵循学校教育工作规律和学生成长成才规律，适应社会发展要求，贴近学生实际，准确规范各教育阶段的目标和内容，科学设置各教育阶段课程，把责任教育贯穿始终，使各阶段的学校责任教育纵向衔接、横向贯通、螺旋上升，形成一个要素完整、层次清楚、灵活开放的责任教育目标和内容体系。要加强人文素质教育，通过挖掘中国传统的思想文化资源，结合专业教学进行人文精神教育，重视隐性教育，增强学生的公民意识，培养学生对人类命运的关爱、对国家民族的深厚感情和强烈的社会责任感。

案例5　2012年本人提交全国人大建议《构建“责任”教育机制　融入国民教育体系》(摘要)

背景分析

“责任”一词说起来简单，但仔细品味，就觉得其品位要多高就有多高、其内涵要多深就有多深、其价值要多重要就有多重要，难怪会有“责任高于一切”“责任重于泰山”“负责任才能立于天地间”之说。《责任决定一切》(唐渊著，清华大学出版社)一书中这样阐述道：责任是一个完整的体系，它包含五个方面的基本内涵，即责任意识，是“想干事”；责任能力，是“能干事”；责任行为，是“真干事”；责任制度，是“可干事”；责任成果，是“干成事”。

生活中处处离不开“责任”，因而教育建基于“责任”。责任心是一个人品格和能力的承载，是一个人走向成功所必不可少的素养。美国公民教育中心曾经专门编写自由社会法律系列丛书《责任》课程，旨在增强学生对责任在其生活中的重要性以及责任在当代社会中的重要性的意识，提高学生有效地、明智地处理责任问题的能力和倾向。

当下，在我国一些地区和学校，不少学生由于受到应试教育等“不负责任”的教育行为的影响，往往是学科知识“教育过度”，而道德品质养成、个性培养与社会责任感却“教育不足”，导致当今青少年学生责任感缺失的现象较为严重，主要表现在对自己的责任意识模糊，对家庭的责任意识淡漠，对国家、社会公益事务的责任意识缺失，缺乏担当精神，做事马虎，怕苦畏难，负责任怕吃亏，不负责任也无所谓。在我国许多行业、许多领域，因责任心缺失而导致的责任事故时常发生。因而教育培养负责任的公民的任务还十分艰巨。

近年来，我国政府正致力于在国际上树立“负责任的大国形象”，要成为负责任的国家，就必须依靠负责任的民族，就必须依靠具有高度责任感的公民，就必须依靠负责任的教育。要办好负责任的教育，就必须依靠负责任的学校、校长和教师。如果各级政府、部门，各类学校，各行各业工作人员都抱着“负责任”的态度想问题、做事情，那整个工作质量、工作效率、工作速度都会得到明显提升，许多疑难问题就能迎刃而解，“负责任的大国形象”才能真正树立起来。

强国必先立人。历史和现实反复证明，没有核心价值体系，一种文化就立不起来、强不起来，一个民族就没有赖以维系的精神纽带，一个国家就没有统一意志和共同行动。因而，党的十七届六中全会所作出的《中共中央关于深化文化体制改革推动社会主义文化大发展大繁荣若干重大问题的决定》首先对推进社会主义核心价值体系建设进行阐述和部署，并提出，社会主义核心价值体系是兴国之魂，是社会主义先进文化的精髓，决定着中国特色社会主义发展方向。要把社会主义核心价值体系融入国民教育、精神文明建设和党的建设全过程，贯穿改革开放和社会主义现代化建设各领域，体现到精神文化产品创作生产传播各方面，坚持用社会主义核心价值体系引领社会思潮，在全党全社会形成统一指导思想、共同理想信念、强大精神力量、基本道德规范。

建议

1. 成立公民教育机构，具体负责组织开展对公民、学生进行社会主义核心价值观体系教育。

2. 在国民教育体系中通盘考虑将“责任”教育融入“社会主义核心价值观体系”之中，全方位地构建“责任育人”机制。一方面可纳入全国大中小学课程体系之中，设置学生“责任”教育课程，成为一个独立的必修课程模块，有条件的学段可计入学生学分；另一方面可在公民教育体系之中融入有关“责任”教育专题，进行普及性教育。

3. 编辑出版“责任”教育读本，尽快组织有关研究专家、学者和公民典型代表参与编写，并分为低级读本、初级读本、中级读本、高级读本、普及读本，具体阐明责任理念内涵、责任行为要求、具体生活案例分析以及古今中外典型代表事例，分别供小学（高年级）、初中、高中、大学及普通公民等不同学段、不同层次人群使用。

4. 教育、文化、宣传等部门和各级各类媒体都要注重营造“责任”文化，通过各种形式载体进行广泛发动、深入宣传“责任”理念和先进典型，将“责任”教育生动化、具体化、生活化，真正做到家喻户晓、人人皆知、知行合一，在全社会形成“负责任”的文化氛围，让全社会都来关注“责任”、研究“责任”、唤醒“责任”、践行“责任”，共同营造“负责任”的社会生态环境。

总之，要通过构建“责任”教育机制，让“责任”理念进教材、进课堂、进头脑、进实践、进生活，让“责任”理念内化于心、外化于行，让每个责任主体都明白自己应该承担什么样的责任和义务，以实实在在的措施加强核心价值观、道德人格与养成教育，以“责任”教育提升国民整体素质，引领人们带着“责任”干事业，不断追求卓越，真正让“负责任”成为一种自觉、一种习惯、一种风尚，真正让“讲负责任的话、做负责任的事、当负责任的人”成为立人之本！

4. 辅助措施：制度与机制创新

首先，要制定专门法规，使学生参与社会实践和社会服务制度化。道德根本上是实践的。目前，学校的实践训练日益边缘化、形式化，仅在课堂上、在书本中难以体会和感受到责任的分量。要使责任感真正成为学生的内在心理品质，必须强化实践环节，在实践中培养责任感。例如，在美国做义工是社会的良好传统风气，现在几乎所有的中学生都到社会上各种义工组织服务，像医院、图书馆、童子军、红十字会等等。显然，这种把道德责任的观念渗透于社会情境之中，更有利于对学生责任意识的教育。①

落实学生参与社会实践和社会服务制度化，从学校管理角度而言，有几点细节需要把握。第一，要制定专门法规，充分发挥学生综合素质考核的作用，使学生参与社会实践和社会服务制度化；第二，要把社会实践作为一项重要教育课程，制定实践教学标准，改革实践教学内容和机制，完善实践教学体系，建立科学规范的评价及监督体系，建立社会实践档案；第三，要完善学生实践活动保险制度，落实社会实践经费，加强综合实践课专业师资队伍建设；第四，要加强校内外实习、实践基地建设，精心设计和组织开展形式新颖、吸引力强的第二课堂道德实践活动，多组织丰富多彩的文体活动、志愿服务、专业实习、社会调查、勤工俭学、生产劳动等，让学生多角度、多方位地接触了解社会，在利用自己所长服务社会、服务他人的实践中，感受社会变革，体会和增强社会责任感，从而提升责任感培育的实效性。

其次，讲责任心，也要讲责任制，有履责要求，也要有责任追究。只有把责任心和责任制统一起来，把履责和问责结合起来，才能在全社会确立一种良性的责任导向，增强责任心、培育责任感、提高责任意识。这就需要全社会合力推进，多方协调，共同为培养学生的社会责任感和实践能力创造更为有利的环境和条件。

---

① 于洪卿：《美国中小学责任教育及其启示》，载《中国青年研究》2008 年第 5 期，第 105—108 页。

二、实施“负责任的教育”应处理好几种关系

（一）尊重责任对象的层次性，正确处理好个体责任与集体、社会和国家责任的关系

马克思主义认为：“人不是孤立的个体，在其本质上是一切社会关系的总和。”社会性是人的本质属性，个体不断社会化的过程就是学会理解并承担责任的过程。按照责任对象的不同，责任由内而外可以划分为对自己、对家庭、对他人、对社会、对国家以及对世界等不同的层次，实施责任教育应首先让学生学会正确处理这几个层次之间的关系。个体的知识、能力等不同程度的素养是进行一切社会活动的前提，学会负责应首先对自己负责。引导学生从小事做起，扮演好自己的各种社会角色，是促使学生积极践行广泛的社会责任的首要要求。因此，在思想政治教育中要突出实践环节，积极创造环境，加强情感教育。要教育学生热爱自己的父母和家庭，善待自己的同学和朋友，关心自己生活的学校、社区和城市，积极参与社会公益活动，在细微之处培养其责任心，为弘扬爱国精神、完成历史使命奠定坚实的情感基石，从而引导学生成为一个有理想、有责任心和有担当的人。

“国际21世纪委员会”曾向联合国教科文组织提出，将青年学生学会认知、学会做人、学会共同生活、学会生存的学习作为教育的“四个支柱”。可见，学会共同生活是当代青年学生必备的生存素质，这就需要培养学生在实际生活中学会承担自身以外更多的社会责任。在引导学生学会正确处理社会责任时应坚持先进性要求与广泛性要求相统一的原则。根据学生的特点，科学设计教育目标，注重区分层次，鼓励先进，循序渐进。

（二）树立主体意识，正确处理好国家意识与世界意识的关系

早在20世纪70年代，联合国教科文组织国际教育发展委员会就曾指出：“教育必须抵制来自技术文明的危险，维持人与自然之间的平衡状态。”因此，在世界政治多极化、经济全球化、文化多元化、信息网络化的现实背景下，如何对学生加强环境道德教育，引导学生摆正国家意识和世界意识的相互关系，实现人与自然的和谐发展，这是世界范围内道德建设的崭新课题。

纵观世界范围内的责任教育，其价值目标具有突出的时代特色。早期责任教育具有两大特点：一是在价值取向上，国家主义意识十分鲜明；二是在教育内容上，重视个人对他人、对民族、对国家的责任。然而，伴随着全球化的兴起，关注人类共同的利益、保护世界也应该成为新世纪责任教育的重要内容。自20世纪70年代以来，随着人文主义教育观念的复兴，“个人不仅要对国家承担责任，而且还要对世界承担责任”的现代观念破土而出。面对日益强化的世界意识，围绕在道德教育中如何寻求国家利益与世界利益的结合点，国际社会进行了积极尝试，国际理解教育的实施和推广即是典型代表。联合国教科文组织曾指出，在现代社会，教育的使命就是“帮助人们在各个不同的民族

中找出共同的人性”。日本将“面向世界的日本人”作为21世纪的教育培养目标。在许多国家，增强世界意识教育的呼声也在持续高涨，现代责任教育观念的萌生对传统的国家主义倾向形成了有力的冲击，引发了将国家利益与世界利益并重的观念。

因此，在推进“负责任的教育”中，必须引导学生处理好国家意识和世界意识的关系，鼓励学生在维护国家、民族利益的同时，将维护世界和平、保持生态平衡作为自己义不容辞的责任，遵守和平、平等、友爱等全人类的道德准则。

（三）正确处理好尊重个人合法权益与承担社会责任的关系

随着社会的发展进步和价值观的多元化趋势，当代青年更加追求个性的多样性。在权利与义务、自由与纪律等关系上呈现出强调行使个体权利和保障个体自由的发展态势。

马克思主义历来重视个体的全面发展，积极倡导保护个性自由。马克思、恩格斯曾指出：“每一个人都无可争辩地有权全面发展自己的才能。”但是，个体权利的行使和个体自由的保障与义务的承担和纪律的约束是相互统一的。所以，自由不是放纵，自由是人对客观必然规律的认识和认同，是个体相对于社会整体所获得的意志和行动自由。因此，提升责任意识与强调行使权利和保障自由二者并不矛盾，责任意识的增强不但不会妨碍权利与自由，反而必将保证权利和自由免受侵犯，保障权利和自由不被滥用，从而保障权利和自由的实现。为此，我们必须引导学生正确认识权利与义务、自由与纪律相统一的关系，在宪法和法律规定的范围内行使自己的权利和自由，而不能损害国家、社会、集体的利益和其他公民的合法权利，要自觉维护社会的和谐稳定。

三、实施“负责任的教育”应注意避免的误区

从我国责任教育的历史变迁中可见，我国历来重视责任教育，传统思想中很早就将责任情怀、责任意识等视为“君子”的重要品质之一。尽管拥有丰厚的责任教育历史和资源，但是，在当今的时代背景下，我国仍然面临着国民责任缺失、道德缺失、诚信缺失等责任问题，原因除却我国转型时期社会大环境的影响之外，也在于家庭以及学校实施责任教育过程当中缺乏加强教育的责任意识，存在众多理念偏差、方法失当、无所谓态度等问题。这就要求作为道德教育主阵地的学校在青少年培养过程中更应该利用学校德育的优势合理实施责任教育，正确面对社会为学校开展责任教育带来的挑战与困境，科学、有效地实施“负责任的教育”。

笔者认为，学校实施“负责任的教育”要取得实效，必须走出以下几个教育误区。

（一）将道德责任视为外在的强制性要求

这是一种外在型的责任观。道德义务是生活在某一社会中的人所时常感受到的对社会、对他人的一种责任、任务和使命，具有强制性。这种责任、任务和使命，一旦为一定的社会集团用道德规范的形式明确下来，就成为一定社会的道德义务。这种道德义务具有他律性。而道德责任是道德主体自觉意识到的义务，具有自律性。道德义务与

道德责任的区别就在于,道德义务偏重于强调外在的道德理性,道德责任偏重于强调把这种外在的道德理性内化为主体的主观道德自觉意识或内在道德理性,从外在要求变成一种主观需要。从道德义务到道德责任,意味着由他律到自律的转化。由于道德责任具有自觉性特征,是道德主体自觉意识到的,也是道德主体自觉自愿承担和履行的,因此,在责任教育过程中,不能将道德义务等同于道德责任,在强调道德义务的同时,更要强调道德责任,注重道德责任感的培养。

(二) 误解道德责任的主体性

责任在本质上是人的自愿行为,责任即是自愿和能力的叠加。"真正的责任是一种完全自愿的行为,是我对另一个人的需要——表达的或未表达的反应。"[①]心理学研究表明,对于自主选择并主动参与的活动,人们往往能想方设法去做好,并能主动承担责任。自由度越大,承担责任的欲望越强。而以往的责任教育很大程度上忽视了学生的自主选择,只是让学生遵守既定的道德规范和道德准则,过于强调对道德义务的服从,甚至从根本上剥夺了学生自由决定和自由创造的权利,教育成了使学生服从规则和权威的工具。而真正的责任教育过程,是在外在教育的影响下,由学生自主构建、积极自为的过程,是培养富有生命力的创造者和真正道德意义上的责任者的教育过程。

(三) 以知识教育的灌输方式开展"负责任的教育"

无论是就现代公民的内涵而言,还是就教育的伦理要求而言,都要求避免灌输。就前者来说,"进行自主判断"是公民身份的本质特征,灌输与这一原则矛盾。就后者而论,教师所采用的灌输式的传授方法,由于缺少学习者所表现出的机智性和自愿性,而被排除在教育概念之外。事实上,有知识并不一定有教养,有知识不等于有责任,只有把精神的内在本质转化为自己的东西才是教养,而灌输正是缺乏这一点。

以往的责任教育忽视了学生的生活经验,正如胡塞尔所说:"现代人漫不经心地抹去了那些对于真正的人来说至关重要的问题"[②]。责任教育沦为知识教育,交给学生知识性的、毫无生气的道德概念和道德规范。实际上,责任并不是产生于知识的灌输之中,而是产生于社会活动中,产生于学生的生活世界中。由于灌输式教育曲解了道德的主体性本质和人的尊严,把学生视为任由外界控制的他物,只要求学生被动地记忆和机械地服从,而不是引起学生严肃的自我思考,更不是引导他们作出独立的选择,所以无法培养出真正的责任者。我们必须充分意识到,在今天以人为本的社会中,是人决定、推动着社会的发展,人的主体性必须受到尊重。因此,当代教育的根本问题,是要培养一种能动的、非顺从、非保守的精神状态的人,这样的人才是真正的责任者,才能真正承担起社会责任。

因此,真正的责任教育,必须走出只注重责任知识教育而忽视社会生活交往活动的误区。

---

① 弗罗姆:《爱的艺术》,孙依依译,工人出版社 1986 年版,第 29 页。

② 胡塞尔:《欧洲科学的危机和超验现象学》,上海译文出版社 1997 年版,第 33 页。

(四) 忽略自我责任,过分强调对他人和社会的责任

责任是有层次性的。意大利思想家朱塞佩·马志尼曾经把人的责任依次划分为四种:对人类的责任、对国家的责任、对家庭的责任、对自己的责任。而在今天,作为一个公民的责任,至少包括对自己的责任、对他人的责任、对社会的责任、对国家的责任、对民族的责任、对人类的责任、对生态的责任,等等。以往的责任教育常常背离学生的身心发展规律,忽视了责任的层次性,空谈对他人和社会的责任,把自我责任的内容排除在责任教育之外。而学会对自己负责,承担自我责任是形成责任品质的第一步,仅仅提倡学生对他人和社会负责,而将自我责任放在最后,这样学生就无法体会什么是责任,不可能真正懂得如何负责任,为他人和为社会负责任也只是空谈,最终导致多数人既无法达到崇高的责任目标,又忽视了自身本该承担的基本责任,可谓“大事做不了,小事不想做”。

第三章 “负责任的教育”迷失与困惑

有一句哲语：雪崩的时候，没有一朵雪花觉得自己有责任。是的，当每一朵“雪花”都怀揣着自己“皮袍子下的小”，无视甚至放任那社会中恶与丑、人与人自私与冷漠的“冰山”一点点“坐大”，那么当“雪崩”发生，每一朵觉得“责任不在我”的雪花，必将承受“灾难落于我”的后果。

“全世界的黑暗，都挡不住一根蜡烛的光明。”“光明前进一分，黑暗便后退一分。”是的，“烛光”之微与“雪花”之轻，因着各自所追求和承载的不同，最终带给这个世界的，是温暖光明和冰冷黑暗的天壤之别。

每一朵“雪花”都应愧对“雪崩”，正如每一根“蜡烛”都应擎起光明。企盼这个世界上，一天比一天更多一些有羞耻感的“雪花”和热爱光明的“蜡烛”。①

读了上述富有哲理的话，联系起我国教育现状，真令人揪心。不可思议的是，从政府到教育部门、学校，都明明知道我国教育变味了、“生病”了，但深陷教育的“怪圈”之中，听之任之，谁也没有勇气承认自身有责任，更不愿理直气壮地去改变现实。理所当然，“负责任的教育”的良好生态环境也就难以形成。

第一节 当今我国“负责任的教育”的现状

一、当今我国中学生责任教育调查问卷

责任既是一种道德原则，也是个体的一种基础性的道德品质。为使学校实施责任教育有的放矢，对责任教育的理论体系进行进一步的梳理，对于我国“负责任的教育”的现状进行总体的、全面的把握，基于当前我国的国情以及教育发展现状，特设计调查问卷拟对中学生责任教育现状进行调查。

调查问卷的设计，主要考虑到以下几点。第一，处于不同的时代，其国情、社情都有

① 林璞：《每一朵雪花都应愧对雪崩》，载《人民日报》2014 年 6 月 12 日“人民论坛”。

所不同，因而责任教育的内容与成效也都会有相应的变化。第二，责任教育的对象和责任教育的结构相对稳定，因此，问卷设计上主要以不同责任对象为维度，相对参考责任教育的结构要素进行编制。

调查目标：了解当今中学生负责任品质的现状、存在问题、影响因素，了解当今我国责任教育的实施效果等。

调查对象：从我国各地区、各省份随机选取中学，调查对象是初一年级到高中三年级在校生，通过电子调查问卷在学校调查，以科学、合理地控制受测群体的结构、比例等。

调查内容：除基本信息外，主要调查个体在自我、他人、社会，以及世界等不同层面的责任品质状况。

在此，期待并感谢您积极参与我们的调查！

当今中学生责任的教育调查问卷

同学们好！

请你认真回答下面的问题。你们的真实想法和实际情况将为这次研究提供很大的帮助，谢谢你们的热心帮助与合作！回答时请注意：

* 回答时无需过多考虑，尽快作答，不要参考其他人的回答；
* 本调查结果保密，请你不要有顾虑；
* 回答前请填写你的基本情况。
* 下列选择均为单项选择

（一）对自我的责任

生活方面：

1. 对于洗衣服、叠被子、打扫卫生、整理个人生活空间等你力所能及的事情，下列哪种情形最符合你？

A. 父母代劳，让我以学习为主，不要浪费时间

B. 我认为这是自理能力的体现，因而自己动手，不依赖父母

C. 父母劳累想让我自己做，可是我总是觉得这些事情很无聊，不愿意做

D. 有时父母做，有时自己做

2. 你如何看待勤俭节约的生活态度？

A. 经济条件改善了，这种观念已经过时，不用坚持

B. 是一种良好的生活习惯，应积极养成

C. 觉得没错，想起来会做，可是日常生活中难以坚持

3. 你对生活的态度是怎样的？

A. 充满希望与期待　　B. 没考虑过

C. 觉得没意思　　D. 其他

学习方面：

4. 你自己努力学习的目的何在？

A. 为找一份好工作，生活过得舒适　　B. 为中华崛起而努力学习

C. 为掌握知识本领　　D. 为回报父母

5. 你对自己的学习是否能够制定比较详细的学习计划，合理安排学习时间？

A. 能　　B. 不能

6. 对于学习上你不懂的或者非常感兴趣的知识，下课你是否会积极钻研？

A. 会钻研，并寻求老师和同学的帮助

B. 有时会，有时不会

C. 占用课外时间，因而从不主动探求

7. 考试中，你对待作弊现象的态度是？

A. 坚决抵制

B. 自己不作弊，他人怎样与我无关

C. 有机会就作弊或有作弊的准备

8. 如果父母想要为你请家庭教师辅导功课，下面哪种情形最符合你？

A. 会拒绝，因为学习是自己的事情，不应该过度依赖他人帮助

B. 会乐意接受，家教能帮助我解决难题、提高成绩，避免在同学面前犯错误丢面子

C. 不积极要求也不排斥

言行：

9. 你入团的主要原因是什么？

A. 进一步培养和提高自己

B. 为其他同学起模范带头作用

C. 为升学捞取资本

10. 在教室捡到钱物时(无人在场)你如何处理？

A. 上交老师或寻找失主　　B. 留着自己用

11. 决定目标或者接受一项任务之后，你会坚定地执行吗？

A. 持之以恒，直到达成

B. 开始的时候能坚持，过了一段时间后不了了之

C. 由于种种原因不能完成，事后为自己找理由开脱

12. 你对于"有钱就能办到一切"的观点怎么看？

A. 有一定道理

B. 完全同意

C. 拥有很多金钱是一个人成功的唯一标志

D. 不同意

时间：

13. 你会坚持早睡早起，规律生活吗？

A．一直都坚持这一习惯　　B．时而很有规律，时而作息紊乱

C．自由自在最重要，没必要坚持规律

14．你对去游戏厅和玩网络游戏的态度是？

A．觉得很吸引人，经常参与　　B．知道影响学习，但偶尔会玩

C．知道不好，基本不玩　　D．从来不玩

15．你是否能做到合理安排自己的闲暇时间从事读书、看报或锻炼身体等有意义的事，而不是无所作为、虚度时光？

A．可以，我会尽力充实自己，不荒废时间

B．难得闲暇，干脆什么都不想不做，自在度日

C．偶尔会在意这些，让自己在闲暇时间里也过得很充实，但是多数情况下还是把时间荒废了

D．其他

16．你上网的主要目的是什么？

A．随便看看　　B．查询学习资料　　C．聊天、玩游戏　　D．其他

17．你是否有以下行为？

(1) 随手扔果皮纸屑，随地吐痰　(2)践踏草坪或翻越栏杆

(3) 见老师不打招呼　(4)乱刻乱画桌椅　(5)不排队、随便插队

A．有　　B．没有　　C．偶尔有

生命健康：

18．在路上行走或者过马路时，你会遵守交通规则吗？

A．会，自觉遵守交规能保护生命安全

B．应该灵活应变，比如没有车或者车少的时候就不用

C．有交警巡逻或者监督的情况下，才会遵守

D．交通规则太死板，没必要遵守

19．当你受到挫折的时候，会怎样应对？

A．积极面对，寻找他人支持帮助　　B．一蹶不振，甚至有轻生的念头

C．得过且过，逃避一段时间

20．你会关注自己的身心健康状况吗？

A．了解自己的健康状况和身体缺陷，定期体检

B．不舒服的时候回去看病或做咨询，平常无所谓

C．执意坚持自己的生活习惯，不管身体状况如何

(二) 对他人的责任

家庭成员：

21．你经常主动与父母谈心或沟通吗？

A．经常　　B．遇到难题时会想和父母说说

C．很少　　D．几乎没有

22. 当你的家庭遇到困难时，你会？

A．积极想办法解决，力所能及地为父母分忧

B．想帮助父母，但没能力

C．觉得是大人的事，和自己没关系

D．其他

23. 你对做家务的认识是？

A．当然应该父母做

B．父母会做，自己没必要做

C．帮父母做，父母应该付钱

D．做力所能及的家务是应尽的义务

24. 你是否会要求父母接送上下学？

A．当然应该父母做　　B．父母会做，自己没必要拒绝

C．自己可以做到，不用父母操心　　D．要求父母给钱，自己打车

25. 如果你的家人把单位里的物品占为己有，你的态度是？

A．觉得很正常

B．明确告诉家人这种行为是不对的，并要求归还

C．如果是东西价值很小，偶尔拿也无妨

D．认为反正是共有物品，不拿白不拿

26. 如果你的父母和你的爷爷奶奶或者外公外婆关系很不好，你会怎么做？

A．大人的事，做晚辈的不要管，也管不了

B．不去理会他们的关系，自己会经常去看望爷爷奶奶或外公外婆，做好自己的事

C．劝说自己的父母，努力调解他们和爷爷奶奶或外公外婆之间的关系

D．其他

27. 你是否听从父母的教导？

A．是，我经常听从父母的教导　　B．不是，我从不听从父母的教导

C．有选择或是偶尔听从父母的教导

28. 父母对你是否有下列内容的教导？

(1) 言行谨慎　(2)整洁有序，整理自己的内务并帮助做家务

(3) 尽量帮助他人，并且不要成为他人的负担　(4)努力学习

(5) 言而有信　(6)不浪费金钱

A. 有　　B．没有　　C．偶尔有

29. 你是否会对父母撒谎？

A. 有　　B．没有　　C．偶尔有

30. 如果自己独自外出，以下哪种情形比较符合你？

A．主动向父母说明去向，并会尽快回家
B．在外面待到很晚，直到父母打电话才会回
C．来去自由，父母不过问，自己也不在意
老师：
31．如果你的老师冷落你，对你的态度很差，你会？
A．会很失望、气馁，会因情绪不好对这门学科失去兴趣
B．不管老师的态度怎样，我还是会做好自己的功课，好好学这门学科
C．和老师对着干，自己不学了，也不让课堂安宁
D．其他
32．不管在校内还是校外，见到你认识的老师，你会立即打招呼或问好吗？
A．校内校外都会
B．校内会问好，校外的话就装作没看见
C．校内校外都不会
D．实在躲避不开，勉强问个好
33．教师平时是否对你有下列教导？
(1) 你应该认真听讲并学会倾听 (2)爱护公共财物，遵守公共秩序
(3) 尊重他人并学会合作 (4)诚信并且守时 (5)独立承担学习任务，做事负责
A．有 B．没有 C．偶尔有
34．你是否听从老师的教导？
A．会认真听取并执行 B．有选择地听从
C．从不听取
同学：
35．当你的同学在学习上有困难时，你是否愿意帮助他(她)？
A．愿意 B．不愿意
36．当你的同学发生意外时，你是否会积极伸出援助之手，献出自己的爱心？
A．会积极响应 B．不想参与
37．当同学发生矛盾而引发争吵打架时，你会出面及时劝阻吗？
A．会出面及时劝阻 B．如有同学劝，我也会出来劝阻
C．与我无关
38．如果你的朋友要去做一件你认为会违背社会公德的事情，你是否会劝阻？
A．会，但仅限于说说 B．会，会多次提醒其三思而行
C．认为他有自己独立的看法和行事自由，没有必要干涉
其他：
39．在你有能力给予帮助时，面对陌生人的求助你会怎样？
A．毫不犹豫地给予帮助 B．一般不会帮忙

C．置之不理，以免受骗

40．你赞成“现代社会不必提倡孝敬父母、尊敬师长”的说法吗？

A．赞同　　B．不置可否　　C．不赞同

41．你赞成“人不为己，天诛地灭”这句话吗？

A．赞同　　B．不置可否　　C．不赞同

42．你赞成“先公后私，先人后己”这句话吗？

A．赞同　　B．不置可否　　C．不赞同

（三）对社会的责任

集体或学校：

43．当你看到教室里的扫帚、拖把倒在地上或是板擦掉在地上，你会怎样？

A．主动捡起来放整齐　　B．视心情而定　　C．与我无关

44．如果班集体活动与你个人活动时间有冲突，你会怎么做？

A．参加集体活动　　B．自我活动　　C．看情况再说

45．班级的值日任务，你能否按要求主动完成？

A．分内之事，积极主动完成

B．想起来就做，不积极也不逃避

C．如果有同学或老师监督，则会认真做

D．有机会就逃

社会：

46．你是否知道“七不”规范内容？

A．知道　　B．不清楚

47．你有多余的钱，这时有一个患了重病却无钱医治的小孩子需要社会的捐助，下面哪一种行为方式会最符合你？

A．我现在的钱也不多，让其他更有钱的人帮他好了

B．我希望社会和政府更负责任一些，而不是由我来做

C．可以拿出点钱，但心里不情愿

D．我愿意尽自己的微薄之力

国家：

48．在升国旗的时候，你是如何表现？

A．总是认真听唱国歌

B．觉得只是形式

C．经常心不在焉，想别的事

49．你是否能经常通过报纸、电视及网络等途径了解国家大事？

A．很关心　　B．很少，因为有更重要的事情

C．不关心，因为与我无关　　D．其他

50. 你是否赞同“天下兴亡，匹夫有责”？

A. 十分赞同　　B. 不置可否　　C. 不赞同

51. 如果有机会出国留学，学成之后，你会？

A. 外国生活水平高，坚决不回国

B. 视情况而定，看条件如何，选择去留

C. 无论怎样，一定回国

52. 当你所在的集体、国家或者民族获得很好的成绩并受到赞誉时，你会觉得怎样？

A. 非常高兴，感到骄傲　　B. 无动于衷　　C. 觉得那是假的，虚伪的

(四) 对世界的责任

自然界：

53. 生活中，你会节约用水、用纸和用电吗？

A. 这些资源都是有限的，作为世界公民的一分子，我会积极节约

B. 既然是有限的，早用晚用都是用，无所谓节约与否

C. 视心情而定，别人节约我也节约，别人浪费我也浪费

54. 你会关注动物世界、善待动物吗？

A. 它们都是地球上的生命，动物的世界理应受到尊重

B. 对于自己喜欢的，好好爱护；不喜欢的就不理会，甚至虐待

C. 与人类无关

人类社会：

55. 你对待世界某些国家的霸权主义是怎样的态度？

A. 不利于人类和平，坚决反对

B. 世界就是弱肉强食，可以理解

C. 与我无关

56. 你如何看待世界局部地区的战争？

A. 战争对于人类的危害很大，应积极进行和谈

B. 战争很刺激，可以观战

C. 局部地区、国家有战争，与我们无关

57. 非洲有很多饥饿儿童、艾滋病儿童，对于他们的遭遇，下面哪一种观点最符合你？

A. 很同情，庆幸自己没有生活在那种地方，庆幸自己生活得很好

B. 没什么感觉，跟自己没什么关系

C. 如果有机会，我会尽我所能地帮助他们，因为同在一个地球上

D. 其他

(五) 对负责任教育的认知

58. 你能承担哪些责任？

A．对自我的责任　　　　B．对他人的责任
C．对社会、世界的责任　　　　D．ABC 都能承担

59．推行责任教育有无必要？

A．必要　　　　B．没必要　　　　C．无所谓

60．你认为推行“负责任的教育”有何作用？

A．改善教育环境，对家长、学校和社会提出规范要求，自己被动服从
B．提高自身的道德修养和责任品质

二、当今我国中学生责任教育调查结果的总体分析

改革开放以来，我国的社会结构、人们生活方式的变迁带来了一系列新的问题，表现在青少年身上，较为突出的是道德的滑坡和责任品质的缺失。有专家学者曾经在全国部分地区和学校进行相关抽样调查，从目前掌握的资料来看，青少年的责任品质的现状总体来说不容乐观。

（一）中学生责任教育中存在问题的概括分析

1. 对待自己

（1）学习目的迷惘

“为什么读书？”常常是青少年在接受教育时向家长和老师提出的质疑。有研究者称当代的中学生是“出生在超市里的一代”，大多是被称做“小皇帝”“小公主”的独生子女，没有经历过硝烟炮火的洗礼；没有经历过国土沦陷下的压迫；没有食不果腹的切肤之痛……所以他们不能像父辈那样忧国忧民，自觉地把个人的求学与祖国的前途命运紧密相连，明显缺乏“天下兴亡，匹夫有责”的使命感和忧患意识。

在市场经济体制下，金钱至上、物欲横流的社会环境和价值观难免影响到我们当代的青少年教育。湖南株洲某重点中学就有老师这样对学生进行入学教育：“你读书干什么？考大学干什么？……我要明确地告诉你：读书考大学是为了自己，不是别人。读书增强了自己的本领，提高了自己的资本，将来能找到一个好的工作，挣下大把的钱，从而有一个美好的个人生活。”学生家长同样追求实际利益，总是用读好书、上重点大学、获得一份好工作和一个好前途（甚至用讨一个好老婆、找一个好老公）的实用目标教育引导孩子。试想一个只会为个人的前途而学习的学生何谈能为真理、信仰和梦想而奉献一切？反观各地教育领域，持有这一观点的老师、家长和学生却不在少数。

在一项对于中学生学习习惯的调查中，数据显示在学习上，仅有 38%的人承认自己有课前预习的习惯，62%的人没有课前预习的习惯。这反映出大部分的中学生还没有形成良好的学习习惯，不能合理安排和计划自己的学习任务，对于自己的学习责任意识尚未形成。

（2）时间观念淡薄

根据一份调查，我国青少年平均一周要看 20 多个小时的电视，相当于每年看 43

天，一辈子总共要看 8 年。从这一点来看我国的青少年把大量的时间花费于荧屏之前或者沉湎于网络游戏等，而不是从事对于个体身心成长有益的事情，这是一种对于时间的浪费，也是个体对于自己生命不负责任的表现。在学生没有良好的时间观念背后反映出的是学校教育尤其是家庭教育对于学生的引导失当。

(3) 漠视生命

调查表明，大多数的中学生能够尊重生命、珍惜生命，但实际生活中，中学生无法理解现实中的许多矛盾，无法理解生命本身的存在及其意义，他们感到困惑，进而导致不尊重自己的生命，也不爱惜自己的生命；另外，由于中学生缺乏人生阅历，常常主观和片面地看待问题，陷入忧虑、迷茫之中，导致许多人不能承受生活压力、挫折而选择自杀。更有甚者，近些年来，未成年人杀人、自杀的情况屡有发生，有些手段极其恶劣，后果也极其严重。

对待自杀，中学生的态度和想法也让人不可思议。已有的调查显示，对于未成年人应不应当珍惜生命的问题，有 18%的人觉得“无所谓”，23%的人表示“不清楚”，也就是说四成左右的中学生对于生命存在抱着无所谓的态度。有关数据显示，我国每年约有 11 万多个 15 至 34 岁年龄段的青年死于自杀，约占相应人群死亡人数的 19%。中国是世界自杀率最高的国家之一，我国的平均自杀率(23/10 万)远高于国际平均自杀率(10/10 万)，是国际平均数的 2.3 倍，这其中我国的中学生是其中较危险的群体之一。2004 年，上海市的一项调查结果显示：5.58%的中小学生曾有过自杀计划，其中自杀未遂者达 1.71%；有 24%的中小学生曾有“活着不如死了好”的想法，其中曾认真考虑过该想法的人数达 15%。2007 年北京大学青少年卫生研究所的调查涉及中国 13 个省约 1.5 万名学生，数据显示：中学生每 5 个人中就有一个曾经考虑过自杀，占样本总数的 20%多。此次调查结果与 2002 年所做的另外一项调查结果相比，中学生的自杀意念、自杀计划、自杀未遂等情况都比原来的结果有所增长。

孔子有言：“身体发肤，受之父母，不敢毁伤。”当今中学生是国家未来的脊梁，肩负着建设祖国的使命，同时又是父母、家庭的希望所在。对自己的生命不珍视，其实就是对家庭和社会的不负责任。

2. 对待他人

(1) 父母

孝敬父母是子女的道德责任，是做人的修养与觉悟。孝顺长辈是受人尊敬的行为，历来为社会所推崇。大多数当代青少年在思想观念上都主张孝顺父母。有调查显示，当中学生被问及“孝顺父母是否过时”时，61.99%认为“永远不过时”，这表明当代青少年具有孝顺父母之心。

但是，观念并不能代表实际行动。现实生活中，中学生的这种责任行为相对缺乏。具体表现是，首先，对待父母的态度上，一些中学生在家里是小皇帝，做任何事都要求家人服从自己，否则就与父母吵架，有的甚至伤害父母；只要求父母为自己做各种事情，满足自己的各种愿望，但却不知道关爱父母、感恩父母。不虚心听从父母的教导，耍脾气。其次，衣来伸手，饭来张口，个人生活依赖于父母代劳，更不愿主动帮助父母承担家务。在生活上，盲目攀比，追求名牌，不体谅父母的艰辛，只求个人享乐。

据中国青少年研究中心、中国青少年发展基金会发布的一项调查表明：中国城市家庭独生子女每日平均劳动时间仅为 11.32 分钟。其中，劳动 0 分钟的占 9.7%，1—10 分钟的占 47.3%，11—20 分钟的占 27.2%，21—30 分钟的占 11.9%，31—60 分钟的占 2.8%，1 小时以上的仅占 1.1%。另有一份对温州市部分中小学生的调查结果表明：80%的学生在家不洗碗，40%的学生不叠被；60%的学生每周从事家务劳动的时间低于 1 小时，每周劳动时间总计在 5 小时以上的不足 10%。不能承担家庭责任的学生往往缺乏独立精神，只要索取，不愿付出，遇事则先己后人，更谈不上富有责任心。

（2）老师、同学

尊师是我国历来的文化传统，天、地、君、亲、师被写在同一牌位上供人朝拜，人们尊称教书人为“先生”“师傅”“恩师”等，然而对于当今中学生而言，这种师恩之情似乎较为淡薄。

学生对于老师缺少感恩心，甚至在校园里看到恍若不识，课堂上无视老师的存在，我行我素，更莫谈走上社会后是啥样了。现实之中师生关系仿佛变成了“商品关系”，部分学生认为教师付出劳动是理所当然的，上学是花钱买服务，所以不珍惜教师的劳动成果，有的甚至将教师的负责任、督促管教理解为故意刁难。有的学生把自己的成功完全归结为自己的本事，而不提及老师或者学校的培养之恩。

学生对老师有畏惧感，有调查表明，在中学生不与老师交往的原因上，“怕老师”的占总数的 40.89%，这其中包含由于敬重而怕、由于老师的威严而怕、自己有缺点而怕。除去“怕老师”外，有 15.92%的学生是因为“恨老师”而不与之交往。

中学生当中存在不少不尊重老师的行为，例如：在背后说老师坏话、给老师取外号、直呼老师的名字、跟老师顶嘴动手、辱骂老师等等。学生对于处理师生关系上表现出任性、不负责任的态度，这些师生交往上反映出的问题值得深思。

在处理同学与朋友的关系上，中学生往往存在着片面的、狭隘的认识，对于友爱同学、互帮互助的道德准则视而不见，对于需要帮助的同学或朋友往往持冷漠态度。已有的调查数据能反映出中学生对待同学关系的真实态度：当见到同学打架，尽管 52%的人愿意去“出面劝阻”，但是选择“与我无关”以及跟风、观望、看别的同学而行事的也占据 48%。

孔子有言：“入则孝，出则悌”，即是指，在家里要孝顺父母，在社会上应尊敬师长。如果对于自己长期浸染其中的学校、对于诲人不倦的师长都不能心存感恩，那么在集体生活中难有负责任可言，步入社会就更难以有责任担当。

（3）他人

中学生对于社会他人，往往是只知索取，不讲奉献。马克思曾言，人是社会关系的存在，作为社会中的人，不可能独立于社会和他人而单独存在，不可能仅仅是独善其身。对于他人的责任意识是构建良好的人际关系，维护社会和谐发展的必备素质。

然而，一项对于中学生价值观的调查显示当代青少年“利己”的价值取向较强。“人不为己，天诛地灭”这句话自古就被世人褒贬不一，当问及中学生如何理解时，有20%的学生明确表示“赞成”；30%的学生持中立态度，但表面上的不赞成也不反对其实也透露出功利性的倾向性，还有近20%的中学生表示“无所谓”和“不知道”。有研究者将这一结果与1993年胡文彬在云南思茅地区某县所作的“中学生人生价值取向调查”结果中，赞成“人不为己，天诛地灭”3.7%的比例相对比，其变化是值得我们警醒和反思的。

据1996年中国少年儿童思想道德文化状况联合调查组的《中国少年儿童思想道德文化状况研究报告》，在对1 206名中学生的调查中，“较少帮助人”的占12.2%；“不太关心集体”的占3.4%。在2000年《湖南省中小学生思想品德现状调查研究报告》中，当被问到：“对提倡‘尊老爱幼’‘关心他人’‘见义勇为’有何看法”时，回答“要提倡，我能这样做”的占46.6%；“提倡，在不损害自己利益前提下，我会做”的占24.4%；“提倡，但我不一定做得到”的占44.7%；“不现实，遇事还是多替自己想”的占5.3%。在处理个人与他人利益的关系上，同意“毫不利己，专门利人”的占4.1%；同意“先公后私，先人后己”的占34%；同意“人不为己，天诛地灭”的占5.3%。这种“义利观”的狭隘是当前学生道德责任感淡漠的直接诱因。

调查显示，有些中学生在学校接受尊老爱幼、互敬礼让、互帮互助的教育，而在实际行动中往往背离这一道德，选择利己主义的做法，漠视他人的感受、疾苦等。

3. 对待社会

社会责任是指一个人对他人、对社会所承担的责任、义务和使命。当今的中学生代表着祖国的未来，社会主义事业在中国的前景很大程度上取决于当今中学生的状况，尤其是他们的社会责任感的强弱。作为新世纪的中学生，学会知识、学会感恩、学会做事、学会做人和学会负责应当是他们的主要任务和职责。

中学生已经开始接触社会，因而他们对于社会是具有一定认识，抱有某种态度的。但是由于社会生活本身的错综复杂性，加上社会外在环境如崇拜金钱、道德滑坡等的影响凸显出人与人之间的利益冲突。这些导致他们不能全面理解个人与社会、现实与未来的关系，误解社会的面目，看不到人与人之间相互依存的实际状况。这一切使得中学生凡事以自我为中心，缺乏必要的责任意识、集体观念和同情心；自私自利、以个人为中心，在处理个人与他人利益关系时，对他人需要的理解能力薄弱，不能够换位思考，责任意识差。一些中学生身上出现社会责任感缺失与淡化现象：以自我为中心，崇尚“自我价值”的实现；对社会、集体考虑得较少，社会责任意识淡薄；重索取、轻奉献，重功利轻道义；打架群殴、盗窃抢劫等行为也屡屡发生。整体上来说，在社会责任方面，中学生是抱怨多于尽责。

4. 对待世界

环境是人类赖以生存和生活的客观条件。人类是环境的产物，又是环境的改造者。人类在利用和改造自然的过程中，运用自己的才智，一方面创造了丰富的物质财富，另一方面也存在掠夺自然环境，造成环境的破坏和污染的问题。

面对环境危机，中学生的生态环境保护意识却相当薄弱：使用一次性餐具，乱扔垃圾，随地吐痰，对水浪费现象视而不见，践踏草坪等等。环境危机面前，众多的中学生选择熟视无睹。

（二）责任教育存在的共性问题总结

1. 缺乏主体性

践行“负责任的教育”过程中必须解决好两个基本问题：一是弄清楚谁应当是履行责任的主体？二是弄清楚谁应当是进行负责任教育的主体？责任教育中往往忽略责任主体性的培养，导致学生不理解责任，不知道要负责任，更不会主动履行责任。调查显示，许多中学生已经接受了一种外在型责任观，即把遵循家长、老师和社会其他成人的道德要求当做履行责任，但是很少考虑自己是否自愿和有无能力等问题。“迎合心理”“标准答案习惯”使得其回答一般符合学校老师的教导，内心是否自愿及现实中是否能做到就难以测量。已有的研究指出，学生在学校接受了尊老爱幼的教育，在调查被问及是否尊老爱幼时，肯定的回答占80%以上，但是在实际行动中仅有10%的学生表示肯定让座。这是将责任教育等同于知识教育而灌输的后果，归根结底，原因在于忽略了责任教育的主体性。另外，谈及负责任教育，谁都认为重要，谁都可以讲一番，但是具体由谁来落实、谁来负责、负什么责，往往落空，相关单位、部门认为与己无关或者关系不大，即具体执行负责任教育的主体不明确或者是推卸责任，这也是导致人们责任心缺失的一个重要因素。

2. 缺乏独立性

有这样一则资料：有一天，一个到美国探亲的中国学者家来了两个小女孩，大孩子说：“我已经9岁，已有14个月的工作经历，我可以照看你的孩子，帮助他完成作业，和他一起游戏。”学者指着另一个只有五六岁的孩子说：“她是谁？你还要照顾她吗？”“她是我妹妹，也是来找工作的，她可以用小推车推你的孩子去散步，她的工作是免费的。”还有这样一组图片：一个年轻人蹲在抽水马桶旁，戴着手套拿着清洁工具在洗刷地面和马桶，粉刷墙壁。这个年轻人就是英国王储查尔斯的儿子威廉王子。我们不得不感叹外国孩子自强自立的品格！哪怕是英国的王子，也有强烈的独立生存意识和独立的人格精神。而在我国，中学强调的是学习，家长看重的是排名，学生计较的是分数，身为学生只要管好读书一件事，其他的事可以一概不问，更没想过自己在生活中应承担什么责任和义务，自己做物质财富的享受者而创造物质财富是父辈的事，这是他们的普遍观念。即便是家境清贫者，也同样存在着“等、靠、要”思想。上大学的子女“理直气壮”地状告离异的父母未供养自己读完大学，这类事件值得每位教育者深思。一位学生在论“责任”的文章开头写道：“责任，多么沉重和压抑的字眼！我从来没想到它会和我有关。我问自己，我会有什么能力能承担起什么责任呢？”可见，缺乏生存教育，缺少独立生存能力的培养，正是青少年成为长不大、缺失责任感的新一代的关键原因。

第二节 当今我国责任教育缺失成因分析

导致当前青少年学生责任感缺失的原因是多方面的，主要有社会环境负面影响、家庭教育缺位失当、学校教育引导不力、教育部门意识不强、政府部门依赖学校等诸方面。

一、社会环境的不良影响

社会环境的不良影响是首要的原因。

(一) 社会转型及其负面效应

改革开放以来，我国社会环境发生了三个重大变化，一是计划经济转向市场经济；二是以政治为中心转向以经济建设为中心；三是经济逐渐全球化。这些变化带来人们价值观念的改变，进而加速了社会价值观以及国家价值观的改变。明显的感觉是：在提倡实事求是、改革创新、讲究实效的同时，也使很多人变得缺少信仰、浮躁放纵、追求功利、不讲诚信、怕担责任等等。在这种社会背景下，青少年的价值观自然产生新变化，不可避免地受到影响，而且这种影响极其深远，青少年价值观扭曲变形，责任品质不良或者缺失，道德滑坡也就成为必然。

(二) 社会价值导向

社会转型期引起传统价值观念的改变，社会价值导向也产生如下变化：一是从重生存价值取向转向重享用价值取向；二是从重物质价值取向转向重文化价值取向；三是从重伦理价值取向转向重市场价值取向。

改革开放以后，在社会转型的巨变中，法制建设、道德建设相对滞后，市场经济在激发社会创造潜力的同时，逐渐显现出其负面效应，西方物质主义、消费主义、科技工具理性主义以及唯经济主义的意识形态开始影响中国社会，导致中国社会一方面放弃了传统的价值理想和道德规范，另一方面又没能建构起新的价值观体系，社会发展出现了一系列严重的问题。一些领域中道德失范，拜金主义、享乐主义、个人主义滋长；封建迷信活动和黄赌毒等丑恶现象沉渣泛起；假冒伪劣、欺诈活动成为社会公害；文化事业受到消极因素的严重冲击，危害青少年身心健康的东西屡禁不止；腐败现象在一些地方蔓延，党风政风受到很大损害；一部分人国家观念淡薄等等，导致社会风气的滑坡和生态环境的恶化。社会在推进民主、自由、开放、竞争的过程中，忽视精神文明建设，只片面宣传个体的各种自由和权利，却很少强调人们应尽的义务和责任。

社会环境中的种种不良现象使青少年学生受到较大影响，他们缺乏核心价值观与主导价值理想的指引，社会价值的混乱导致一部分青少年在利欲面前漠视责任，逃避责任。

（三）新的社会分层

新的政治体制、经济体制、教育体制、文化体制等社会体制的变化带来了新的社会分层。有位哲人说：“经济情况决定政治态度。”这句话也可以作为分析青少年价值观差异或是责任意识差异的原因的参考。通常城市的青少年思维转换快，超前意识和现代意识都较农村孩子强，这种来自于社会现代化程度的差异对于青少年价值观甚或是责任意识的形成有很大的影响，这种影响既体现在青少年本身的感受点、关注点、生存意识、兴趣爱好、人生规划等方面，又体现在社会适应性、家庭对于教育的重视程度、生活背景、学校教育水平以及接受的社会教育等外部条件上。例如，由于贫富差别的扩大，在富人家庭成长的青少年，他的消费观、金钱观，与在穷人家庭成长的青少年是明显不同的。反之，在穷人家庭成长的未成年人，他对生活的理解、对幸福的渴望、对目标的追求，与出身于富人家庭的青少年有显著的差异。

社会观念的急剧转变折射到学校教育领域，给学校德育带来了一定的冲击：市场文化和学校文化不协调，使青少年茫然失措；消费市场的文化垃圾不断侵扰学校教育，使学校教育显得苍白无力；享乐主义盛行，节俭思想退化，劳动观念淡薄……这些都严重地误导、反塑着青少年的心理。与日俱增的物质需求和现实矛盾，使不少家境贫寒的学生产生严重的心理失调和不平衡，自卑、疏远亲人，甚至埋怨父母，抱怨家庭，逃避责任和义务。

二、家庭教育的失当

教育家苏霍姆林斯基说过：“生活向学校提出的任务是如此的复杂，以致如果没有整个社会，首先是家庭的高度的教育学素养，那么不管教师付出多大的努力，都收不到完满的效果。”家庭的影响对于青少年的成长如此重要，因而在青少年责任教育缺乏的成因方面，家庭的负面影响作用同样不可忽视。

首先，家长的过分溺爱形成孩子的优越感。时下，由于青少年学生大部分是独生子女，很多父母在关心、保护孩子的同时，忽略了孩子是需要学会负责任的。父母的耳濡目染、言传身教和长辈对孩子的溺爱惯养、放任自流，自然导致孩子任性、推卸责任、自私意念膨胀。父母怕孩子辛苦，洗衣服、叠被子等等许多孩子力所能及的事情统统包办，他们的过度关心取代了孩子的锻炼与成长的机会，自然剥夺了孩子选择负责、学会承担的权利，导致孩子自我独立性和承担责任的能力降低。

案例1　我们不妨看一看歌曲《母亲》的一段歌词吧：

你入学的新书包有人给你拿，

你雨中的花折伞有人给你打，
你爱吃的(那)三鲜馅有人(她)给你包，
你委屈的泪花有人给你擦，
啊，这个人就是娘
啊，这个人就是妈
…………

“这个妈”到底是负责任的“妈”，还是不负责任的“妈”？细细品味便知，原本歌颂母亲的《母亲》歌其实也可以理解为折射出的是一位包办代替的典型、不负责任的母亲！

案例2 有这样一幅画面，令笔者深思。一对外国夫妇带着一个四五岁的孩子，他们各自身上都背着一个包：父亲背着一个大包，母亲背着一个中包，小孩背着一个小包。我想那位父亲的包里应该是全家人的衣服、水壶、相机等物品；那位母亲的包里应该是化妆品和生活用品；那位小孩的包里应该是自己的点心和玩具。巧合的是，这时，一个中国父亲也带着一个孩子从对面走来。但不同的是这位父亲一边吃力地提着一包东西，一边背着看上去比那个外国小孩大许多的中国孩子。强烈的反差让我们有理由相信，长大以后，那位外国小男孩的责任意识极有可能会比这位中国男孩更强，因为他的父母从小就让他明白做人必须承担自己的责任。可见，家庭、社会环境的教育对于学生责任品质培养的重要性。

有研究者指出，被访谈的中学教师认为，个别学生的漠视、推卸和逃避责任的行为其实源于家长的“言传身教”，如帮助他们逃避班级卫生活动，指导、袒护他们在与同伴发生争执冲突后推卸责任等等。在这种家庭环境长大的孩子，由于从小就受到太多的呵护，孩子不知道怎样自己照顾自己，更谈不上对他人、对社会的责任感，相反，孩子变得一方面处处以自我为中心，为达到个人的目的不择手段；另一方面，对周围的人和事冷漠对待，缺乏基本的责任感。

其次，不良的家庭环境、不当的家教方式对于责任教育产生负面影响。这种不当之处有很多种表现。家长“恨铁不成钢”，缺乏正确的教育方法，往往对孩子过于苛求，甚至任意辱骂，棍棒相加，对待孩子简单粗暴的态度导致孩子的逆反心理，并且处于这种家庭中的孩子得不到温暖、体贴和理解，同情心也就不可能很好地萌生和发展。而同情心的培养是建立社会责任感不可或缺的。孩子经历的待人方式会被仿效、被复制到孩子自己的生活当中，养成“敌视”他人的怪癖，不懂得也不乐意去关心、尊重他人；还可能使孩子迁怒于社会，产生同社会的对立情绪，形成一种“报复”的反社会心理。除却家教方式的失当，还有家庭的客观环境给学生带来负面影响，例如不完整的家庭不利于青少年正确价值观的形成，在人生观、世界观偏离正确方向的情况下，若要青少年养成良好的责任意识、责任品质，则需要更大的毅力；家长对社会的消极心态、极端利己主义、家庭中的软、硬暴力等等不良倾向都会对青少年价值观的形成产生强劲的导向作用，导致孩子对社会迷惘、对父母长辈等身边的人冷漠等等，责任品质的培养就成为无稽之谈。除却教育方式简单粗暴，如前所述，学生家长追求实际利益，总是用读好书上重点大学、好的工作和前途的实用目标引导孩子，对孩子缺乏更加积极、正面的世界观和价值观方面的引导。这些都不利于学生责任品质的养成。

三、学校教育的失当

学校教育的失当是学生责任品质低下的重要因素。

首先，教育功利化的影响。

教育的根本目的是培养全面发展的有道德的人，哲学家赵汀阳曾主张人应该过一种幸福美好的“可能生活”，但是现代社会批量生产着的“现代人”却是失去生活目的的人，是仅仅为利益活着，也是因此而敌视他人甚至漠视他人的人。

偏重功利主义的应试教育、知识教育，使某些学校变成了“军营”，忽视了对学生责任品质、道德精神的培养。有的为了片面追求升学率，不惜以牺牲师生的健康为代价，增加师生的课业负担，师生苦不堪言。

另一种倾向是，受外部社会环境影响，学校教育中的某些功利性的教育内容给学生带来误导。例如，湖南株洲某中学就有老师这样对学生进行入学教育：“你读书干什么？考大学干什么？……我要明确地告诉你：读书考大学是为了自己，不是别人。读书增强了自己的本领，提高了自己的资本，将来能找到一个好的工作，挣下大把的钱，从而有一个美好的个人生活。”教师的这种狭隘观念是个人主义的表现，如此的中学教育何谈能够启发学生的责任意识。除却教育内容上的偏差，在责任教育方式上也有不当之处。纯粹“知识的教育”以灌输为主，忽视学生自我选择，是脱离学生生活体验、背离学生主体精神的教育，是不需学生负责任的教育。这样的教育培养出的学生仅仅是“知识容器”，是身心片面发展，更是缺少创新动力、缺乏责任品质的人。

其次，不了解教育“真正的责任”。

在部分学校和教师当中，由于不懂得教育的真正目的是什么，教育的真正责任是什么，分不清何为“真教育”，何为“伪责任”，因而，往往以所谓“对学生高度负责任”的精神，“好心”干“坏事”“好心”办“错事”，造成对学科知识“教育过度”、对道德养成与社会责任感“教育不足”、教育“理想化”等行为的发生。

案例 3 《剥开教育的责任》(主编祁智)“序言”中讲了这样一个故事：到一个班级，发现一个老师给学生布置的作业中，有一项是把“辜负”写 5 遍。问为什么要把“辜负”写 5 遍，老师解释，全班 36 个学生有 10 多个同学都把这个词写错……交流中作者指出这种抄写对于没写错的同学是负担，也没有意义，而纯粹抄写对那些已经写错的学生也未必达到矫正错误的目的……老师承认，却说：“我这也是对学生负责任，也是增加了我的工作量。”

“我这是对孩子（学生）的负责呀。”这话听起来很熟悉，但是，我们是否认真想过，有些时候，我们实际上是在“好心”办“错事”，而更遗憾的是我们自己还觉察不出自己的这种“高度负责任”的行为对学生甚至自己造成的伤害。

第三，缺乏对于责任教育的探索研究。

责任教育是学校对社会主义市场经济健康发展强有力的一种道德支持，理所当然地成为当前学校德育的一个重点。但问题的严重性在于，学校责任教育的实践已大大落后于社会对未来主体的责任要求，而责任教育的理论研究又大大落后于学校责任教育实践的客观需要。

从宏观理论层次来讲，责任教育的内涵，责任教育的各项社会功能，国家和社会对教育主体的基本责任要求，责任教育的课程内容、教育原则和方法步骤等，这些都是学校责任教育的理论指南，是学校抓住责任教育本质、把握责任教育方向、提高责任教育成效的根本前提。个体责任品质的心理成因是如何形成的，如何从过程和动态角度进行培养和发展，它与品德因素发展相区别的特殊性在哪里等等，都需要从理论和实践两个层面互相推进。学校教育忽视责任培养的内外部原因固然很多，但缺乏对个体责任品质的深入认识和培养责任品质的研究与指导是一个重要因素。

法国古典社会学家涂尔干指出，现代社会人与人之间在社会分工的体系中建立的一种互相需要、互相依赖的关系，对个人利益的关注，应该扩展为一种对社会利益的普遍的责任。要解决现代社会人类面临的生存危机，必须确立起全球范围普遍的责任意识。在中国落实科学发展观、构建和谐社会的宏大实践中，必须复归人的以责任为核心的道德精神。基于此，加强和实施学校责任教育，培养负责任的人，成为当代教育变革的必由之路，是时代发展对学校教育赋予的神圣使命。

第三节 泰州中学学生责任品质现状调查

泰州中学学生责任品质调查基于全国中学生负责任教育的调查框架，2013 年底在全校 2 732 名学生（高一 901 人，高二 927 人，高三 904 人）中展开，获得了真实的第一手数据。就数据整体体现来看，在全国中学生调查中所反映出的普遍道德滑坡和责任品质失落的背景下，泰州中学学生的责任品质相对较高。因此，也恰恰说明了“负责任的教育”作为一个社会、学校、家庭和学生需共同面对的问题的重要性和可行性。践行“负责任的教育”，对于中学生的成长和成才而言，是一个教育理念的实现，其内涵在于对学生的负责任、对学校的负责任、对社会和国家的负责任的统一。

泰州中学学生责任品质现状调查的结果和具体分析如下：

一、对待自己

<table>
<tr><th></th><th>内　容</th><th>选　项</th><th>统计(%)</th></tr>
<tr><td rowspan="11">生活方面</td><td rowspan="4">1. 对于洗衣服、叠被子、打扫卫生、整理个人生活空间等你力所能及的事情，下列哪种情形最符合你？</td><td>A. 父母代劳，让我以学习为主，不要浪费时间</td><td>18.7</td></tr>
<tr><td>B. 我认为这是自理能力的体现，因而自己动手，不依赖父母</td><td>33.3</td></tr>
<tr><td>C. 父母劳累想让我自己做，可是我总是觉得这些事情很无聊，不愿意做</td><td>1.6</td></tr>
<tr><td>D. 有时父母做，有时自己做</td><td>46.5</td></tr>
<tr><td rowspan="3">2. 你如何看待勤俭节约的生活态度？</td><td>A. 经济条件改善了，这种观念已经过时，不用坚持</td><td>4.7</td></tr>
<tr><td>B. 是一种良好的生活习惯，应积极养成</td><td>77.8</td></tr>
<tr><td>C. 觉得没错，想起来会做，可是日常生活中难以坚持</td><td>17.0</td></tr>
<tr><td rowspan="4">3. 你对生活的态度是怎样的？</td><td>A. 充满希望与期待</td><td>79.1</td></tr>
<tr><td>B. 没考虑过</td><td>10.0</td></tr>
<tr><td>C. 觉得没意思</td><td>5.2</td></tr>
<tr><td>D. 其他</td><td>5.7</td></tr>
<tr><td rowspan="12">学习方面</td><td rowspan="4">4. 你自己努力学习的目的何在？</td><td>A. 为找一份好工作，生活过得舒适</td><td>52.1</td></tr>
<tr><td>B. 为中华崛起而努力学习</td><td>21.2</td></tr>
<tr><td>C. 为掌握知识本领</td><td>15.7</td></tr>
<tr><td>D. 为回报父母</td><td>10.9</td></tr>
<tr><td rowspan="2">5. 你对自己的学习是否能够制定比较详细的学习计划，合理安排学习时间？</td><td>A. 能</td><td>55.8</td></tr>
<tr><td>B. 不能</td><td>43.2</td></tr>
<tr><td rowspan="3">6. 对于学习上你不懂的或者非常感兴趣的知识，下课你是否会积极钻研？</td><td>A. 会钻研，并寻求老师和同学的帮助</td><td>48.0</td></tr>
<tr><td>B. 有时会，有时不会</td><td>49.7</td></tr>
<tr><td>C. 占用课外时间，因而从不主动探求</td><td>2.3</td></tr>
<tr><td rowspan="3">7. 考试中，你对待作弊现象的态度是？</td><td>A. 坚决抵制</td><td>61.7</td></tr>
<tr><td>B. 自己不作弊，他人怎样与我无关</td><td>35.8</td></tr>
<tr><td>C. 有机会就作弊或有作弊的准备</td><td>2.2</td></tr>
</table>

续 表

	内　容	选　项	统计(%)
学习方面	8.如果父母想要为你请家庭教师辅导功课,下面哪种情形最符合你?	A. 会拒绝,因为学习是自己的事情,不应该过度依赖他人帮助	41.3
		B. 会乐意接受,家教能帮助我解决难题、提高成绩,避免在同学面前犯错误丢面子	13.0
		C. 不积极要求也不排斥	44.9
言行	9.你入团、入党的主要原因是什么?	A. 进一步培养和提高自己	81.1
		B. 为其他同学起模范带头作用	5.1
		C. 为升学捞取资本	12.7
	10.在教室捡到钱物时(无人在场),你如何处理?	A. 上交老师或寻找失主	92.1
		B. 留着自己用	6.9
	11.决定目标或者接受一项任务之后,你会坚定地执行吗?	A. 持之以恒,直到达成	59.2
		B. 开始的时候能坚持,过了一段时间后不了了之	37.6
		C. 由于种种原因不能完成,事后为自己找理由开脱	2.9
	12.你对于“有钱就能办到一切”的观点怎么看?	A. 有一定道理	56.8
		B. 完全同意	3.9
		C. 拥有多少金钱是一个人成功的唯一标志	2.1
		D. 不同意	37.2
时间	13.你会坚持早睡早起,规律生活吗?	A. 一直都坚持这一习惯	34.5
		B. 时而很有规律,时而作息紊乱	57.1
		C. 自由自在最重要,没必要坚持规律	7.9
	14.你对去游戏厅和玩网络游戏的态度是?	A. 觉得很吸引人,经常参与	7.0
		B. 知道影响学习,但偶尔会玩	25.4
		C. 知道不好,基本不玩	25.0
		D. 从来不玩	42.5
	15.你是否能做到合理安排自己的闲暇时间从事读书、看报或锻炼身体等有意义的事,而不是无所作为、虚度时光?	A. 可以,我会尽力充实自己,不荒废时间	61.3
		B. 难得闲暇,干脆什么都不想不做,自在度日	8.6
		C. 偶尔会在意这些,让自己在闲暇时间里也过得很充实,但是多数情况下还是把时间荒废了	23.0
		D. 其他	6.8

续 表

	内　　容	选　　项	统计(%)
时间	16. 你上网的主要目的是什么?	A. 随便看看	31.3
		B. 查询学习资料	27.8
		C. 聊天、玩游戏	19.6
		D. 其他	21.7
	17. 你是否有以下行为?(1) 随手扔果皮纸屑,随地吐痰(2)践踏草坪或翻越栏杆(3)见老师不打招呼(4)乱刻乱画桌椅(5)不排队、随便插队	A. 有	8.7
		B. 没有	59.8
		C. 偶尔有	30.2
生命健康	18. 在路上行走或者过马路时,你会遵守交通规则吗?	A. 会,自觉遵守交规能保护生命安全	90.3
		B. 应该灵活应变,比如没有车或者车少的时候就不用	7.8
		C. 有交警巡逻或者监督的情况下,才会遵守	1.2
		D. 交通规则太死板,没必要遵守	0.4
	19. 当你受到挫折的时候,会怎样应对?	A. 积极面对,寻找他人支持帮助	83.1
		B. 一蹶不振,甚至有轻生的念头	3.5
		C. 得过且过,逃避一段时间	12.7
	20. 你会关注自己的身心健康状况吗?	A. 了解自己的健康状况和身体缺陷,定期体检	39.7
		B. 不舒服的时候回去看病或做咨询,平常无所谓	54.6
		C. 执意坚持自己的生活习惯,不管身体状况如何	4.8

问卷调查的第一部分是关于学生个体的自我认知部分。就调研的整体情况来看,学生的责任教育意义明显,任务艰巨。学生对未来生活怀有期望,从意识上懂得勤俭节约,珍惜生活,但行动上相对较弱。这些都反映了学生作为独生子女的特性,有想法有认识,但眼高手低,不能付诸实践。学生在认识上是积极的,这同我们的教育、宣传是分不开的,但是,涉及自身,学生的“小九九”就会很清楚。因为独生子女的成长环境造成了学生对于他人和社会的漠视。前途是光明的,但是,自己不是付出者,而只是一个享用者。这种心态在大多数学生身上体现出来。这就对我们的教育提出了启示:现在的教育对于学生来说,方式方法是否需要改变一下。当前,在强调学生主体性和个体差异的学校教育中,如果一味纵容学生,我们的教育无疑是在自戕。因此,以学生主体性培养和个体差异发掘为依托,通过改变教育方式和方法,对学生进行社会化的责任教育正

当时。学生的教育不能是传授式、命令式的，而应是任务式、兴趣激发式的。应努力让学生认识到自身动手的重要性，从行动中去关爱他人，使得认知与行动一体。

在第一部分的考查中，我们发现：学生学习的目的变得现实，短视行为严重。为求好工作而学习的超过了一半，为掌握知识而学习的占到了15.7%，为求成才而学习的学生只占到了21.2%。这反映了一点，应试教育的影响依然很大。求好工作背后的指向就是好大学，为学好知识的指向也是大学，回报父母，同样指向是大学，或许成才的指向中更多的同样是大学。因而，此题虽然预设不明，但是也反映出学生的目的很明确——考大学。就这一点来说，学生也是受害者。学生的自私和漠视正是社会造就的。我们对于学生的社会责任只是停留在了书本的知识，学生对于社会责任的认知就是书本知识，不能同自己联系起来，这源于其生活的环境：社区、家庭、学校等都是围绕着他的好好学习和好成绩展开的，也是同我国的“望子成龙”的社会心理分不开的。社会对于学生成功评价的偏离造就了学生的责任感的缺失，“大学——资本——成功——享用”这样的逻辑线路恰恰就是现在学生的责任感缺失的原因所在。

在考查学生言行素质这部分，绝大多数学生在追求进步、金钱观、财物观方面表现良好，坚信金钱万能的观点的学生占6%，持相反观点者只有不到四成。值得注意的是，对于工作的持之以恒的态度，只有不到六成的学生表示了坚持；对于网络游戏以及不良行为的观点上，也只有六成左右的学生表示了正向的态度。由此，对于学生负责任的教育，可以说，更多应该体现在学生对于个体的认识和对于人生的自我规划上。正是因为社会对于学生成功评价的偏离，家庭对于学生的溺爱，使其产生了自我迷失。学生最终是社会化的人，负责任的教育就是要让学生懂得一个社会公民的义务和责任，一个人的担当。负责任的教育到位之时就是学生世界观归正之日。

二、对待他人

	内　容	选　项	统计(%)
家庭成员	21.你经常主动与父母谈心或沟通吗？	A. 经常	48.5
		B. 遇到难题时会想和父母说说	25.5
		C. 很少	19.0
		D. 几乎没有	7.0
	22.当你的家庭遇到困难时，你会？	A. 积极想办法解决，力所能及地为父母分忧	72.0
		B. 想帮助父母，但没能力	22.1
		C. 觉得是大人的事，和自己没关系	1.9
		D. 其他	3.8

续 表

	内　　容	选　　项	统计(%)
家庭成员	23.你对做家务的认识是?	A. 当然应该父母做	12.9
		B. 父母会做,自己没必要做	6.7
		C. 帮父母做,父母应该付钱	2.6
		D. 做力所能及的家务是应尽的义务	77.7
	24.你是否会要求父母接送上下学?	A. 当然应该父母做	6.3
		B. 父母会做,自己没必要拒绝	15.5
		C. 自己可以做到,不用父母操心	77.4
		D. 要求父母给钱,自己打车	0.7
	25.如果你的家人把单位里的物品占为己有,你的态度是?	A. 觉得很正常	9.6
		B. 明确告诉家人这种行为是不对的,并要求归还	72.8
		C. 如果是东西价值很小,偶尔拿也无妨	14.6
		D. 认为反正是共有物品,不拿白不拿	2.6
	26.如果你的父母和你的爷爷奶奶或者外公外婆关系很不好,你会怎么做?	A. 大人的事,做晚辈的不要管,也管不了	12.5
		B. 不去理会他们的关系,自己会经常去看望爷爷奶奶或外公外婆,做好自己的事	13.8
		C. 劝说自己的父母,努力调解他们和爷爷奶奶或外公外婆之间的关系	63.4
		D. 其他	10.3
	27.你是否听从父母的教导?	A. 是,我经常听从父母的教导	57.1
		B. 不是,我从不听从父母的教导	2.5
		C. 有选择或是偶尔听从父母的教导	39.7
	28.父母对你是否有下列内容的教导?(1)言行谨慎(2)整洁有序,整理自己的内务并帮助做家务(3)尽量帮助他人,并且不要成为他人的负担(4)努力学习(5)言而有信(6)不浪费金钱	A. 有	89.2
		B. 没有	2.7
		C. 偶尔有	7.5

续 表

	内　容	选　项	统计(%)
家庭成员	29.你是否会对父母撒谎?	A. 有	15.2
		B. 没有	31.9
		C. 偶尔有	52.0
	30.如果自己独自外出,以下哪种情形比较符合你?	A. 主动向父母说明去向,并会尽快回家	89.2
		B. 在外面待到很晚,直到父母打电话才会回	4.5
		C. 来去自由,父母不过问,自己也不在意	5.3
老师	31.如果你的老师冷落你,对你的态度很差,你会?	A. 会很失望、气馁,会因情绪不好对这门学科失去兴趣	22.3
		B. 不管老师的态度怎样,我还是会做好自己的功课,好好学这门学科	65.7
		C. 和老师对着干,自己不学了,也不让课堂安宁	2.0
		D. 其他	9.9
	32.不管在校内还是校外,见到你认识的老师,你会立即打招呼或问好吗?	A. 校内校外都会	79.0
		B. 校内会问好,校外的话就装作没看见	10.9
		C. 校内校外都不会	2.8
		D. 实在躲避不开,勉强问个好	6.8
	33.教师平时是否对你有下列教导?(1)你应该认真听讲并学会倾听(2)爱护公共财物,遵守公共秩序(3)尊重他人并学会合作(4)诚信并且守时(5)独立承担学习任务,做事负责	A. 有	87.7
		B. 没有	3.9
		C. 偶尔有	7.9
	34.你是否听从老师的教导?	A. 会认真听取并执行	60.6
		B. 有选择地听从	37.6
		C. 从不听取	1.2

续 表

	内　容	选　　项	统计(%)
同学	35.当你的同学在学习上有困难时,你是否愿意帮助他(她)?	A. 愿意	94.4
		B. 不愿意	3.9
	36.当你的同学发生意外时,你是否会积极伸出援助之手,献出自己的爱心?	A. 会积极响应	95.4
		B. 不想参与	3.4
	37.当同学发生矛盾而引发争吵打架时,你会出面及时劝阻吗?	A. 会出面及时劝阻	73.4
		B. 如有同学劝,我也会出来劝阻	18.2
		C. 与我无关	7.8
	38.如果你的朋友要去做一件你认为会违背社会公德的事情,你是否会劝阻?	A. 会,但仅限于说说	25.8
		B. 会,会多次提醒三思而行	68.0
		C. 认为他有自己独立的看法和行事自由,没有必要干涉	5.5
其他	39.在你有能力给予帮助时,面对陌生人的求助你会怎样?	A. 毫不犹豫地给予帮助	68.7
		B. 一般不会帮忙	22.5
		C. 置之不理,以免受骗	7.6
	40.你赞成现代社会不必提倡孝敬父母,尊敬师长的说法吗?	A. 赞同	20.7
		B. 不置可否	7.7
		C. 不赞同	68.6
	41.你赞成“人不为己,天诛地灭”这句话吗?	A. 赞同	23.8
		B. 不置可否	30.3
		C. 不赞同	44.0
	42.你赞成“先公后私,先人后己”这句话吗?	A. 赞同	49.6
		B. 不置可否	37.7
		C. 不赞同	11.8
集体或学校	43.当你看到教室里的扫帚、拖把倒在地上或是板擦掉在地上,你会怎样?	A. 主动捡起来放整齐	71.3
		B. 视心情而定	24.1
		C. 与我无关	3.9

续 表

	内 容	选 项	统计(%)
集体或学校	44.如果班集体活动与你个人活动时间有冲突,你会怎么做?	A. 参加集体活动	50.7
		B. 自我活动	7.0
		C. 看情况再说	41.3
	45.班级的值日任务,你能否按要求主动完成?	A. 份内之事,积极主动完成	85.0
		B. 想起来就做,不积极也不逃避	9.4
		C. 如果有同学或老师监督,则会认真做	2.7
		D. 有机会就逃	1.9
社会	46.你是否知道“七不”规范内容?	A. 知道	31.0
		B. 不清楚	66.8
	47.你有多余的钱,这时有一个患了重病却无钱医治的小孩子需要社会的捐助,下面哪一种行为方式会最符合你?	A. 我现在的钱也不多,让其他更有钱的人帮他好了	11.6
		B. 我希望社会和政府更负责任一些,而不是由我来做	14.8
		C. 可以拿出点钱,但心里不情愿	4.9
		D. 我愿意尽自己的微薄之力	68.2
国家	48.在升国旗的时候,你是如何表现?	A. 总是认真听唱国歌	71.0
		B. 觉得只是形式	20.5
		C. 经常心不在焉,想别的事	7.2
	49.你是否能经常通过报纸、电视及网络等途径了解国家大事?	A. 很关心	63.0
		B. 很少,因为有更重要的事情	23.5
		C. 不关心,因为与我无关	2.9
		D. 其他	10.0
	50.你是否赞同“天下兴亡,匹夫有责”?	A. 十分赞同	76.3
		B. 不置可否	19.0
		C. 不赞同	3.0
	51.如果有机会出国留学,学成之后,你会?	A. 外国生活水平高,坚决不回国	11.0
		B. 视情况而定,看条件如何,选择去留	46.4
		C. 无论怎样,一定回国	40.8
	52.当你所在的集体、国家或者民族获得很好的成绩并受到赞誉时,你会觉得怎样?	A. 非常高兴,感到骄傲	90.0
		B. 无动于衷	6.4
		C. 觉得那是假的,虚伪的	2.5

作为家庭成员，学生在家里的问题直接反映在三个方面：与父母的关系、家务和家庭问题处理。整体上能听父母教导的占到了57.1%，选择听的有39.7%，74%(48.5%＋25.5%)的学生能与家长进行交流。从负责任教育的角度来说，学生对自己、对家长有了责任感，但是也产生了负面影响，家长对孩子的责任感过重，使得学生只是孩子，不是他自己。从这个角度说，负责任的理解应该放远眼光，孩子自立才是真正的负责任的表现。在调查中，展现孩子独立一面的有家庭有事能积极分忧(72%)，能做力所能及的家务(77.7%)，对于家长的不良行为，如占公家便宜，意识到了不对(72.8%)，能主动调解家庭关系(63.4%)，这些都体现了学生的家庭观和自我观的交合，从中可看出，学生对于自我意识、自我认知的渴望，这也正是学生负责任的表现：首先对自己负责，然后对家庭、对社会负责，学生是家庭、社会的一分子，因而，负责任教育就是从自己身边做起。调查数据显示，学生的负责任意识明显，但是，在实际生活中显现不同，这也是负责任教育的立足点。

在与老师和同学的关系的调查中，学生同老师的关系近似同父母的关系，其中能听从老师教导的有98.2%(60.6%十37.6%)，认同教师对自己有教导言语的有87.7%，尊重教师的有79.0%，在老师没能关注自己，自己能做好的有65.7%；在同学关系中，在学习和生活中关系和谐的皆占到了大多数，其中，帮助同学学习、提供意外帮助的均在95%左右，可见学生对于同学间的关系很认同；对于同学矛盾和问题能主动规劝和制止的占到了73.4%和68.0%。学生对于负责任的理解可能没有太深的认识，但是，从日常生活中的老师和同学关系中可看出，学生的自我意识和集体认同观有着很强的归属感。因此，"负责任的教育"在学校教育中有着很好的开展前提。

在看待社会、集体方面，学生大部分有着很强的社会责任感，但是，并不注重社会的一些规范要求，知道"七不"规范的只占到了31%，对于社会上的一些不良认知，学生则表现出了明显的无责任感；赞同"不必提倡孝敬父母、尊敬师长"的占到了20.7%，不置可否的也有7.7%，赞同"人不为己，天诛地灭"的占到了23.8%，不置可否的高达30.3%。从中可以看出学生的自我意识很强，对于社会的关注度并不高。社会的范围缩小到班级来看，学生的观点却大不相同：绝大多数学生对班级十分热爱。能主动捡起教室里的物品放整齐的有71.3%，主动值日的学生达到85.0%，在集体活动与个人活动相冲突时，以集体活动为上的有5成。由这些数据可以直观看到，学生身上的自我意识同社会意识之间存在扭曲的认知，学生认同了社会上的东西同"我"的关系后，责任意识会有很大增强，但是，在简单理解为"我"之外的他物后，其漠视程度让教育者汗颜。因此，对学生进行负责任教育的使命就此可以理解为进行社会认知观的转变。每个人都是社会的细胞，每个人都必须维护自己身边的社会环境，这样才能有自己的存在。也因如此，负责任教育的重要性亟待重视。

三、对待社会和世界

	内　容	选　项	统计(%)
自然界	53.生活中,你会节约用水、用纸和用电吗?	A. 这些资源都是有限的,作为世界公民的一分子,我会积极节约	91.1
		B. 既然是有限的,早用晚用都是用,无所谓节约与否	4.2
		C. 视心情而定,别人节约我也节约,别人浪费我也浪费	3.7
	54.你会关注动物世界、善待动物吗?	A. 它们都是地球上的生命,动物的世界理应受到尊重	91.6
		B. 对于自己喜欢的,好好爱护;不喜欢的就不理会,甚至虐待	4.9
		C. 与人类无关	2.3
人类社会	55.你对待世界某些国家的霸权主义是怎样的态度?	A. 不利于人类和平,坚决反对	75.3
		B. 世界就是弱肉强食,可以理解	20.4
		C. 与我无关	2.9
	56.你如何看待世界局部地区的战争?	A. 战争对于人类的危害很大,应积极进行和谈	90.6
		B. 战争很刺激,可以观战	3.8
		C. 局部地区、国家有战争,与我们无关	3.8
	57.非洲有很多饥饿儿童、艾滋病儿童,对于他们的遭遇,下面哪一种观点最符合你?	A. 很同情,庆幸自己没有生活在那种地方,庆幸自己生活得很好	32.3
		B. 没什么感觉,跟自己没什么关系	5.1
		C. 如果有机会,我会尽我所能地帮助他们,因为同在一个地球上	56.6
		D. 其他	5.2
对负责任教育的认知	58.你能承担哪些责任?	A. 对自我的责任	40.5
		B. 对他人的责任	5.2
		C. 对社会、世界的责任	3.2
		D. ABC都能承担	50.7
	59.推行责任教育有无必要?	A. 必要	86.7
		B. 没必要	5.2
		C. 无所谓	6.6
	60.你认为推行"负责任的教育"有何作用?	A. 改善教育环境,对家长、学校和社会提出规范要求,自己被动服从	18.9
		B. 提高自身的道德修养和责任品质	76.6

毋庸讳言，一个国家的人才对于国家的发展起着重要的助推作用。我们今天培养什么样的人才，明天就会造就什么样的国家。如果我们现在对于学生的国家意识、世界意识和竞争意识培养不够，那么，可以说，明天自毁长城的就可能是我们自己。负责任的个体，包括了对于自我的责任意识、对于他人的责任意识和对于国家、社会的责任意识。在调查中，面对个人同国家的感情，大部分学生依然坚持传统的国家观：赞同“国家兴亡，匹夫有责”的占到了76.3%，这一点很值得欣慰。但是，涉及个人利益的时候，这些都不在考虑之列：留学回国考虑中“一定回”的只有40.8%，这恰恰同当前的留学生回国的学生比率近似。学生的“无责任意识”在这里显现淋漓。学生对于国家的感恩、对于社会的关爱通通让位于个体的利益。我们的负责任的教育又该如何？个人利益同国家、社会利益的融合问题，个人的责任以及对于社会的贡献，个人与国家的关系，这些应该是负责任教育中重要的一环。

现在的社会已经因为互联网和经济的发展而扩展，社会着眼点应该不再只是社区。全球社会的概念应该在学生头脑中存在。学生作为人才，应该是国际化的人才；学生作为人才的责任，应该是面向国际的责任；学生作为人才的发展空间，应该是全球和谐的视角。在对于自然界和人类社会的关注上，值得欣慰的是，超过九成的学生都表示能做到节约资源，关爱动物。将近九成的学生(86.7%)认为“负责任的教育”有必要推行，而且76.6%的学生认为“负责任的教育”对自己的道德修养和责任品质提高有益。但是，反映出的问题仍然是，意识上的对于国际关系中的霸权的反对和对于地区战争的正确看待都占到了很高的比例，而涉及自身的付出，比如对于非洲饥饿儿童和艾滋病儿童的遭遇，学生则显示出了他们不应有的冷漠，只有不到六成的学生表示了帮助的意愿，这同样说明了学生自我责任的认知偏差和缺失。

根据上述分析，面对与“负责任的教育”相关的种种现象、迷失与困惑，针对我国教育存在的弊端与乱象，每一位政府官员、每一位教育工作者、每一位家长，都应当引起深刻反思，共同校正教育的“航向”，纠正不负责任的教育行为，促进我国教育治理的民主化、法治化和科学化。

第四章 “负责任的教育”弘扬与拓进

泰州中学基于自身深厚的文化底蕴，立足于从提高全民族素质来推进素质教育的高度，通过对于当代教育现状与困惑的认真反思，旗帜鲜明地提出了“倡导负责任的教育”的办学理念。老子曰：“天下大事必作于细，天下难事必成于易”。为了贯彻“负责任的教育”理念，省泰中提出了一系列教育主张，例如：“明理达用”（校训）、“倡导负责任的教育，办好负责任的学校”“负责任的教育才能立于天地间”“崇尚科学、理性、和谐的高品位教育”“全面贯彻教育方针，让每一位师生都得到最好的发展”“靠爱心、靠责任、靠智慧，教书育人治校”“坚持科学发展、和谐发展、内涵发展、特色发展与可持续发展”“不让学生吃不该吃的苦，不让学生享不该享的福”“保持适度负担、适度压力、适度宽松”“谦逊好学、有效教学、智慧办学”等等。经过多年实践，在省泰中校园内逐渐形成了“负责任的教育”文化场，在追求学校优质特色发展的探索实践中铸塑“负责任的教育”品牌。

第一节 泰州中学“负责任的教育”的思想体系

办“人民满意的教育”，前提是办对人民群众“负责任的教育”，而不是违背规律一味迎合老百姓的教育。没有对人民群众“负责任的教育”，就不会有真正让“人民满意的教育”。所以说，办“负责任的教育”应当成为办“人民满意的教育”的理想追求！要成为负责任的国家和民族，必须依靠“负责任的教育”；要办好“负责任的教育”，必须靠负责任的学校；要培养负责任的学生，最终必须依靠负责任的校长、负责任的教师。

一、“负责任的教育”学生观

影响学生健康成长与发展的因素除了学生自身以外，主要来自学校、教师、家庭和社会。在我国，虽然推行素质教育，反对应试教育已有 30 多年，但是现在仍有许多地区、学校和老师往往教育观念陈旧，缺少对教育的责任担当精神，急功近利，“考什么教什么”，随意“叫停”体育、音乐、美术欣赏、综合实践活动等国家规定的课程。为了取得“辉煌”的中考或高考成绩，有的不惜以牺牲师生健康为代价，甚至从早晨 6 点之前学到晚上10点半之后，严重影响了学生的身心健康，阻碍了学生的个性特长培养与素质的全面发展。难怪有人开玩笑说，如果不减轻学生过重的学习负担，未来中国的栋梁将会都是“戴眼镜”的。令人费解的是，有些地方政府和教育主管部门对此往往“视而不见”或是“睁一只眼闭一只眼”，只重结果，有的还像搞经济工作那样热衷于“高考GDP”，层层下达高考指标，助长了应试教育之风盛行。当然，也有部分学校和教师走向另一个极端，放松对学生的严格管理与要求，有的以实施素质教育、让学生自主发展为由，放任自由，行对学生不负责任之实；部分教师缺乏爱心、责任心、事业心，教学业务功底不扎实；不少家庭对子女期望值过高或者对子女教育方法不当，有的孩子甚至被迫走上了绝路；再则，当前社会环境对学生的负面影响也不容忽视，有的唯利是图、不择手段地经营网吧、游戏厅及黄色音像小说、毒品等，极易把青少年引入歧途，难怪有人将学校德育工作的成效概括为“5＋2＝0”。如此等等，都对学生成长带来不利因素。

学校教育应当具有广阔的视野、高远的境界、优雅的品位，坚持“协调发展、可持续发展和人的全面发展”三位一体的科学发展观，关注学生的全面发展、关注全体学生的发展、关注学生的终身发展。学校教育应当坚持“德育为首”，切实提高学生的道德素养，培养学生高尚的人格与社会责任感，形成服务他人、报效祖国、造福人类的志向。

省泰中的“负责任的教育”理念坚持“对每一位学生负责任”，对此，笔者是这样解读的：一要对学生的品德修养与良好行为习惯养成负责任；二要对学生的学习行为、学习方法与学习效率负责任，还要对学生的兴趣爱好、个性特长培养负责任；三要对学生的健康成长与未来发展负责任。简言之，就是一切为学生的主动发展、和谐发展与可持续发展服务。

笔者认为“负责任的教育才能立于天地间”，一个负责任的政府才会重视建构负责任的教育部门和负责任的学校，一个负责任的教育部门或学校才会造就负责任的教师，一个负责任的教师才能培养出负责任的学生，才会形成负责任的民族，才会使中国成为一个对全世界负责任的国家。各级政府、教育部门、学校、教师、家长和社会各界都应当对学生的成长与发展担当起责任，都应当关注每一个学生、善待每一个学生，进而在全社会形成负责任的教育生态环境。以下案例是笔者和部分教师在“责任教育”实践中的点滴撷取。

案例1　为了对每一位学生负责

在我校的“负责任的教育”理念中，一个重要的内涵就是“对每一位学生负责任”。为了对每一位学生负责，我在学校日常教育教学管理过程中，力求做到“三个全面”，即全面贯彻教育方针，全面关注所有学生，让每一位学生得到全面发展。人们常说“先成人后成才”，我们要求每一位学生既要学会做人，懂得做人的道理，树立正确的世界观、人生观、价值观，诚实守信、行为规范、情趣高尚、志向远大；又要立志成才，珍惜时间，把握机遇，掌握真才实学，努力学好本领，真正学有所长、学有所成、学以致用、报效祖国。

在关注全体学生健康成长的同时，平时我注意经常深入师生中间一起交流、谈心、沟通，了解师生的思想动态，尤其关心帮助那些有问题、有困惑、有困难的学生。2003年秋学期，我刚刚到省泰中工作不久，早读巡视时，听高三班主任孙善良反映，本班有一位来自泰兴农村的学生小张家庭经济比较困难，为了节省开支，每天只吃两顿饭，把省下的一点钱用于买学习用品。我听后心里很不是滋味，立即掏出身上仅有的几百元钱转交该同学，并下决心筹措资金解决学生的经济困难。后来，通过数年的努力，已陆续建立起“宏志班”、政府助学金、晶晖基金、鹏宇基金、“嘉銮·红十字会”基金、慈善基金、市级机关领导及企业家个人捐资等多个奖学助困平台。

——笔者

践行“负责任的教育”除却校长的责任引领之外，更有赖于全体教师深入领会“负责任的教育”理念的内涵，如此，“负责任的教育”才能真正成为省泰中无处不在的风景线。对每一位学生负责，不仅有校长的引领示范，更有教师的力行践履。

案例2 靠爱心、靠责任、靠智慧教书育人

高三接班第一天，陈露露老师到班里点名。“费翔。”没有人回答。一个学生说：“老师，费翔被劝退了。他考试作弊，跟监考老师打起来了，还骂人。”从学生的叙述中，陈老师大概清楚了事情的原因。按理说，费翔是个刺儿头，他离开了，班级管理工作会减轻一些难度。但是，听说这件事情之后，陈老师的心里像堵了一团棉花，感觉喘不过气来。费翔在班里只是五十分之一，少他一个，没有明显的变化；但对于一个家庭来说，他就是百分之百，此时此刻，他的父母一定是愁眉苦脸，为孩子的未来担忧。于公于私，陈老师都觉得她不能放弃这个孩子。她写了一份请愿书，交给学校领导，承诺在一个学期内做好费翔的思想工作。学校同意了老师的请求。

第二天，陈老师让费翔来学校。到校后，费翔低着头站在办公室门外，不敢进来，说明心里已经意识到自己的错误了。陈老师与他进行了耐心细致的谈话，费翔看到的是一双信任的、没有成见的眼睛。

前几周，费翔还算老实，但没过多久，所有任课老师都反映费翔和几个学生天天上课睡觉。陈老师也察觉了，他们的眼睛每天都是红红的。经过了解得知，费翔痴迷于钓鱼，他带着几个同学整夜整夜地钓鱼，白天在课堂上补觉。

不久，恰好空军飞行学院到学校招飞行员，陈老师意识到机会来了。或许是得益于喜欢钓鱼，费翔的视力极好，身体素质也不错，符合征兵条件。陈老师动员费翔和几个学生报考空军飞行学院。经过几轮筛选，同去的几个同学，只有费翔一个人通过了体检。

当费翔意识到自己真有可能成为飞行员的那一刻，他开始觉醒了。但后面一个更大的坎儿摆在他面前：文化课考试。他非常清楚自己的情况，5门课能考100多分就不错了。他第一次为自己的成绩担心起来，陈老师鼓励费翔，并为他量身打造了学习方法，强化语文、历史、地理等学科的记忆，同时在课余时间，请数学、英语老师帮他补习功课。

当教育唤醒了学生的内在追求，责任、智慧和爱心换来了奇迹，费翔以超过录取线40多分的成绩，考上了空军飞行学院。毕业前，陈老师再次找到费翔：“老师只是一个路灯，只能为你指明一段路程。在新的起点，会有新的领航人。到了部队，要收敛自己的性情，遇事要冷静。”费翔感激地点了点头。如今，费翔已成为空军飞行学院的试飞队队长。

——摘自《人民教育》2012年3—4合刊泰州中学“责任教育”纪实报道《教育的大情怀》

案例3　每条小鱼都在乎——负起责任来

暴风雨过后，一个男人偶然看见一个小男孩正在捡水洼里快要被太阳蒸干的小鱼，然后把它们往大海扔去，男人觉得这么做无济于事，因为水洼里有“几千条”小鱼，没等男孩把它们扔进大海，大部分的小鱼就被晒死了。

终于，这个男人忍不住走过去：“孩子，这水洼里有几百几千条小鱼，你救不过来的。”

“我知道。”小男孩头也不抬地回答。

“哦？那你为什么还在扔？谁在乎呢？”

“这条小鱼在乎！”男孩一边回答，一边拾起一条鱼扔进大海。“这条在乎，这条也在乎！还有这一条，这一条，这一条……”

一直很感动于这个故事，我觉得这是给从事教育的人一个善意的提醒。作为老师，在普通的教学工作中，你做出的努力可能得不到最大的抑或是最初预期的成效，但是，决不能轻言放弃，因为，小鱼在乎！在你犹豫之时，有个小生命也许就在你的手上绽放或者凋谢。作为一个老师，也许不能了解所接触的每一个学生，去领悟他们青春的心灵世界，感应他们生活的脉搏；但是，只要他站在了我们面前，即使是擦肩而过的缘分，也需要我们毫不犹豫地伸出手，送他们到广阔的大海里去，延续激情，自由呼吸。

我接过那个班时，整个学年已经过去四分之三了，学习、纪律、班风已经固定下来，我没有做多大的改变，只是不露痕迹地保持原有节奏，默默地观察他们每一个人：有的清浅如小溪，有的雀跃如阳光，有的坚毅自苦，有的静水深流……每个人都是不同的音符，汇成了班集体独特的主旋律。

直到有一天，一封信打破了正常的节奏。

人已经离校出走了，只留一封给我的信。而我拿到信的同时，家长已经闻讯赶来，我们一起看。伴随着家长的一声叹息，我才明白，原来他和家里有想象不到的冲突和矛盾。家长束手无策，孩子不与他们联络，我仿佛看到一条自我放逐的鱼儿在脱离大海。

我骑着车子跑遍了学校附近的所有网吧，没有；又去了公园和护城河，也没有；再把他最好的几个班级同学召集来，终于得到一个上网的QQ号，还好，他还比较信任我，加我为好友了，但人已在几百里之外的另一座城市。孩子对父母有极其强烈的逆反心理，只要知道父母在就不联系，几经反复后，他的父母都要打算报警了，但是我感觉孩子内心的渴望和脆弱，就先与他的父母交谈，安定其急躁的情绪，对他们一些教育和生活上的误区委婉地提出看法，再和他们一起与孩子交谈。QQ挂了一整夜，第二天的中午，他父亲终于找到了他，父子俩第一次一起游了公园，谈了以前都没有说过的话。他回校与我打招呼的一瞬间，我知道，一切会好起来了。

此后在他的周记里我看到了他对父母的体贴，对学习的重新认识，我舒了一口气。鱼儿终回大海了。

班上，有的孩子家庭困难导致自卑内向，鱼儿游得慢，我就多鼓励夸奖，多让其承担一些班务，从而调动起一份荣耀，孩子的眼光明亮，神采飞扬了；有的孩子万事不关心，只知向前游，那就在一些活动中安排需要与他人协作的工作，在与同学的互动中感受友情的可贵和美好，孩子的脚步轻快，积极主动起来了；有的孩子心有余而力不足，埋头苦干但游得茫然，我就对其进行个性化学习方法的指导，常谈常问，直到他在做题之时露出微笑……

泰州中学对学生、对教师、对社会“负责任的教育”的理念，时刻警示和激励着我——时刻都要对班上的每个“鱼儿”在乎，并且要全身心地投入。

张敏（省泰中语文组教师）

二、“负责任的教育”教师观

素质教育呼唤心理健康、素质优良的教师队伍。实现学校的卓越发展，实现推进素质教育的目标就需要一流的教师队伍，优良的团队是实现学校卓越发展的关键和核心，必须建设一支胜任现代教育教学工作，具有现代教育理念，适应教育改革和发展需要的高素质教师队伍，要让教师从根本上树立新的教师观，以专家型教师和学者型教师为发展目标。然而据有关调查显示，目前教师的工作环境并非处于轻松的状态之中，许多教师充满了职业倦怠感、迷茫感和焦虑感，心理压力过大，存在心理亚健康的现象。另外，由于社会环境的影响，部分教师缺乏高尚的师德与责任心。

对教师负责任，应当培养教师爱心、责任心与师德修养，做到知识学养与人品修养并重。“道不正，业不精，情不真，无以为师。”著名特级教师霍懋征认为：“教师最重要的素质是敬业精神、责任心和爱心。”试想，作为教书育人者的教师的心理都不是很健康，能教出健康发展的学生吗？若教师都没有用“心”去教，怎么能让学生做到用“心”去学呢？

对教师负责任，应当尊重教师、善待教师，真正让教师职业成为阳光下令人羡慕的职业。要让孩子幸福，教师首先要幸福。尊师重教是中华民族的优良传统，善待教师是社会之福。今天的教师不是我们原来想象得那般简单，今天的教师工作也不是我们原来想象得那般单一，可以说当今的教师职业成了众目睽睽之下最难胜任的职业。目前，教师最缺乏的是快乐和健康，应当给予教师“喘息的时空”“快乐的生活”“特别的待遇”，真正体现以人为本、人文关怀，形成尊师重教、让人民教师安居乐业的良好风尚。不仅仅在教师节，更应在平时，因为保护教师，就是保护我们自身，就是拥有我们的未来。省泰中在践行“负责任的教育”过程中，为了体现对教师负责任的理念，提出了“教师三要三也要”的主张，即：要工作也要家庭，要学生也要孩子，要质量也要健康。坚持对教师负责，真诚地希望教师们将工作与家庭统筹兼顾、教育学生与子女培养统筹兼顾、教学质量与身心健康统筹兼顾。

对教师负责任，应当关注教师成长与发展，引导教师做智慧型教师、反思型教师、学者型教师，争当名教师。教师的人生应是“奋斗的人生、成功的人生、健康的人生、快乐的人生”，真正的名师应该有爱心、有思想、有作为、有自知之明。现在有些教师仍处于诸多“不知”状态——不知自己处于何种位置、达到何种水平，不知如何发展自己，不知如何在教育教学工作中体现素质教育与新课程理念、不知如何去转化学生等。应当采取切实有效措施“唤醒”教师，增强自身“本领恐慌”意识，不断充实自己、提升自己、发展自己、完善自己、超越自己。我们力求做到“三个结合”（制度管理与人本管理相结合，促进教师自主成长；创造条件与提供平台相结合，促进教师岗位成才；严格选拔与后续提高相结合，促进教师关爱学生、成就事业），“四个让”（让每一位教师幸福地做教师，做幸福的教师；让每一位教师爱业、勤业、乐业、精业、创业；让每一位教师与新课程同行，与学生共成长；让每一位教师都用心研究教育、研究教学、研究学生、思考未来）。

案例 4　身在泰中，幸福花开

我们中的绝大多数人将一辈子做老师。所以，不能不问，不能不想：教师的幸福感从哪里来？

一个整日身心疲惫、心力交瘁的教师，是幸福的吗？一个整天忙忙碌碌、无所思索的教师，是幸福的吗？一个为追求高分而不顾学生死活的教师，是幸福的吗？

幸而我来到了江苏省泰州中学，一个提倡“负责任的教育”的学校，一个提出“不仅对学生负责任还要对教师负责任”的学校，要让每一位教师幸福地做教师，做幸福的教师；要让每一位教师爱业、勤业、乐业、精业、创业；要让每一位教师与新课程同行，与学生共成长；要让每一位教师都用心研究教育、研究教学、研究学生、思考未来。

我认为教师的幸福感来自于以下几个方面：首先，幸福的源泉是学生。刚工作时，同事问我：“学生不怕我们怎么办？”我想这是很多刚参加工作的老师会想到的一个问题。在现在的教育工作中，我们教师总喜欢在学生面前显示出“高高在上”“凛然不可侵犯”的派头，并从中体验着自己的“尊严”，其实，这不是尊严，这只是威严。真正的尊严是敬重而非敬畏。真正的教育是心心相印，而不是“高高在上”，以感情赢得感情，以心灵感受心灵。还记得第一年教高三时，工作上的压力、家庭的变故让我觉得活得很累，一个人独处时会暗自垂泪，班上的学生感受到我的压抑情绪后，在教师节送给了我一封信，上面写满了他们的安慰、鼓励和祝福，那一刻我无比幸福。当很多事情和时间都已走过，并且走远，我小心地阅读这些字句，唯恐有所遗漏，最后只剩感激依依缠绕。一个学生上大学以后在教师节发了一条短信，说我是第一个肯定他的老师，他很感激我。看到这些我很感动，以前我给他肯定，现在他来肯定我的工作，这就是当老师的幸福吧！

其次，幸福感来自于学校和谐的文化氛围。这里包括校领导对我们每一位教师的关怀；为我们每一位教师提供自身发展的平台；还有团队合作互助的集体力量。从事教师职业，如果只是为了谋生，这是低层次的。一个人对一件事有了兴趣，再去做这件事的时候就带有了一种情感，有了情感，奉献和享受已经分不开了，奉献的时候就是享受，享受的时候就是奉献，这才是人类生存的高境界。过去我们谈师德，一般说得比较多的是自律、奉献、人格，很少谈教师的发展提高，很少谈教师需求。实际上，教师在奉献的同时也造就了自我，在燃烧自己照亮别人的同时也照亮了自己。教师也是一个有生活感、生命感、价值感的人，而不只是一个掌握知识、传播知识的机器。素质教育呼唤心理健康、素质优良的教师队伍，秉承对教师负责任的理念，我校定期进行教师继续教育培训，成立了“四美”学习小组，培养教师爱心、责任心与师德修养，做到知识学养与人品修养并重。与此同时举办教职工演讲比赛、体艺比赛、元旦晚会等等，给予老师“喘息的时空”“快乐的生活”“特别的待遇”，真正体现以人为本、人文关怀，形成尊师重教、让人民教师安居乐业的良好风尚。有一位教师说得很好：我不想做成灰泪始干的蜡烛，我是一个灯泡，给我电就可以发出光芒，比蜡烛明亮，比蜡烛快乐，比蜡烛长寿。

做一个幸福的老师，引领着我们的学生体会自我的发展；做一个幸福的老师，教会学生懂得生活，拥有健康的心理和体魄，拥有积极向上的心态，拥有生活、求知的能力。当学生快乐时，我幸福；当学生成熟时，我幸福；当学生发展时，我幸福；当学生成人且成才时，我更幸福。

戴丹丹（省泰中生物组教师）

三、“负责任的教育”教学观

我们学校提出的“负责任的教育”的教学观是：尊重每一位学生、激活每一位学生、成就每一位学生。

为了践行这一教学理念，笔者倡导教师从转变教学观念、教学方法、注重提升学生能力等方面提升教学能力，主动自觉地构建“责任课堂”。

首先，切实转变教育教学观念。教育观念、教学理念与行为方式的转变，对于教学品位的提升、课堂教学的氛围、教学的效果影响极大。在基础教育阶段，教师往往“好心干坏事”，加重学生负担，成为应试教育的“推手”。只有让教学保持适度负担、适度压力，才能更有利于人才的培养。

其次，构建和谐的师生关系。追求教学的高品位需要注重营造和谐的师生关系。师生的和谐关系来自爱与尊重。作为教师，要有能力，更要有亲和力。要坚持以人为本，从细微之处入手，尊重学生人格，尊重学生差异，关爱体贴学生，张扬个性，因材施教，分层要求，分类指导，这是身为人师者的应有的责任。

再次，提升学生自主学习能力。新课程的学习理念倡导自主学习、合作学习、探究学习，作为教师，应当注重发挥学生主体作用，防止过度讲授、包办代替，要让学习在学生身上“真的发生”。

案例5　践行“尊重每一位学生、激活每一位学生、成就每一位学生”的教学理念

首先，尊重每一位学生。

对学生负责。一个学生，代表一个美好的未来。一个学生，寄托着一个家庭的梦想。一个学生，承载着一个社会的希望。对学生负责，就是对每一个家庭负责，就是对我们的社会负责，就是对我们的民族、国家的明天负责。当然，对学生负责，也就是对我们每一位老师自身的人格负责，也就是对我们学校的办学声誉负责。只有这样做，才叫做真正尊重学生。

努力理解学生。教学过程应该是科学而严肃的，决不能过于简单化，绝不是一讲一听、一送一拿那么简单。学生首先是一个鲜活的个体，他有自己的知识基础、个性特征、情感需求、精神世界、信仰追求、成长经历和家庭背景等等。对此，我们必须要给予充分的了解和理解。离开了对学生的理解，也就忽略了学生的真正需求，我们对学生的所谓的“非常负责”，全都成了“非常的不负责”。因此，在与学生的交往中，我们要善于与学生进行心灵的沟通。备课的时候，我们老师可以想一想：学生想从我这儿得到什么呢？我该如何最大化地满足学生的需求呢？讲课的时候，我们老师可以想一想：学生是课堂教学的主体，我有没有喧宾夺主呢？布置作业的时候，我们老师可以想一想：我布置的作业量适中吗？学生完成有困难吗？讲评练习的时候，我们老师可以想一想：学生作业中存在的共性问题是什么呢？根源在哪儿呢？我该如何做到点评工作的多快好省呢？批评学生的时候，我们老师可以想一想：我有没有了解真实情况呢？我批评的方式方法恰当吗？我有没有伤害学生的人格和自尊呢？学生能心悦诚服吗？

坚持因材施教。青少年学生在个性、兴趣、能力、气质等方面都存在客观上的差异，从教学的角度看主要表现为：学习基础差异、学习速度差异、学习能力差异、兴趣爱好差异、生活经验差异等等。老师只有设法了解、尊重这些差异，因材施教，才能更有效地促进每一个个体更好地发展。所以，在备课时，我们不仅要备教材，更要备学生。针对学生的个体差异，确定我们的教学内容和教学手段。在课堂上，无论是授课还是提问，我们都要做到心中有数、目中有人。要尽可能地让每一个学生都能投入到学习中来，都能有收获。过去，我们课堂上常见的优等生吃不饱、中等生吃不好、学困生吃不了的现象，这是典型的忽视学生个体差异的教学行为。在课后，我们要引导不同层次的学生采取不同复习策略和训练措施。对于那些学习能力和基础较差的学生，老师要发扬奉献精神，帮助其补课。如对作文问题较大的学生，可进行面对面批阅；对完成任务惰性较强的学生，可专门督促检查；对基本概念不清的学生，可设法深入浅出地给以点拨；对自信心不够的学生，可抓住闪光点给予及时表扬。

尊重乃教育的灵魂。只有尊重的教育，才能激活每一个人，也才能成就每一个人。尊重，不是一句空话，它有三个关键词——负责、理解、因材施教。

王桂先（省泰中语文组教师）

其次，激活每一位学生。

泰州中学提出了“激活每一位学生”的教学理念，落实到平时的课堂上就是要拟设出科学、富有思维性的问题。以设计问题为主线，通过教师与学生间相互交流、相互作用、相互影响，学生与学生间相互启发、相互激励、互疑互问，实现师生互动、生生互动，在互动中发现、设计问题。这一系列活动就会在课堂内掀起一个又一个新的认识“冲突”，促进学生自主建构知识结构，培养学生创新思维能力。不论采取哪种方式发现、设计问题，一个有意义的、适合探究的问题应具备以下特征：①问题要具有针对性，必须与教学内容和学生的认知水平相联系；②问题必须考虑到学生认知结构的最近发展区，即有一定难度但学生经过努力又能够解决；③问题要具有一定的探究性，好的问题能激发学生的探究欲望，启迪思维，使探究活动顺利展开；④问题要具有一定的开放性，鼓励学生发挥自己的聪明才智，不拘一格地创造性地解决问题。

最后，成就每一位学生。

我们教师的工作是用心灵塑造心灵，用爱心培育心灵，爱心是广阔宽容，是大慈大悲，只有用爱心正视学生的过错，善待犯错误的学生，使其明辨是非，错而能改，改而能进，才能最大程度成就每个学生。遇到具体情况时，一要分析学生犯错的性质，以便能“对症下药”。学生过错的性质一般可分为两类：一类是无心或粗心而犯错误。对此，老师首先要给予谅解，切不要先“扣帽子”，要了解，要谈话，你的谅解态度很容易使学生意识到自己的过错。另一类是有心而做,明知是错,有心而做,也要分析是偶然为之还是自身习性,是心理疾病还是道德问题,不能造成"冤假错案"。

冰心说:"世界上没有一朵鲜花不美丽,也没有一个学生不可爱。"罗森塔尔的"期望效应"实验证明,老师对学生的信任、期望、欣赏程度越高,学生的进步越大,成功率越高,相反,老师对学生失去欣赏,甚至厌恶学生,学生就会失去进步的动力和信心。往往老师的一个激励的眼神,会使他们信心十足;一句赞美的话语,会使他们欢欣鼓舞;一个灿烂的微笑,会使他们终身受益;一个肯定的手势,会使他们加快脚步。用欣赏的眼光去善待每一位学生,在他们的心田中播下"自信与自尊""善良与宽厚"的种子,在让他们获得知识的同时享受到美好、快乐的时光,教师就必须有大海一样宽阔的胸怀,能容得下千姿百态的学生。"当心你的教鞭下有瓦特,你的冷眼下有牛顿,你的讥笑中有爱迪生。"所以说,每一位老师一定要提高自己的修养,学会欣赏。多一分赞美就多一分收获,多一些鼓励就多一些希望。在日常教育和管理中,教师要怀着"孺子可教"的信念教诲他,用"慈母"的爱心感化他,处处尊重学生,杜绝体罚和变相体罚,也不能一味讽刺、挖苦,侮辱学生人格,甚至让学生感到教师"欺人太甚",简直无法承受,那么,教师是在以"爱"的名义伤害学生。

泰州中学提出的"尊重每一位学生、激活每一位学生、成就每一位学生"的教学理念是一个有机统一体,不能截然分开。通过落实这种教学理念必将有利于素质教育的进一步推进,从而真正实现泰州中学"让人人成才、让家长放心、让社会满意"的办学宗旨和育人目标。

孙逸豪(省泰中政治组教师)

案例 6　强化责任育人理念　提升教学品位

"责任教育的核心价值指向学生思维、品格、能力、素养的发展和提升,绝不仅仅是对学生的学习成绩和高考负责。"语文特级教师董旭午这样理解"责任教育"。多年来他在教学中潜心研究如何让"责任教育"走进课堂,创造给学生"精神加餐"的机会,每节课前为学生精心准备一个阅读素材,课堂之初与学生一起完成自选动作——"思辨与提升训练",不仅优化了课内语文教读向课外学生自主学语文的过渡,更重要的是教会了学生主动思辨,教会了他们到生活中去多读、多看、多思、多辨、多悟、多说、多练笔。在多维思辨训练中,同学们不仅收获了语文能力和素养,更收获了美好的人性,发育了"责任情怀"。

政治组老师石爱云在教学中注重"责任教育"视野下的中学生人格教育,即利用非直接教育方式,通过学习、活动、生活中经常化的良好行为习惯的培养,使学生潜移默化地形成良好人格品质。

体育组老师叶中萍关注"责任教师·责任课堂·责任学生"的有机统一,她认为,作为一名责任教师,要用爱心浇灌学生,用人格引领学生;打造体育"责任课堂”，要注重教学内容的适切性、教学活动的游戏化、教学评价的实效性；培养责任学生，要引导学生形成健康责任意识、增强心理调适能力、强化集体主义观念等。

历史组老师徐远红以“中学历史课堂如何培养学生的自主学习能力”为己任，进行了一系列实践与探索，在课堂教学中通过激发学生自主学习的责任意识、指导学生自主学习的方法、引导学生合作探究学会解决问题、帮助学生开展学习反思，进而提高学生自主学习的能力，促进学生主动发展。

生物组老师杨菲菲注重“责任教育”理念下师生关系的构建，提出“做有人情味的教师”。她认为，高中教育阶段由于社会期望值高，学业负担重，师生普遍存在心理压力，情感交流困难，进而影响了教育结果。只要对平凡的教育现象进行研究，教师随时可以发现和感悟负责任教育的教育契机。

——摘自《江苏教育研究》2014 年第 5 期

四、“负责任的教育”学校管理观

“负责任的教育”理念体现在学校管理中就是要切实加强过程管理、细节管理，为此，我们明确了“精心、精细、精致”管理理念，努力为学生营造良好的成长环境，真正把学校建成平安校园、文明校园、书香校园、和谐校园、魅力校园。

一向培养良好行为习惯要质量。希望每一位教师和同学自觉养成良好的文明习惯、良好的工作习惯、良好的学习习惯，良好的生活习惯。

二向提高课堂效率要质量。课堂是素质教育的主阵地，课堂教学的效果关系到学校教学质量的提高，全体师生都要努力提高自己在课堂上的效率。教师们要把更多的时间放在课堂之外，充分考虑学情，认真备课钻研，设计合理的教学过程，提高课堂教学的效率。同学们也要在课前给预习留出足够的时间，培养良好的兴趣，寻求好的学习方法，发扬勤奋刻苦精神，提高学习效率。

三向教育教学研究要质量。教育教学研究是推行素质教育和提高教育质量的必由之路，全体教师要增强研究意识，反思教学行为，不断加强学习与研究，全力打造“善学、善思、善悟、善用”的学习型团队，让学习成为一种风尚，让学习成为一种自觉，让学习成为一种乐趣，努力提升自身业务素养，真正实现科研兴校。

四向增强自主能力要质量。教师们在教学中不仅要教学生“学会”，更重要的是教学生“会学”，提高同学们自主学习的能力。同学们在学习过程中要培养学习的独立性和自主性，努力增强自主能力，减少依赖性与盲目性，让自己真正成为学习的主人。

五向科学规范管理要质量。提高学校教育教学质量要靠科学、规范的管理来实现。我们要严格执行省教育厅规范中小学办学行为“五严”要求，深入实施素质教育，贯彻科学发展观，认真落实《江苏省中小学管理规范》，注重过程管理与细节管理。

六向兴趣与特色发展要质量。希望每一位师生都要培养健康的兴趣爱好，提倡“不能没有让人眼亮的一手"，在正常的工作与学习之余充分发展自己的个性特长，努力提高自身的综合素质，争取人人都能有一项乃至数项特长与爱好，努力在追求"优质发展""多样发展""特色发展""全面而有个性发展"上下功夫。

五、"负责任的教育"社会观

教育是全民关心的、以人为本的事业。社会主义和谐社会应当是人性健全、素质全面、追求卓越的社会。和谐社会的主体价值是责任价值，责任是和谐社会的"生态链"，每个人都是这个"生态链"上的重要一环。构建和谐社会，呼唤素质教育、和谐教育、和谐校园。有位名人说过："一个可以让学生找到归属感的校园，一个能够给学生创造发展空间的校园，一个令学生身在其中乐融融的校园，便是学生所渴望、所呼唤、所向往的学习之所、心灵家园。"的确，学校是形成正确的人生观、世界观、价值观的奠基之地，其职责就是引领人生，使人在德、智、体、美、劳诸方面得到全面发展、和谐发展，产生对人格健全、人生卓越的强烈追求，培养学生优秀的道德行为、良好的学习与生活习惯、健康的心态、广泛的兴趣爱好、全面的素养，实现自身与他人、自然和社会和谐相处。

"负责任的教育"理念正是顺应构建和谐社会的价值观而提出的科学合理的教育理念。"负责任的教育"是更关注人性的提升、人格的健全、人的终身发展的教育，是更关注社会、时代、民族乃至全世界的未来的教育，更是对时代发展、民族复兴、人类文明、社会和谐负责任的教育。"负责任的教育"以造就人的责任情怀、担当精神以及履行责任的本领为根本宗旨，这一理念包含对国家、对民族、对社会负责任的社会观。我们提出并践行"负责任的教育"理念，一方面是对学校自身办学行为提出了明确要求与庄严承诺；另一方面是"跳出学校看教育、跳出教育看教育"，站在国家与民族未来的高度，为呼吁全社会携手共同营造"负责任的教育"生态环境而"鼓"与"呼"，尽一份社会责任。

为了体现对社会负责任，笔者在办学实践中通过各种渠道和各种平台，广泛学习、宣传"负责任的教育"理念，关注社会现实，参与社会实践，让每一位师生懂得好老师、好学生、好公民都应当以责任感做事，要求师生不仅对自己负责任，也要有服务他人、回报社会、报效祖国的责任感，多一些"责任情怀""家校情怀""家国情怀"，既"想大问题"，又"做小事情"，带着激情、带着责任、带着追求工作、学习与生活。

案例 7　让爱与责任同行

曾经有一部儿童小说《爱的教育》及其同名电影风靡一时，感人肺腑，如今这伟大的爱的经典，正在百年老校泰州中学的校园被无数次地重新演绎。近几年，我们学校提炼出"负责任的教育"的办学理念，一个人只有懂得爱，才能承担。在省泰中的校园，我们用同窗互助、师生互爱、关爱社会，诠释着什么叫责任和担当。我们发现，爱的教育才是对学生成长的最负责任的教育。

爱心救助。2005 年泰州中学高三(10)班小夏同学不幸身患白血病，看着身边一个活蹦乱跳的大男生倒下了，全班同学无不伤心落泪，他们亲手制作了99颗幸运星，鼓励他战胜病魔，祝福他早日康复。班委会和团支部立即在全班发起了救助小夏同学的捐款倡议，全班同学热烈响应，在短短的半天时间内为小夏捐款12 485元，班主任徐剑老师更是当场将钱包里的1 450元全部捐了出去。随即捐款活动得到全校师生的热切回应，爱的激流在校园流淌，全校师生纷纷伸出援助之手，爱心捐款近5万元。

在2006年元旦到来之际，学校团委还特别组织了“迎新春献爱心义演晚会”。晚会上，小夏同学的父亲也来到现场，夏爸爸说：“我儿子得了白血病，很不幸，但老师同学们浓浓的爱温暖了我们全家。”也许是师生之爱、同窗之情鼓励了小夏，也感动了上苍，经过积极治疗，小夏同学在大半年之后终于康复了，他又回到熟悉的校园和同学中间，2007年还顺利考上了大学。

学生懂得互相关爱，就能在亲密关系中成长，这对培养大写的“人”无疑是一种负责任的行为。

情系灾区。2008年“5·12”汶川大地震牵动了该校全体师生的心。在校学生会发出捐款倡议后，同学们纷纷慷慨解囊，都想为灾区人民贡献自己的一点绵薄之力。高二(9)班姜渭同学，在第一时间捐款100元后，又将自己积攒多年的5 000元压岁钱全部捐出，她的善举赢得了全校师生的尊敬。她在国旗下讲话时这样说道：“看到电视上那些失去亲人的灾民，我感到很难过，但同时，他们的坚强也深深震撼了我。我只想尽我的能力去帮一帮他们，帮一帮那些和我一样都还在上学的孩子们……”姜渭朴实而真挚的话语，表达了全校师生共同的心愿：汶川，我们与你同在！

“一方有难，八方支援”的中华传统美德在泰州中学的校园传扬，全校师生员工共向汶川地震灾区捐款31万多元。2010年3月学校师生又向西南旱灾捐款6万余元，4月份，向青海玉树地震灾区捐款6万元。

关爱社会，是一种大爱，大爱无疆，这是对社会负责任的体现。教育没有情感，没有爱，就如同池塘没有水一样；没有水就不成其池塘，没有爱就没有教育。泰州中学的“负责任的教育”，因为有爱的鼓励和安慰，让同学们祛除了心中的不安，勇敢地面对生活中的各种挑战，担负起肩上的责任。

曹浩明(省泰中党办)

第二节 泰州中学“负责任的教育”操作体系

“教育基于责任”，“教育改变世界”，实现中华民族的伟大复兴，人才是核心，教育是基础。学校作为实施“负责任的教育”的重要主体之一，校长作为办“负责任的教育”的重要责任人，究竟如何办好“负责任的教育”？

为了将“责任教育”具体化、生活化，我校初步构建了践行“责任教育”理念、引领“责任育人”的操作体系。

一、明确“责任理念”，增强“责任意识”

教育，担负着立德树人、成就梦想的神圣使命。为追求“负责任的教育”理想，我们注重在教育教学过程中不断强化责任理念与责任意识。

近年来，我们充分运用校内的校报、校园网、广播台以及利用校外各类报刊媒体等各种形式手段，在师生中不断宣传、反复强化“负责任的教育”理念及其具体深刻内涵，宣传解读“负责任的教育”理念提出的历史渊源、时代背景、重要意义，同时，让每一位师生明白，倡导“负责任的教育”、办好“负责任的学校”也是对社会的庄严承诺！

（一）明确“责任理念”

1. 学校办学层面

“负责任的教育”内涵从办学层面来讲就是要办对学生、对教师、对社会、对未来负责任的教育。

2. 学校教育教学管理层面

从学校教育教学管理层面来讲，就是对教师的师德修养、教育教学行为和自身专业发展负责，对学生的个性发展、全面发展和终身发展负责。

3. 教师层面

从教师的层面来讲，就是要不断强化对教育事业负责任、对自己的教育教学行为负责任、对每一位学生的自主学习、健康成长与终身发展负责任的自觉意识，帮助学生增强社会责任感，掌握履行责任的知识与技能，进而创造美好未来的责任人生。

4. 学生层面

从学生的层面来讲，就是要对自己的未来负责，学会做人、学会学习、学会合作、学会创造、学会生活，牢固树立完善自我、服务他人、回馈社会、造福人类的责任意识。

“负责任的教育”的办学理念，不只是停留在一般意义的责任感、使命感教育上，而是更关注人性的提升、人格的健全、人的终身发展，更关注社会、时代、民族乃至世界的未来，最终指向对时代发展、民族复兴、人类文明、社会和谐负责任。

“负责任的教育”内涵丰富，为了将“负责任的教育”的理念落实于学校管理和教育教学的每个细节当中，笔者在精心组织、策划的基础上，经过反复修改和征求意见，出台了针对全体师生员工乃至家长和校友在内的《江苏省泰州中学责任行为指南》，使得“负责任的教育”的实施规范化、具体化，让“负责任的教育”的推行有章可循。

案例 8 《江苏省泰州中学责任行为指南》

一、使命承载篇

泰州中学是在 1902 年宋代著名教育家胡瑗先生讲学旧址上兴建的，有着“千年书院”“百年名校”的美誉和深厚的文化底蕴，造就了一大批名家、名师和名校友。胡瑗的教育名言“致天下之治者在人才，成天下之才者在教化，教化之所本者在学校”，深刻地揭示了学校教育和教师职守的本质内涵，即担当起培育“致天下之治”之才的神圣职责——这一“教化致治”思想是我们学校“负责任的教育”(简称“责任教育”)理念的根脉；吮吸着这“根脉”源源不断的营养，我们学校培养和造就的名家、名师和名校友也就自然传承了这种崇高的责任情怀和担当精神——这也是我们学校“负责任的教育”理念的根脉。千百年来，这“根脉”生生不息，也就自然成了今天我们提出和办好“负责任的教育”的精神文化渊源。自2005年9月以来，我们学校从研究千秋文脉、百年文化演变史开始，吸吮书院文化与胡瑗思想中的教育智慧，在探究学校历史文化渊源的基础上，针对新时期教育发展状况和社会文明进步的需要，提出“负责任的教育”这一概念。后经全校师生的反复讨论和教代会通过，正式确立了“倡导负责任的教育”的办学理念。随着认识的不断深化，又逐渐把这一办学理念提炼为目前的“负责任的教育”。这样的办学理念无疑是对我们“千年书院、百年名校”文化底蕴的一种传承、发展和超越，是对泰州中学发展的历史使命的一种责任、担当和承载，同时也体现时代赋予我们泰中人的历史使命的一种情怀、品质和境界。作为新时期的省泰中人，我们责无旁贷，必须不断深化“负责任的教育”理念，构建好“责任育人”体系，倾力把省泰中打造成全国一流、国际有一定影响的品牌学校。

二、理念内涵篇

我们的国家要成为负责任的大国，我们的民族要成为负责任的民族，而要成为负责任的国家和民族必须依靠负责任的教育，要办好负责任的教育则要靠负责任的学校来培养和造就具有责任情怀和担当精神的人才，而要培养和造就这样的人才，最终还是要依靠负责任的校长和老师。所以，从这个意义上讲，“办负责任的教育”应当成为“办人民满意的教育”的理想追求。经过不断深入的实践和研究，我们逐渐明确了“负责任的教育”理念的内涵：从学校办学的层面讲，就是要办对学生、对老师、对社会、对未来负责任的教育；从学校教育教学管理层面来讲，就是对教师的师德修养、教育教学行为和自身专业发展负责，对学生的个性发展、全面发展和终身发展负责；从教师的层面来讲，就是要不断强化对教育事业、对自己的教育教学行为，对每一位学生的自主学习、健康成长与终身发展负责任的自觉意识，不断修养和提升自己，并在自己的教育教学实践中强化落实这种责任意识，努力培养和造就具有自主人格、创造品格、担当精神和高度社会责任感的人才；从学生的层面来讲，就是要对自己的健康成长和美好未来负责，学会做人、学会学习、学会合作、学会创造、学会生存，牢固地树立起完善自我、服务他人、回馈社会、报效祖国、造福人类的责任意识，努力使自己具有天下胸襟、家国情怀，成为有责任感和担当精神的人。

总之，“负责任的教育”这一办学理念，关系着办什么样的教育、培育什么样的人的教育大计，绝不仅仅是停留在一般意义上的责任感、使命感教育上，它更关注的是人性的提升、人格的健全、人的终身发展，更关注社会、时代、民族乃至世界的未来，它的终极目标是培养和造就能够对他人幸福、社会发展、时代进步、民族复兴和世界和谐负责任的“大写的人”。其根本宗旨就是培育人的责任情怀、担当精神以及履行责任的本领。

责任胜于能力，责任决定成败，责任造就卓越。为了让每一位省泰中人守土有责、守土负责、守土尽责，实现“明责任之理，达教化之用”的教育理想，我们正在建构一个以对自己负责为起始点，以对他人负责为支撑点，以对集体负责为基本点，以对国家负责、对民族负责、对人类负责为制高点的责任育人体系，以保证“负责任的教育”理念得以不断深入落实，使之更加内化于心、外化于行，让“说负责任的话，做负责任的事，当负责任的人”成为每一位泰中人的共同追求；同时，为呼吁全社会摒弃“呆滞的教育”，共同营造负责任的教育生态环境，携手办好负责任的教育，促进我国教育事业的健康发展，而作出我们泰中人的一份贡献。

三、责任行为篇

（一）共同责任

爱国爱校，遵纪守法；文明礼貌，诚实正直；同心同德，共创和谐；承载使命，为校争光；立足本职，乐于奉献；质量声誉，牢记心间；拒绝平庸，争创一流；人人尽责，精彩无限。

（二）特定责任

1. 校级领导

以人为本，科学民主；以身作则，率先垂范；情系师生，发展为要；开拓进取，勇于创新；构建特色，提升品位；振兴学校，开创未来。

2. 中层干部

胸怀大局，勇于担当；明确职责，服务师生；注重过程，精细管理；凝心聚力，团结和谐；善于学习，勤于思考；强力执行，智慧高效。

3. 班主任

教书育人，履职尽责；平等友爱，尊重学生；循循善诱，激励学生；人格塑造，规范学生；人生导航，引领学生；心理疏导，康健学生；安全教育，珍爱学生；多方协调，发展学生。

4. 一线教师

三尺讲台，天大责任。爱岗敬业，为人师表；遵循规律，减负增效；主动学习，提升素养；善于钻研，自我超越；不断反思，勤于笔耕；尊重学生，爱生如子；激发情趣，张扬个性；健康身心，立己树人。

5. 在校学生

对己负责，珍视青春；志存高远，学做真人；文明守纪，习惯良好；追求卓越，自强不息;谦虚谨慎,求实进取;善于学习,自主自觉;博览群书,拓宽视野;发展个性,培育情趣;尊敬师长,懂得感恩;尚俭戒奢,淳朴善良;热爱集体,尽责社会;健康成长,全面发展。

6. 教辅人员

校园网络,精心护理;媒体教学,用心管理;教学实验,悉心照理;教务考务,细心处理;图书阅览,静心整理。

7. 后勤人员

甘为人梯,乐于服务;勤奋工作,敬业精业;保障安全,不出疏漏;疾病预防,及早应对;卫生督查,常抓不懈;绿化校园,美化环境;水电管理,节能节俭;物品采购,公正清廉;校产管理,规范有序。

8. 学生家长

子女成长,做人为先;言传身教,弘扬美德;加强学习,提高素质;家庭教育,讲究方法;培养习惯,善于引导;关注身心,培养特长;注重实践,教会自立;家庭和谐,环境宽松;全程关注,积极主动;家校沟通,形成合力。

9. 学校校友

秉持校训,弘扬精神;办学理念,永远铭记;坚守信念,携手共进;奋发有为,奉献社会;培育之恩,涌泉相报;关心母校,献策尽力;回馈母校,造福后人。

责任兴大业,责任赢天下。——让我们铭记!

使命成就梦想,责任铸就品牌。——让我们奋进!

快乐尽责写人生,活出精彩照千秋。——让我们共勉!

(二) 内化“责任意识”

1. 内化理念

为了促进师生将“负责任的教育”理念内化到具体行为之中,我们平时充分运用集会、报告会、主题班会、征文比赛、论坛等各种形式,进一步增强自觉践行责任教育理念的意识,培育责任情怀。

笔者认为,“减负”并不是要“减质”,不是不要负担,不是不要压力,而是营造自觉、自愿、自主的状态下提高效率、提高质量的良好教育氛围,需要师生更加理性、更加智慧、更加有效地学习、工作与生活。因而我们明确要求全体师生切实转变观念,从改变自身学习行为、教学行为做起。

经过多年的实践探索,省泰中倡导的“负责任的教育”在全校引起强烈反响,也收获了累累硕果。何为“负责任的教育”以及如何践行的问题,师生有各自独到的见解。以下是省泰中语文组教师魏宏平老师所领略到的别样教育风景。

案例9 责任重于泰山 教育顶天立地

泰州中学，百年名校，传承文明与文化，担当使命与责任，倡导“负责任的教育”，自强不息，奋发有为，追求卓越。为此，我想到了以下几点：

办“负责任的教育”，必须深入研究教育主体并施以适当的教育内容、教育方法。我们的教育对象年轻，有朝气、有追求、有活力，但也不乏幼稚。随着教育环境的变化，他们心理区间的各种因素也会发生不少的变化。我们要善于研究不同的学生，给他们提供发展的平台。办好负责任的教育，就是要创造一种平等、民主、自由交流的和谐环境，不再一味地同化学生的思维，而是启迪学生的智慧，倾听不同的声音，关注学生的心理健康，解答学生的疑难，并对他们的观点给予正确评析。教育教学不再是为了“分数”，而是为了“思想”，不只是关心学生的现在，而更注重学生的未来。我认为倡导负责任的教育，在教育实践中构建、渗透当代教育理念，必将有力地推进学生创造性思维的培养和学生素质的全面发展。

办“负责任的教育”，就是要求我们必须及时与家长沟通，用合力来办好教育。让教育的途径向家庭延伸，让家长的愿望在学校达成，让教育成果与家长共享，这是负责任感的教育必须也是能够做到的。我们的教育不应高高在上，而应该像叶圣陶身体力行的那样，到农村去，到里巷去，到家庭中去，去倾听家长的心声，了解他们的诉求。同时传达学校教育的信息，及时评价学生阶段性的表现。这种互通式的教育能进一步完善学校教育，也能提升家庭教育的水准。在当前和将来相当长的一段时间内，社会环境对学生的负面影响会依然存在，不少家庭对子女期望值会过高或者对子女教育方法存在不当，而学生的个体差异还会明显存在。这些因素的存在，势必要我们加强家校联系，深入了解学生成长环境和发展状况。

办“负责任的教育”，就是要求我们必须对社会、对国家、对民族负责。学校教育应当坚持可持续发展的科学发展观，关注学生的全面发展、关注全体学生的发展、关注学生的终身发展。年轻的学生是国家的希望和民族的未来，他们的素质如何关系到我们国家的命运。学校教育应当坚持德育为先、能力为上、成熟为度的原则，切实提高学生的道德素养，培养学生高尚的人格与社会责任感，不断实践科学发展观，使其成为社会的合格接班人和建设者。《国家中长期教育改革和发展规划纲要》反复提及的质量意识，我想其核心就是教育的历史使命感和责任感。

办“负责任的教育”，还表现为对从教者负责以及从教者对自己必须高度负责。教师是实现学校教育的首要责任人和生力军，他们的思想境界、知识结构、科学意识、生存状态等等，关系到教育教学的质量与走向。教师群体是一个自律向上、积极作为的奉献群体，但在社会发展中，教师群体素质与追求也悄悄发生变化，部分教师甚至有厌教情绪。对教育负责，就要对老师负责任，尊重善待老师，促进老师身心健康发展。当然，要想实现教育健康可持续发展，就应当关注教师专业成长与发展。我们学校为每位教师建立专业成长档案，采取请名家进来讲学指导与送教师出去进修学习并举的方法，促进教师的发展，取得了一定的成果。而教师要想终身为教育高质量服务，也要有对自身高度负责的态度，养成高尚的人格，培育一颗爱心，充实学识与智慧，提高教育技能，与时俱进，强健体魄。

办“负责任的教育”，要对学校的历史与未来负责。教育为了一切学生，为了学生的一切。当然，教育不能狭隘理解为一切只为了学生，还必须对学校的历史、未来和现实生存负责。这不仅需要领导正确决策，还需要全体师生员工具有使命感、荣誉感。我们学校历史悠久，办学业绩突出，社会影响广泛，社会期望值高，校际之间的竞争激烈，这就要求我们牢牢把握现在，开发利用现有的教育教学资源，发挥其最大效益，培养领军人物，打造名师群体，锻造好学校生存发展精品链。当前我们打造书香校园、科技校园、绿色校园、魅力校园，举办科技节、艺术节、读书节，参加各类比赛，等等，就是要让这片沃土人才辈出，代代相传。这是办好“负责任的教育”的很好体现。

以下是省泰中杨立根老师的致力于在日常教学和管理当中内化“责任意识”的案例，从中可见省泰中师生结合自身实际学习运用“责任教育”理念的缩影。

案例 10 “负责任的教育”从心做起

我校的办学理念是“倡导负责任的教育”，其核心内涵之一是：“对学生负责任”，即对学生的学习行为、方法与效率负责任，对学生的兴趣爱好与特长培养负责任，对学生的健康成长与未来发展负责任。我作为担任多年班主任的教师，在教学过程中努力践行“负责任的教育”理念，做到对每个学生负责。

首先，责任心从不迟到做起。

学生按时到校是学校的常规管理之一，但是就是这样的基本要求部分同学并不能很好地做到。面对这种现状，作为班主任的我首先是以身作则，凡是我的值班：包括早读、晚自习的值班我都坚持提前几分钟到班。记得有一次我因开会，值班时到班晚了，我到班后首先向学生说明了原因，然后郑重地向学生道歉：“我虽然是开会迟到了，但是我要向你们道歉，并保证今后尽量协调好各项工作，力争避免这样的情况出现”。虽然是很小的细节，但是，我能感觉同学思想上的震撼。我在班上规定，每个同学一学期最多有三次迟到，否则就要对自己的迟到负责任，如果有特殊情况，一定要在到校前 20 分钟提前请假。

迟到虽然是一件很小的事，但它同样能够反映一个人的责任心，因为，如果你有很强的集体荣誉感，你有很强的组织纪律性，你就会从各方面严格要求自己，对自己和班级负起自己应负的责任。

其次，对自己负责，做最好的自己。

“培养负责任的学生”是倡导负责任的教育理念的内涵之一。到了高三，学生的学习很紧张，学习压力很大，这种压力很大程度上来自于家庭和老师。有部分学生心理出现了亚健康状态，甚至个别学生有了自暴自弃的念头。我们有个学生小张，在高三上半学期，突然感觉上课精力不能集中，一些很容易的题目也会出现莫名其妙的错误，有时，试卷发下来，自己都感觉不可思议。我通过观察发现了小张情绪不对，因此，找小张谈心。小张把他近期的情况告诉我，言语中流露出消极的情绪。我立即捕捉到了这一信息，于是，我连续两周的周末都找小张交流、谈心，鼓励他“对自己负责，做自己的主人，尽自己的努力学习，努力做到最好！”在我耐心细致的开导之下，笑容慢慢回到小张的脸上。在班会课上，我向全班同学提出了一个响亮的口号：“对自己负责，做最好的自己！”

最后，对全体学生负责，一个都不能少。

关心每一个学生，使每一个学生都能发挥自己的最大潜能，让每个学生体验到成功，是我在教学过程中一直追求的理念。只要是班级活动，我总是尽可能让所有学生都参加，学校运动会，从运动员、啦啦队员到后勤保障员、服务队员等所有学生都有事可做，学校科技节、文化节所有同学全员参加。进入高三下学期以来，学生的重心全部转移到高考复习上来，但是，我仍然尽自己的能力，让学生在紧张的学习过程中学会自我放松，充分利用班会课、劳动课等进行思想教育和劳动教育。在高三家长会上，我提出了一个目标就是：全班学生都要上本一，一个都不能少！围绕这个目标，我注意观察各个学生的学习状况、薄弱学科，加强和任课教师的沟通，请他们对相关学生的相关学科重点关注。每次考试之后，我都会分层次召开学生家长座谈会，认真负责地帮助他们分析问题、发现问题、寻找差距。通过努力，终于在 2011 年的高考中实现了奋斗的目标！

2. 目标激励

培养学生的远大志向要从培育学生的责任意识开始。“倡导负责任的教育”应真正让学生懂得要以富强祖国为己任，为中华崛起而读书。既“想大问题”，又“做小事情”。围绕“负责任的教育”理念，我们全方位地构建“思想育人、道德育人、知识育人、文化育人、环境育人、活动育人”的责任育人体系，创新人才培养模式，努力办成理性而负责任的学校。学校的校训——“明理达用”旨在激励学子们要明做人之理、明做事之理、明学问之理，立志成才、学以致用、奋发有为，要立志成合格之才，成顶用之才，成栋梁之才，真正成为报效祖国之才、对社会有用之才、对人类有贡献之才。同时，以“领袖风范，领军人物”的育人目标激励学子们必须“胸怀大爱，畅想大梦，培养大智，担当大任”，勉励大家力争优秀、力争杰出、力争高尚，成为民之孺子、国之栋梁。

3. 家校联动

福禄贝尔认为：“学校必须与家长取得联系。学校生活、家庭生活和学生生活的一致，是完善教育的首要和不可少的条件。校长必须担任学校和家长间沟通的角色，为学校与家长的沟通提供条件，搭建家校合作的平台。”苏联教育家马卡连柯说：“是谁在教育儿童？是家庭，还是学校？既是家庭，又是学校。”他们都认为学校教育要实现促进学生和谐的全面的发展，离不开学校和家庭这两个教育者密切联系和协调一致的配合。

因此，在对校内师生开展责任意识内化的同时，省泰中还注重通过家庭教育的途径渗透“负责任的教育”理念，使家长转变教育观念，树立起责任意识，让家长们明白：规范办学行为，推进素质教育是一个系统的工程，需要全社会理解、支持，共同努力，共同参与。学校、家庭、社会都要着眼未来，从提高全民族素质的高度，以对每一位学生负责任的态度，整体联动，形成合力，共同营造良好的教育环境，办好“负责任的教育”。

通过各种渠道和平台的学习、宣传与实践，“负责任的教育”理念已在每个泰中人心里深深地扎下了根，为“责任教育”的不断深化打下了坚实的思想基础。

二、培育“责任主体”，造就“责任团队”

“负责任的教育”的推进离不开责任主体的培育与团队精神的形成。

（一）培育“责任主体”

我们在师生中着力培育责任主体意识与主人翁精神，勉励师生发扬“追求卓越、自强不息”的省泰中精神，求真务实，拒绝平庸，勇于担当。

1. 培养负责任的学生

使学生成为责任主体是“负责任的教育”的重要目标。省泰中鼓励学生严谨、理智、自主，带着“责任”做人、学习与生活，以自己的智慧与汗水带来进步、发展与成功。

为了培养高素质的学生，学校提出了“尊重每一位学生、激活每一位学生、成就每一位学生”的教学理念，“全面育人、全员育人、全程育人”的育人理念，得到了顾明远先生的高度赞扬。同时，省泰中重视“成人、成事、成才”教育，注重对学生加强教育引导，开展素质教育“十大主题教育”（道德与法规教育、责任与奉献教育、文明与习惯教育、感恩与俭朴教育、劳动与技能教育、生态与环境教育、心理与健康教育、生命与安全教育、审美与赏识教育、实践与创新教育），培养“十种意识”（道德意识、学习意识、规范意识、责任意识、生存意识、俭朴意识、审美意识、公民意识、感恩意识、健康意识），从而促使学生对自己负责，健康成长，全面发展。

“对每一位学生负责任”，笔者是这样解读的：一要对学生的品德修养与良好行为习惯养成负责任，二要对学生的学习行为、学习方法与学习效率负责任，三要对学生的兴趣爱好、个性特长培养负责任，四要对学生的健康成长与未来发展负责任。简言之，就是一切为学生的主动发展、和谐发展与可持续发展服务。

为了对每一位学生负责任，我们要求每一位学生既要学会做人，懂得做人的道理，树立正确的世界观、人生观、价值观，诚实守信、行为规范、情趣高尚、志向远大；又要立志成才，珍惜时间，把握机遇，掌握真才实学，努力学好本领，真正学有所长、学有所成、学以致用、报效祖国。

对每一位学生负责任，教育者还应当学会倾听。日本教育家小林宗作有言：“倾听是一种修养，是一门艺术，更是校长必备的一种素质，作为一校之长，要善于倾听、乐于倾听，让学校的每一位教职员工和学生都成为学校真正的主人。”这一点在省泰中“负责任的教育”中得到了充分的体现。

多年的教育教学生涯中，笔者始终坚持对每一位学生负责，关爱每一位学生，努力为他们排忧解难。

案例 11　以赤诚之心关爱学生

2008 年 3 月，高一学生小薛出现自卑心理与厌学情绪，不肯上学。我一打听原因，该生体质很弱，父母都是下岗职工，家庭经济情况非常困难，进校后尽管学校免去了他的学杂费，但他依然思想负担很重，经常失眠，产生“弃学”的念头，经常缺课。他的父母非常着急，多次请亲戚朋友做思想工作均不见效，学校有关部门和班主任老师已多次做工作仍未回心转意。当了解此信息后，我立即想办法找到该生恳切谈心。第一次面对校长，他很紧张，结结巴巴地说，之所以不想读下去，是想早点回去挣钱，减轻家人的负担。该生有信息技术特长，曾在省内的比赛中多次获奖。“现在你还小，走上社会也许反而增添你父母的负担，只要克服困难，坚持好好学习，将来选择与自己特长相关的专业，就会改变你自己和家庭的命运。”我说，“如果经济上有困难，学校可以提供援助。”同时鼓励他加强健身锻炼。谈话中听说小薛喜欢打乒乓球，我便笑着告诉他，自己也是乒乓球爱好者，邀请该生第二天到学校体育馆“过招”。第二天，该生果然如约从家里来到校体育馆，大着胆子向我“开战”，顿时情绪高昂起来。当时，在一边“观战”的艺术组秦军老师深受感动，当晚给我发来短信：“您给我上了一堂生动的教育课，您的人格魅力将促使我向您好好学习，同时更好好地工作。”“校长这么关心我，我没有理由不坚持下去。”终于，小薛第二天返回了班级。

次年 3 月，当我听说高三有一位姓胡的同学身患白血病后，我们一方面通过校工会、校团委倡议，组织师生爱心捐款，共达 12.5 万多元，并派校领导和师生代表专程前往南京的医院看望、慰问，转交捐款，鼓励他要积极配合医院的治疗，争取早日回到课堂；另一方面，学校主动决定将该生的 3 万元择校费全部退还。该生及家长非常感动，表示要以坚强乐观的心态面对挑战，积极配合医院的治疗，终于取得了较理想的治疗效果。休学后，学校又为其提供学习机会与便利条件，该生已在 2010 年高考中考取南京的一所本科大学。大家都为该生感到欣慰。

——笔者

2. 培养负责任的教师

教育大计，教师为本。有了负责任的教师，才会培养出负责任的学生，人才强国战略就会有保证。因此，办好“负责任的教育”的关键是提高教师的素质。在培育负责任的教师团队过程中，笔者提出“六个应当”与教师共勉，即：应当具有本领恐慌意识，应当让学习成为自己“可持续发展”的一种动力与内驱力，应当有自己的职业精神，应当学会反思，应当主动发展自己，应当找准自己专业发展的方向，尽最大可能形成自己独特的优势、风格与特色。

为了体现对每一位教师负责任，强化教师的责任感和使命感，学校加大校本培训力度，与中国教育学会合作成立了“中国教育学会泰州实验学校”“中国教育学会教师发展学校”，每个学期都制定校本培训计划，听高层次专家讲学报告（每学年 10 次左右）、与专家同课异授、参观考察、举办论坛、开展各类竞赛等多种培训形式，全力打造“善学、善思、善悟、善用”的学习型团队；要求每一位教师争当“五感”教师：做一名有方向感、有责任感、有约束感、有成就感、有幸福感的教师；做到“五不给”：不给学生留不便，不给家长留非议，不给工作留漏洞，不给教学质量留隐患，不给学校声誉留遗憾。学校组织全体教师学习《中小学教师职业道德规范》，签订“规范教学行为、拒绝有偿家教”公开承诺书，开展“践行师德规范，做人民满意的教师”演讲比赛等，使大家明白教师最重要的素质是敬业精神、责任心和爱心，要用爱心、责任与智慧成就每一位学生。

3. 将爱与责任融入管理之中

在学校管理方面，要求管理人员提高自身的责任意识，把自己的职责视为“天职”，将爱与责任融入教育教学管理之中，重过程、重细节、重品位，做到精心、精细、精致，倾心、倾情、倾力。

身为一名学校管理者，自倡导“负责任的教育”理念以来，为了让每一位省泰中教师幸福地做教师，笔者始终在不断探索如何从点滴细微处关心教师，为培育责任主体、创建责任团队打下坚实基础。为了关心教师的健康成长与可持续发展，我们提出了教师“三要三也要”：要工作也要家庭，要学生也要孩子，要质量也要健康。

案例 12　从细微处关心老师

为了对老师负责任，我着力从培养教师爱心、责任心与师德修养入手，勉励教师做到学识与人格修养并重，让每一位教师幸福地做教师，做幸福的教师，让每一位教师敬业、乐业、精业，让每一位教师用心研究教育、研究教学、研究学生、思考未来，与学生共成长。

早在省“五严”规定下达之前，针对一些地区、学校应试教育倾向严重，师生负担过重，甚至以牺牲师生健康为代价，片面追求升学率等现象，为了关心教师的身心健康与可持续发展，充分体现人本理念与人文关怀，本人旗帜鲜明地提出教师

“三要三也要”的主张，即“要工作也要家庭，要学生也要孩子，要质量也要健康”。

我总是真诚地希望老师们将工作与家庭统筹兼顾、教育学生与子女培养统筹兼顾、教学质量与身心健康统筹兼顾。在关注教工子女培养方面，学校除了尽可能给予一些照顾政策外，对于学校举办的科技、文化、艺术等大型活动或讲座，我们还常常提前出通告，欢迎教工子女或者家属也能参与其中，甚至同台演出。为了增强教师体质，我多次在教师会上提出：教师也要崇尚“健康第一”理念，要像学生开展“阳光体育运动”那样，每天挤出时间锻炼。与此同时，要求体育场馆每天开放，鼓励教师抽出适当时间健身，加入健身行列中来。现在，每到下午活动课时间，学校体育场馆一派热闹景象。

从细微之处关心老师，在不经意中关心老师，在我多年的工作中已成习惯。学校办公楼门厅内有一个本人担当“版主”的教育“百草园”专栏，创办数年来，以其特有的风格吸引了校内外许多读者。除包括“美文欣赏”“教育箴言”外，还设计了“幽他一默”“健康言录”栏目，虽然版面不大，甚至有的人并不在意其价值，但折射出了本人关心同伴的一片真情。一位老师患恶性肿瘤后，本人除了到医院和他家慰问、看望，还送上了慰问金。一天下午大约两点左右我已经上班，正好有点儿空，就准备打电话给他了解病情，但是考虑到病人此时可能还需要休息，于是悄悄地放下电话，过了一小时后再通电话。

我们还先后采取一系列措施尽力为教职工的生活提供保障：每逢教师过生日，都会收到一份学校送的生日贺卡和生日蛋糕；一旦得知教师个人或家庭生活遇到较大困难，我们总是设法帮助解决；对于教师住房、子女入学等方面的困难，总是尽可能给予关心；为了让上早读课、晚自习的值班老师吃好早、晚饭，学校决定免费供应；每逢教师生病住院，我总是尽可能抽出时间参与看望或打电话问候；逢年过节，我总要带领校领导班子成员及相关部门负责人去慰问困难职工，看望离退休老教师、老专家、老领导代表，感谢他们对学校所作出的贡献。

许多老师为之而感动，“蒋校长提出的教师‘三要三也要’，这是从根本上真正体现了人文关怀”，一位老师发自肺腑地说。老师们的责任感与团队精神进一步增强，有趣的是，物理组朱大强老师利用谐音主动在个人网页上办起了“泰州中学做大强论坛”；来自省内外的许多教育代表团到我校交流时，听了相关介绍后也都分别给予高度评价。

——笔者

（二）造就“责任团队”

《国家中长期教育改革和发展规划纲要》中指出：“教育大计，教师为本。有好的教师，才有好的教育。”2012 年 12 月 28 日上午，泰州第 59 届校友、时任国家主席胡锦涛回母校考察，当胡主席见到在校史馆等候的名师代表、著名语文教育家洪宗礼先生时说:"一个名校关键不在乎房子,名校关键在乎有名师,江苏省泰州中学110年来之所以能取得这样的成就,就是因为有一大批名师献身于教育事业。"胡主席简短的讲话揭示了名校、名师与人才培养之间的关系。

《学记》有言:"古之王者建国君民,教学为先。"强国必先强教,强教必先强师,强师必先强名师。笔者认为教师是学校持续发展的生力军,名师是增强学校竞争力的核心要素,推进素质教育、推动学校优质特色发展、提高学校办学品位,必须依靠具有高度责任感的、兼具人格魅力与学识魅力的高素质的师资队伍。

近年来,学校以全国教育科学规划办立项课题《新课程背景下教师队伍建设及相关机制研究》为契机,注重以好的培育机制造就好的教师团队,明确建设高素质教师团队的共同愿景,探索校本教师培育模式:进行全员校本培训,倡导教师岗位成才,关注教师创新精神与科研能力的培养,构建多元评价机制等。学校通过目标激励、榜样激励、学术激励等,激发和保持教师的专业研究兴趣,如发放学术性津贴、提供项目资助、设立奖教基金、倡导公益服务等。学校现已形成了以享受国务院特殊津贴专家、"江苏人民教育家培养工程"培养对象、省特级教师、教授级高级教师、省市突出贡献专家、市名教师、市学科带头人等名特优教师为领头人的优秀教师队伍。

案例13 三个维度成就卓越教师

在江苏省泰州中学这所百年老校学习了三年,教书教了二十五年,省泰中的精神已在言行中留下了深深的烙印。什么是泰中精神?从我做学生时社会上口口相传、师生互相影响鼓励的"我们是最优秀的"信念,到80年代末初为人师时学校总结出的"忠诚、谨业、创新"的教风,尤其是近年来省泰中提倡的"倡导负责任的教育"的办学理念,都渗透着贯穿省泰中历史的精髓:追求卓越,自强不息。省泰中有目共睹的优秀的办学业绩证明,一所好学校是由优秀的教师和学生组成的。学生三年换一轮,教师则是几十年都在学校做贡献,因此,优秀的教师应是"追求卓越,自强不息"的群体,是省泰中的品牌代言,是学校发展的命脉。我认为,卓越教师应具有以下三个方面的特点:思有高度,业有深度,教有宽度。

思有高度。教师的思维方式或多或少会影响学生的思维方式、世界观和价值观。因此教师的思想要起点高,角度新,并具有评判性。

人首先是自私的,诸事先为自己考虑,这并不是一件不齿的事,但是,如果在兼顾个人利益的基础上,考虑到他人、集体和社会利益,最终跳出个人的小框框,登上更高的思想境界平台,那么教师的行为动机、行为方式和行为结果都会有质的飞跃,既能满足个人需求,又会对社会有益。

教师的思维应脱离陈旧的、老一套的窠臼,具有与时俱进的时代特征。教师面对的学生已经不是过去规规矩矩、师云亦云的听话的"好孩子",他们从生活中学到大量课本上没有的东西。有的学生因此具有远大抱负,有的学生则对现实不满。

有新思想的教师才能洞察学生的思想轨迹，为上进的学生打开通往更宽更广的世界的大门，教育消极的学生如何公正、理性地看待社会问题，培养他们的积极向上的生活态度。

具有思维高度的教师从不盲从，他们会带着评判的眼光去看待问题，客观地分析问题，从不丧失自我，从而保持自尊，体现自我价值。具有评判性思维的教师必定会教出有创新意识、有挑战能力的高素质人才。

业有深度。俗话说，给学生一杯水，自己得有一桶水。教师之所以能成为好教师，深厚的专业功底是必不可少的条件之一。省泰中的良好声誉源于专业素质高的教师队伍。且不说省泰中历史上以专业功底深厚而闻名的一代名师洪宗礼、叶凤吾，现在学校的各级各类骨干评比也均以业务水平为核心。且如今的学生从各种渠道接受各种信息，见多识广，对教师的专业水平也提出了更高的要求。专业知识贫乏的教师不仅不能使学生信服，久而久之会影响自己的声誉，乃至教学生涯。

大学学习为具有扎实的专业知识奠定了基础，更具实践意义的专业知识来源于在教学过程中的继续学习和不断总结，因此，继续教育绝不是一句口号，也不能一蹴而就。学习本学科先进的教学理论，坚持将其付诸实践，同时，关注教育教学中出现的问题，潜心研究解决办法，勤于撰文总结，才能不断加深专业水平，真可谓任重道远。

教有宽度。现代育人目标，即学生有扎实的学科知识和终身学习能力，要求教师的教学不能停留在应付考试的层面上，好教师不是讲题目的机器，机器再好，只能简单重复，没有创新，因而价值不大。有宽度的教学应包括学科知识、跨学科知识、学习策略、辩证思维方式、行为准则的讲解与传授，使学生既掌握眼下考试所需知识，又能在今后自主学习时，依照学习策略，独立、高效获取所需知识，不固执己见，能广为接受新概念，严格按照规章行事，做有益于社会的人。

现在，做教师不容易，做一个追求卓越、自强不息的名教师更不容易。让我们不断思索，不懈努力，提高专业水平，从而提高教育教学效果，做一个无愧于百年名校的精英教师。

这是一名在省泰中工作多年的英语教师高莉对于如何成为一名卓越教师的心得：思有高度、业有深度、教有宽度，这些着实是一名卓越教师的必备素养。然而，如何成为一名卓越教师不仅仅是教师自身的追求，拥有一支卓越的教师队伍更是一个优秀学校长远发展的必备条件。因此，倡导“负责任的教育”，如何从学校管理者的角度造就“责任团队”具有十分重要的意义。

作为校长，应当鼓励教师立志做一名有魅力、有尊严、有品位、有本领(真才实学)的教师。我们坚持科研兴校、人才强校战略，高度重视教师专业发展，全力打造“善学、善思、善悟、善用”的学习型团队，以提高教师学习力带来学校发展力。同时，注重树立典型,发挥名师效应,创办“名师讲坛”,组织全体教师先后聆听近在身边的教育家洪宗礼、著名数学特级教师李庾南等名师的报告,学习他们的教育思想和高尚师德,使老师们受到极大的鼓舞与鞭策。

1. 鼓励争当“四型”“五感”教师

教师发展是学生成长的源泉,而学习则使教师在文化升值中持续发展。实干是心之所想的必然行动,也是优秀教师必备的品质。学习与实干,恰恰是进行科研的必备条件,可是,如果没有科研意识,缺少科研水平,就不可能研究出成果。而有了研究意识与成果,反过来又可以促进教学水平的提升,因此成为专家型理应成为教师的发展目标之一。基于此,省泰中鼓励教师们树立责任意识,变“被动发展”为主动发展,在做好日常教学的同时,自主学习研修、积极参与科研,提出“四型”理念引领教师发展方向。“四型”,即争做学习型、实干型、科研型、专家型教师。

“五感”,即力求使自己成为有方向感、有责任感、有约束感、有幸福感、有成就感的教师。方向包括教师自身的发展方向与学生的培养方向两个维度,在方向正确的前提下,能否不断坚持则是检验一个教师的恒心所在。有了责任感,会形成一种道德力量,会生成持久的动力,它是教育教学高效的内在品质;约束感有敬畏道德与规则之义,也有“吾日三省吾身”的“慎独”之美,教师的自我约束力,还会在潜移默化中影响学生;幸福感来源于自身的发展,也来源于学生的成长,而这种幸福状态,往往可以生成一种正能量,在向外传递的时候,让人们感受到这种幸福,也去追求这种幸福;成就从来不光顾无所事事者,也不光顾朝三暮四者,任何成就都需要努力奋斗,都需要时间的考验,有了成就感的老师,也会更加幸福。

为了增强老师的科研能力素养,落实科研兴校战略,省泰中以与中国教育学会合办的教师发展学校为平台,以科研课题研究为抓手,鼓励教师积极主动申报国家、省、市及校级教育规划科研课题或子课题,吸引绝大多数老师加盟到科研队伍中来,同时积极倡导务实、有效、可操作的科研导向与良好氛围。目前,学校有两项经过全国教育科学规划办批准立项的国家级课题“新课程背景下教师队伍建设及相关机制研究”“发掘‘三名文化’,推进‘责任教育’实践研究”,全国教育科学“十一五”教育部重点课题“提高课堂教学实效性的教学策略研究”子课题“改革课堂教学方式,实现教学相长和师生共同发展”,另外有3个国家级课题子课题、1个中国教育学会中语会课题、2个省级课题、8个市级课题。近年来,全校教师在国家级、省市级教育教学专业报刊上发表或获奖论文每年300篇左右。2008年度,省泰中被国家基础教育中心、中国教育学会评为“先进实验学校”。广大教师积极投身教科研的热情高涨,在自己收获成果的同时,也为学校争得了荣誉。

什么是“负责任的教育”?我校数学组的杨子圣老师是这样诠释的:“‘负责任的教育’应是一种文化,是一种责任习惯。当在需要教师担当时,这种外显尤为突出。”他用自己的行动做了最好的诠释——

2008 年 10 月蒋建华校长主持的全国教育科学规划课题
“新课程背景下教师队伍建设及相关机制研究”开题

案例 14　那一年,我学会了用左手板书

作为教师,除了“左撇子”,大部分教师用右手板书比用左手板书要灵活得多,我属于大部分人里的一个。不过,一次不幸,让我学会了用左手板书。

那是 2008 年五月初的一个中午,一场意外发生了,我被一辆闯红灯的轿车撞倒,但仍坚持回学校上课。上课时,我感觉到胳膊隐隐作痛,但没有在意。第二天上午上课时,胳膊的疼痛加剧,我忍着疼痛上完了两节课后到医院拍片检查,结果表明,我的右臂关节脱臼,必须立即绑上绑带固定治疗。

时值高三二轮复习,数学学科的特点决定了要将一轮复习中的知识进行融合。一方面要将重要知识进行总结提升,对一个问题的求解要从不同的角度去理解分析,加深对问题的本质的认识,进而能解决一类问题。另一方面,要对学生进行问题求解的规范化培训,以求得在高考中能避免“会而不对,对而不全”的现象发生。这两方面的要求都需要我书写大量的板书,我便开始尝试用左手书写。记得写的第一个字是“函数”的“函”,当我抓起粉笔抬起左胳膊时,我感到抬起左胳膊的速度远远不如抬起右胳膊快,好像有一根筋拉着一样。我小心翼翼地在黑板上画了一横,停顿了一下,写了一小撇,我感觉还行,便接着往下写,居然将一个“函”字写出来了。当时我心中一阵小喜,接着我便尝试着往下写,“数”也写出来了。一堂课下来,我竟写了大半块黑板的板书。下午两节课后,我在高兴我能板书的同时,我发现一节课的容量少了将近三分之二,如果长期这样下去,势必会影响学生的前途。晚上在去医院看望爱人后,我找了一块小黑板在办公室内开始练写字,刚开始还好,时间长一点,左胳膊开始酸痛,加上右胳膊的伤痛,浑身上下都不得劲。曾有放弃练习的念头，但一想到两个班一百多个学生的前途就有可能毁在我的手上时，不敢有所懈怠。经过几天的苦练，课堂板书的能力大增，教学内容也能得到保证，我深感安慰。

高考后，蒋校长对我说：“你辛苦了，一只手要上两个高三班的课，还要担任班主任和备课组长工作，另外还要到医院照顾爱人，接送小孩，真不简单。”那时，我才发现，我竟然靠一只手，做了这么多事，当时竟然没有想到请假或推掉部分工作。

身教重于言教，老师对事业、对学生的担当，深深地震撼了学生的心灵，整个班级的学习风气焕然一新，我任教的两个班级学生的高考成绩名列前茅，我担任班主任的班级，高考成绩居同类型班级之首。高考后学生告诉我，因为学生看到我没有请假，坚持用左手上课，连那些有点调皮的学生也认真学习了，成绩自然也就上去了。有些家长也被感动了，给我发短信：“杨老师，我们太惭愧了。整天说自己忙这忙那，却常常忽视了孩子的成长，忽视了做家长的责任，您给我们上了生动的一课！”

杨子圣（省泰中数学组教师）

2. 创新校本培训模式

在创新校本培训模式方面，我们主要抓住三方面：一是明确培训目标与思路，坚持“立足自身、明确目标、突出重点、全员培训、整体推进”的培训方略；每人有发展规划、措施和总结。二是落实“五个到位”，即组织到位、制度到位、过程到位、考核到位、经费到位。学校制定了《江苏省泰州中学校级三级骨干教师的评审条例》《名师考核与津贴发放办法》，现已建立了8个校级名师工作室。三是凸显实效，即通过培训，在队伍整体素质提高的前提下，确保优秀教师群体的形成，逐步探索出具有校本特色的教师教育培训模式。

省泰中与中国教育学会合作成立了“中国教育学会泰州实验学校”“中国教育学会教师发展学校”，每个学期都制定校本培训计划，采取听高层次专家讲学报告（每学年不少于10次）、与专家同课异授、参观考察、举办论坛、学术沙龙、各类竞赛等多种形式。笔者始终要求每一位老师德高、学高、艺高，当好师德的楷模、业务的行家、科研的能手，同时做到“五不给”（不给学生留不便，不给家长留非议，不给工作留漏洞，不给教学质量留隐患，不给学校声誉留遗憾）。学校还组织全体教师学习《中小学教师职业道德规范》，签订“规范教学行为、拒绝有偿家教”公开承诺书等。这些举措强化了教师的责任感和使命感，也有力促进了教师的师德修养和专业成长，造就了全校教职员工的责任情怀。使大家明白教师最重要的素质是敬业精神、责任心和爱心，要用爱心、责任与智慧成就每一位学生。

学校不仅注重教师专业发展，还努力营造教师学习文化，大力提倡“三让”，即“让学习成为一种风尚，一种责任”“让学习成为一种自觉，一种习惯”“让学习成为一种乐趣，一种幸福”,激励教师自己学习和提高。“教育人者先受教育,激励人者先强自身”,“终身学习是未来世界每个人的生活必需,教师尤其要有终身学习的意识”,“只有兼具人格魅力和学识魅力的教师,才能引导学生不断发展,才能成为学生终身铭记的名师”,“学习可以改变一个人、一所学校,乃至一个民族”,“校长读书,教师才会读书;教师读书,学生才会读书”……这些都是笔者经常说给老师们听的口头禅。长期的引领与熏陶使得教师们越来越深刻地认识到:作为教师,应当学会用读书和学习来弥补理论与业务的不足;应当学会让学习成为自己“可持续发展”的一种内驱力;应当学会让学习与研究成为一种常态;应当学会不断反思,让自己在反思中成为事业和生活的主人;应当学会主动发展自己,在压力中提升自己,读精品之书,读有魂之书。同时,教师们也深深地懂得了:作为一所具有特殊政治意义的学校,泰州中学从未像现在这样,承载着如此多的期待,每一位省泰中人都有责任把学校发展得更好。生命因责任而高贵,平庸不应属于我们省泰中教师,平庸也不应属于我们省泰中的学生,平庸的教育更不应属于省泰中!

现在的校园,从领导到教工,自觉看书、学习、谈心得、写论文,各种校本培训、论坛、学术沙龙、专家报告、经验交流等活动已蔚然成风,成为校园一道亮丽的风景线。在这道“风景线”上,学校成了“学习型组织”,教师团队成了“学习共同体”,校园成了“幸福的学习乐园与优雅的精神家园”。每天都学一点点,每天收获一点点,每天进步一点点,早已成了全校教师共同的心声,省泰中新一代名师队伍和中青年骨干教师群体正在迅速壮大。

3. 关心教师可持续发展

为了关心教师的身心健康与可持续发展,充分体现人本理念与人文关怀,所谓“幼吾幼以及人之幼”,学校一方面旗帜鲜明地提出教师“三要三也要”的主张(即“要工作也要家庭,要学生也要孩子,要质量也要健康”),先后采取一系列措施尽力为教职工的生活提供保障,真正从细微之处关心老师,在不经意中关心老师。笔者多次在教师会上提出:教师也要像学生开展“阳光体育运动”那样,崇尚“健康第一”理念,坚持每天锻炼。

另一方面,学校为了实现“十一五发展规划”中师资队伍建设的目标要求,还克服经费困难,为教师业务发展或学历提升一路大开“绿灯”,已先后推荐90多位优秀教师或管理人员出国(出境)考察、培训、进修,每年组织多批次人员分别参加市级、省级、国家级学习培训、学术论坛,或与兄弟学校进行对口交流,鼓励在职教师读研读博,尽最大可能提供各种学习机遇。

4. 发挥名师效应

为进一步树立典型,发挥名师效应,学校组织全体教师学习近在身边的语文教育家洪宗礼先生的教育思想和他的高尚品格,全体教师受到极大的鼓舞与鞭策。省泰中教师队伍中,青年教师所占比重较大,为了使他们尽快掌握教学技能,为保障学校可持续发展增强活力,学校开展了多种形式的岗位练兵与技能竞赛,为教师的成长铺路搭桥,促进岗位成才。

经过不懈努力，省泰中责任团队建设取得了可喜成果。近几年来学校又有一批教师分别获得市“五一劳动奖章”、市劳模、市优秀班主任、市十佳青年教师、市师德模范、市巾帼标兵、省爱生模范、省先进教育工作者、江苏省特级教师、江苏省有突出贡献的中青年专家、苏步青数学教育奖、明远教育奖等各级各类表彰奖励，以及市“311 工程培养对象”、省“333 工程培养对象”、省“人民教育家工程培养对象”等。现有教师队伍中，享受国务院特殊津贴专家 1 人，获苏步青数学教育奖 1 人，江苏人民教育家培养工程首批培养对象 2 人，特级教师 10 人，地市级以上名师 18 人；教授级(正高级)教师 7 人，中学高级教师 133 人，超过教师总数的 50%；具有研究生学历的教师 80 多人。优秀教师群体覆盖主要学科，教师队伍结构更趋合理，逐步形成了以“专家型”“科研型”“创造型”教师为龙头、高中级教师为中坚的骨干教师群体。

案例 15　洪宗礼，省泰中老师的典范

2011 年 11 月，第四届全国教育科学研究优秀成果奖揭晓，在 19 项获得一等奖的成果中，有一个令泰州中学师生非常骄傲的名字：洪宗礼。在人民大会堂，时任国务委员刘延东亲自为其颁奖。2014 年 9 月，他又获得全国首届教学成果一等奖，受到习近平、李克强等领导人的亲切接见。这位从教师队伍中走出来的中学语文界泰斗级人物，就生活在我们的身边。洪宗礼先生 1960 年从扬州师范学院毕业，分配到泰州中学，一直在这所学校工作、生活、研究。老先生一生筚路蓝缕，在教育教学、教材编写和课题研究三大领域成就斐然：

前 20 年，洪宗礼老师致力于语文教学实践。数十年，以饱满的激情践行着“情操高，教艺精，教风实，知识博，基本功硬”十六字箴言；

后 30 年，他致力于语文教材编写。以精编、精改、精研的“三精”精神和严肃、严格、严谨的“三严”态度，积极探索语文教材体系，主编了三套经国家审定通过、广受一线师生欢迎的初中语文教材。

最近 10 多年，洪老先生又致力于中外母语课程教材的比较研究。纵观历史，立足现实，放眼世界，努力探索适合我国国情的语文教育改革之路，最终完成了《母语教材研究》10 卷本的皇皇巨著。

同时，已经退休多年的洪先生一直关心着学校的发展，关心教师队伍建设，2013 年 2 月，他欣然回校在“名师讲坛”上做促进教师专业发展的首场报告。

作为泰州中学的校友，中国教育科学研究院原院长袁振国评价洪宗礼老师时，强调了“责任”与“使命”两个词。他说，洪老先生身上始终涌动着旺盛的生命激情和心无旁骛的痴情。这种激情和痴情都源于一点，那就是对传承、弘扬祖国语言文化的使命感和责任感，对培养好下一代的责任感和幸福感。这种崇高的使命感、强烈的责任感是他战胜一切困难的永久动力。

董旭午(教研处)

回眸泰州中学110多年历史，其实有很多像洪宗礼老师这样甘于奉献、勇于担当崇高教育使命的人，他们在一代代地传承着这种精神，并逐渐形成一种名师文化氛围，弥散在校园里的每一个角落、每一个教育细节中，让生活在其中的现代省泰中人受到浸润和洗礼。

5. 构建责任课堂

责任课堂适合于任何学科，笔者认为，课堂上教师仅仅教学生学会和会学还远远不够，还必须让“立德树人”这根育人红线贯穿课堂教学的始终，只有这样，“负责任的教育”才有可能做得更扎实到位，才有可能称得上是实实在在地对学生的“立人”和“发展”负责，是在对社会进步和民族复兴负责。鉴于此，笔者与老师们一起研究设计了这样的“责任课堂”：注重“人本”意识的渗透，关注学生的生命状态，维护学生尊严，建立平等的师生关系，关心、善待和激活每一个学生，为他们创造用自己的眼睛去观察、用自己的头脑去思辨、用自己的语言去表达、用自己的体验去感悟的机会、条件和环境，让课堂真正成为师生合作、教学相长的乐园，让教育始终闪耀着人性的光辉。

在这一理念的指导下，省泰中坚持以课堂教学为主阵地，开展“课堂教学模式改革探究”，深入落实责任理念，倾力打造“责任课堂”。老师们在课堂上都注重渗透“负责任的教育”理念，注重以生为本、独立思考、主动探究，把学习和探究的主动权交给学生，注重塑造人格、培养习惯、教会方法，形成了各具特色的课堂教学模式，例如，语文组教师的“生活化语文课堂”、数学组的“动车教学法”、化学组的“3S”教学模式等。学校还向家长、社会开放课堂，邀请学生家长自己预约时间走进课堂听课，合力打造“责任课堂”。

以下列举几个有关责任课堂的例子：

案例16　责任课堂(一)

责任担当精神是民族兴旺、个人奋发向上不可缺少的动力，其核心是爱国、爱学习、追求真理、有骨气、有道德。英才学生一般不缺少智力，而问题容易出在学习兴趣、习惯、意志、态度、责任心、刻苦精神等非智力因素，结果往往是“聪明反被聪明误”。

“严师出高徒”。作为老师，我在日常的数学教学中有意识地利用品德高尚的国内外数学大师的成长经历与业绩作为数学启发式教学和渗透责任教育理念的资源，使之成为数学英才奋发学习、追求卓越的精神动力、宝贵资源。通过熏陶，培养学生一丝不苟、精益求精、高度负责、勇于创新的精神品格，培养学生献身数学、立志成才、报效祖国、服务社会的高度责任感与使命感，成为具有独立人格的、有学识魅力的、负责任的人才。

有着崇高责任担当精神的华罗庚堪称人们学习的楷模，也是一位热爱祖国、品德高尚的典范，他的生命轨迹、精神脉动凝聚着一个世纪的感动。他是一位十分勤奋，在艰难的条件下自学成才的杰出数学家，他说：“聪明在于学习，天才在于积累。”他还曾经写过充满哲理的一首诗:“埋头苦干是第一,熟练生出百巧来。勤能补拙是良训,一分辛苦一分才。”这些都是他治学经验和自学成才经验的结晶,他用生命传奇凝练出的名言警句,传达着一种担当、一种思辨、一种智慧。华罗庚不仅有很出色的数学研究成果,而且对数学普及以及数学在各个领域的应用研究,以及数学作为基本工具在生产生活领域的广泛应用和推广方面做出了巨大贡献。就拿0.618这个数目来说,看似简单却很不平凡,成为华罗庚先生履行社会责任、服务经济建设的象征,充分表现了华先生视国家与人民的利益高于一切的社会责任感和对普通劳动人民的深厚感情。毛泽东主席曾经在致华罗庚的信中特别赞扬他“不为个人而为人民服务”。

著名数学家、获得2000年国家最高科技奖的吴文俊院士曾经语重心长地勉励师生:“我们应该开创我们自己的领域,我们要提出我们自己的问题来。从长远看我们要创新,我们要有自己的路,我们要有自己的方向,自己的思路,不能完全跟着别人。”这对于缩小与数学强国的差距,增强加快中国数学发展步伐的责任意识有着现实的指导意义。

我国著名数学家、获得2009年国家最高科技奖的谷超豪院士从事数学研究活动已60余年,从微分几何到偏微分方程,再从偏微分方程到数学物理,谷超豪的一生尝尽了数学的深奥和抽象。他甘为人梯,献身基础研究,几十年来为中国高校和科研机构培养出一大批高级数学人才和教学科研队伍。谷超豪认为,为国家的兴亡承担责任,自然是“大事”;用自然科学改造世界,也是“大事”。

国际知名拓扑学家、中科院院士、全国教书育人楷模、北大数学学院教授姜伯驹,怀着让数学服务于民族振兴与国计民生的理想,站立讲台50余载,直到70岁还坚持查阅学生作业;着眼于数学学科对国家建设的贡献,倡导高校数学专业的转型;关心中小学数学教育,年逾花甲仍带头谏言中国数学基础教育;重视数学的推广与普及,亲自动手写科普著作,时常出现在科普讲台上。

世界级大数学家丘成桐同时成为菲尔兹奖、沃尔夫奖和克雷福特奖的三项国际大奖的得主.他似乎总有着无穷无尽的精力,主动承担着培育拔尖人才的重任,专门设立了丘成桐中学生、大学生、研究生数学奖,鼓励创新,希望尽快为中国培养出超一流的研究人才。如果要说他有什么格外与众不同,那就是他做人、做事、做学问的大气。

——笔者

这些生动典型的案例,丰富了数学课堂,更体现出对于学生超越一般数学基础知识之上的数学素养、文化素养的培育。

笔者十分反对这样的课堂教学:讲义成堆,资料泛滥,题海茫茫,把教学演变成“学不会教会,教不会练会,练不会考会”的恶性循环,拼时间,拼消耗,牺牲师生的身心健康，近乎“玩命”。但笔者同时主张课堂不能过分“理想化”“玩潇洒”，还必须充分发挥教师的主导作用，严而有度、严而有格地组织、引导学生去学习和探究，这才是真正对学生的学习和发展负责。

案例17　责任课堂(二)

笔者曾经在听我校语文教师董旭午开设的一节公开课时感受到了“责任课堂”的魅力。

上课了，高三(3)班的投影幕布上，展示出任教语文学科的董老师课前精选的一篇文章——《在作品上留下自己的名字》，同学们又投入了静心的阅读：

2008年北京奥运会主会场“鸟巢”是一个举世瞩目的建筑作品。“鸟巢”总重量达4.2万吨的钢结构，全部要通过焊接来完成。为了焊接技术的要求，保证“百年大计、品质第一”，参加建造这一具有历史意义建筑奇观的焊工们，每每焊接一条焊缝时，都要庄重地在焊缝边上镌刻下自己的名字——也许公众没有机会看到，却永远不会磨灭。

在“作品”上留下你的名字，这种责任到人的做法，让每一位普通焊工明晓自己的历史职责和人生荣誉，从而在建造过程中，杜绝了裂纹、夹渣等品质问题的出现，使得“鸟巢”构件工程的一次成功率达到了99.99%。其实，距今600多年前，我们的祖先们就在“作品”上留下自己的名字了。在《做人与处世》中，作者老北曾讲述这样的故事：

公元1368年，明太祖朱元璋定都应天府——就是今天的南京。为了保卫都城，抵御侵扰，南京修建了长达33.676公里的防卫城墙。在历时21年的建设过程中，为了保证品质，工程自始至终坚持使用着一个管理方法：在每一砖块上刻下有关人员的名字，其中包括烧窑匠、监造官、制砖人、提调官、砌建者、检验官……

在“作品”上留下你的名字，不仅是对品质的一种负责，也是对荣誉的一种宣扬，更是对历史的一种承担。但愿，我们继承和发扬这一镂骨铭心的风尚，以这种“将来式”的独特手法告慰后来的一代又一代人。

自董老师高二接班以来，一直就是这样坚持课前与学生一起完成好这个自选动作——“思辨与提升训练”，这不，高三仍在继续深入地进行着。学生读完这篇短文后，董老师又像往常一样地提出了问题，启发学生积极思辨：

本文作者对“在‘作品’上留下自己的名字”很有感想，他的感想有哪些？你最欣赏的是哪一点？……

问题一抛出来，学生就七嘴八舌地讨论起来了……

此情此景，坐在教室后面的我悄悄地被感化，为之而振奋！课后，我与董老师交谈时，问他一年多来与学生一道品读、欣赏、辨析了多少篇这类文章，他说自己已不太记得清了。他认为，这样的“思辨提升训练”，不仅优化了课内语文教读向课外学生自主学语文的过渡，更重要的是教会了学生主动思辨，教会了他们到生活中去多读、多看、多思、多辨、多悟、多说、多练笔。一路走来，董老师和他的学生都越来越喜爱这个“自选动作”了。在多维思辨训练中，同学们不仅收获了语文能力和素养，更收获了美好的人性，培育了“责任情怀”。

——笔者

带着责任干事业，让“负责任的教育”理念走进课堂，走进学生生活，铸魂立人。董老师的这个教学案例，在我校只是一个典型的缩影。现在，语文组老师在积极打造“责任课堂”方面先行一步，十分注重通过课前口头作文、思辨训练，课中讨论交流、合作探究，课后作文摘写周记等。此外，其他学科组的老师也都在打造“责任课堂”、探索各具特色的课堂教学模式方面进行了积极有效的尝试，在课堂教学中不仅教会知识，而且教会方法，教会习惯，教会做人。老师们逐渐明白了这样的道理：进行新课程改革，大力推进素质教育就是对学生负责，对社会发展负责，就是对民族的未来负责。

课堂，就是负责任教育的有效载体，“责任文化场”正在日渐形成，“责任感”也在不断传递。

案例 18 责任课堂(三)

“这节班会课，我们来看一场情景剧。”周明亮的话引来学生一片欢呼。学生们非常期待上班会课，因为每周的班会课都会有不同的惊喜。周老师转身在黑板上写下几个字：责任人生——减负 AB 剧。

这次班会的设想来源于一些家长的电话。“周老师，一到周末，孩子就光玩电脑，不学习，这可怎么办啊?”有段时间，周明亮总是接到类似的电话。那时，江苏省出台减负增效的“五严”规定，要求严格控制学生在校集中教学活动时间。自控力不强的学生的周末、节假日全部被电脑游戏、玩耍占据，学习的事完全抛到脑后。这种现象折射的是学生自主管理能力的缺失。作为教师，有责任为学生补上这一课。周明亮和几位班干部沟通后，精心策划了这节班会课。

“第一幕，初三苦读。”主持人报幕之后，几个学生走上讲台，表演初三挑灯夜战，瞌睡连连也不肯睡觉的场景。这一幕，学生们太熟悉了，当年为了中考，简直是“头悬梁，锥刺股”。第二幕出现了戏剧性的变化，班长坐在讲台上，拿着一份材料宣读省“五严”规定，台上的同学欢呼雀跃，大呼“周末可以玩了”。第三幕分场景展现几个学生的周末安排：甲同学喜欢拉二胡，他的周末是在练习中度过；乙同学在家长的安排下，被动地去参加补习班；丙同学放任自己，看电视、玩电脑，尽情娱乐；丁同学为了解决作业中的一个难题，主动跑到图书馆查找资料。

到此，情景剧暂停。“现在，请同学们做一把编剧，续编剩下的两幕话剧：一年之后和十年之后。”周明亮把任务布置下去，学生们兴致高涨，他们分成几个组，讨论剧本的创作思路。最后展示时，第二小组的创意得到大家的一致认可。他们的剧本是这样编排的：第四幕，一年以后。期末考试，拉二胡的甲同学成绩一塌糊涂，被动学习的乙同学考试成绩是第二名，无所事事的丙同学学习成绩是第三名，自主学习的丁同学考了第一名。甲同学遭到家长的指责，命令他放弃二胡练习，好好学习。丙同学得意洋洋：自己没付出努力，但也没考倒数啊！

第五幕，十年之后。4个人再次相遇，命运发生了转折，甲同学尽管遭受指责，但依然坚持练习，最终考入音乐学院，成为优秀的二胡演奏家；自主学习的丁同学考取了名牌大学，成为一名工程师；被动学习的乙同学做了经理；无所事事的丙同学成为送水工。“今天的选择就是明天的结果。”剧本最后一句话引起大家的沉思。班会课进行到这里，周老师不需要再说什么，学生已经意识到，自己笔下人物的命运可能就是未来自己的发展轨迹，要对未来的人生负责，必须先对当下的学习生活负责。

——摘自《人民教育》2012年3—4月合刊《教育的大情怀》

6. 建立多元评价与激励机制

为了实现我校发展规划中师资队伍建设的要求和创建全国一流高中的奋斗目标，学校全方位、多渠道建立教师学习、培训、研修、奖励等保障机制，着力培育师生的责任主体意识，求真务实，勇于担当。为了促进中青年教师尽快脱颖而出，学校先后制定出台了《江苏省泰州中学名师培养工程评审条例及奖励办法》《江苏省泰州中学“教师之星”系列评选条例》等，设立了“洪宗礼奖教基金”“晶晖奖教基金”，并配套出台了校级骨干、市级名师、省级专家学术性津贴方案。

2011年的4月，泰州中学的网站上公布了首批（2010年度）“教师之星”名单，评选的内容和标准很有特色，包含了师德之星、敬业之星、爱生之星、课改之星、学习之星、科研之星、教学之星、发展之星、才艺之星、健身之星等十大类别，获奖面可以覆盖全校教师的一半左右。每个类别都有其明确的评判标准，当选教师还要在学校宣传橱窗中展示光辉形象和感人事迹。这种多元化的评价和激励机制，为更多的教师提供了更广阔的发展平台和获得认可的机会，自然受到普遍欢迎。每年申报评选时，气氛之热烈有如“全校总动员”。2013年又评选出102位“教师之星”。

三、搭建“责任平台”，提升“责任本领”

在不断深化“负责任的教育”的实践中，我们体会到：仅有负责任的意识、态度与精神是不够的，还必须有学以致用的意识与履行责任的本领。“责任本领”的提升不仅仅有赖于“责任理念”的渗透，“责任课堂”的锤炼，而且需要挖掘利用学校文化精髓以奠定师生“负责任”的精神根基，也需要为师生搭建培养“责任本领”的广阔的平台。

(一) 奠定精神根基

我校精神鼻祖、教育家胡瑗初创安定书院,提出了“至天下之治者在人才,成天下之才者在教化,教化之所本者在学校”的教育理念和“明体达用”的教育主张,开启了省泰中教育思想之源。明代中期,平民哲学家、教育家、泰州学派创始人王艮又将“修身立本”的思想输入安定书院。清朝中期,经千年风霜的书院又迎来了一股清流——“明理做好人”的思潮,从北宋时期积淀的精神传统一直延续至 1902 年安定书院旧址上兴建的泰州学堂。检视省泰中的每一次革新,每一次迈进,“精神文化”始终是其发展的动力。

自 2005 年提出“倡导负责任的教育”办学理念之后,学校又明确了“明理达用”的校训,这是省泰中秉承千秋文脉的文化基因,要求大家不仅能明了做人、做事、做学问之理,还要有学以致用、立志成才、报效祖国的志向与本领。同时进一步修改完善“追求卓越、自强不息”的省泰中精神、“和谐、求实、进取”的校风、“忠诚、谨业、创新”的教风、“好学、善思、致用”的学风、“领袖风范、领军人物”的育人目标等一整套学校精神理念系统与文化精髓。这些都是省泰中教育思想和实践完美结合的教育智慧和育人宣言,亦是其不断创新与可持续发展的精神源泉。

案例 19 明理达用、兼济天下

我们学校的校训是“明理达用”,是与宋代著名教育家胡瑗“明体达用”的教育思想一脉相承的,但又有着新时期教育发展背景下的一些深入的哲学思考。对此,我想谈几点自己的思考和认识。

一、明理达用的实质是办负责任的教育,核心是实现自身价值与社会价值的和谐统一。

蒋建华校长提出,要创办世界一流中学,必须坚持提高教育质量,提升办学品位,贯彻落实明理达用的教育思想。明理达用,是省泰中人关于学校发展的重要思想,是运用马克思主义关于教育的世界观和方法论于办学实践的具体体现,是同孔子“兼济天下”、胡瑗“明体达用”思想既一脉相承又与时俱进的科学教育理论,是引领省泰中不断向前发展的重要指导方针。明理达用,是立足中国教育实际情况,总结以往教育实践,借鉴国外教育经验,适应新时期教育教学实际而提出来的重要办学思想。强调学有所知向学懂其理、学有所术向学先做人的转变,明做人之理,明做事之理,明学问之理,成顶用之才,成栋梁之才。所以,明理达用的实质是办负责任的教育,核心是实现自身价值与社会价值的和谐统一。

二、教育有责乃远,倡导负责任的教育,是一切优秀学校的第一要素。

建立以学生发展为本的负责任的教育体系,学校从事教育事业的基因将是责任、品位和全球化,教育不能以升学率为最高目标,而是以实现学生个人价值与社会价值的最大化为目标。学校的办学品位是衡量世界一流中学的标志,悠久的历史、深厚的文化底蕴、优良办学传统为省泰中积淀了一流的教育品位,安定书院、胡公祠、千年古银杏、陈毅东进谈判旧址、总书记读书楼把省泰中的品位一代一代传承并发扬光大。全球化是当今世界发展变化的根本趋势,创办世界一流中学必须拥有全球化的视野,能培养出国际化的人才。为此,我认为教育有责乃远,倡导负责任的教育,是一切优秀学校的第一要素。

三、为学生提供最好的教育环境,为中华民族实现伟大复兴发挥尽可能大的作用。

从学校教育责任和社会责任来讲,省泰中的教育责任无疑该是使学生“明理达用”,为学生提供最好的教育环境,使学生人生价值最大化;而省泰中的社会责任就是使每一位省泰中人都能“兼济天下、服务苍生”,为中华民族实现伟大复兴发挥尽可能大的作用。“明理达用,回报社会”——就像落叶对树根的深切情意。省泰中的成长离不开社会的支持,也时刻不忘“回报社会”,不忘作为一个世界一流学校对于社会的责任。省泰中在教育责任和社会责任方面一以贯之的努力,赢得了社会各界的褒扬与肯定。

四、省泰中人的文化品格将对社会发展、时代进步和民族复兴发挥着自己的作用。

明理达用的核心:兼济天下,实现自身价值与社会价值的和谐统一。“古之学者为己,今之学者为人。”省泰中的学生遍布全国各行各业,政治领袖、教育名家、科学精英、财富英雄、劳模先锋、体坛名将等无所不包。他们在不断自我完善,缔造美好社会的实践中获取了自身的意义。同时推动着中国朝着更加繁荣、富强、民主的方向前进,为中国的发展贡献自己的全部力量,引领中国走向世界,屹立于世界民族之林。从自身的完善,转变成促进社会进步的力量。省泰中人身上所兼容的责任、奉献兼济天下的信念,博古纳今、融贯东西的渊博知识,这些文化品格最终都将共同汇入到社会主义现代化建设的大潮中,对社会发展、时代进步和民族复兴发挥着自己的作用。

陈各发(省泰中政治组教师)

(二)搭建平台,提升能力

活动是通过淡化教育教学痕迹的方法来获得并非淡化的教育教学效果。花样翻新、妙趣横生的各类活动会形成一个向心力,使全体学生都自愿参与。近几年来,省泰中在大力推进素质教育的过程中,整合、提炼传统校园文化活动项目,创新活动内容,寓“负责任的教育”于素质教育和精品文化活动之中,开发、打造一系列精品活动项目,如“人生规划导航”“素质教育个十百千万行动计划”“师生‘双十星’评选”、泰中“六节”等。这一系列精品活动,更多地融入生命、自尊、自立、感恩、竞争、合作、共赢、实践、创新等时代精神元素,也更多地融入来自省泰中的名家、名人的思想精神等,很好地弘扬了优良文化传统、也凸显了“负责任的教育”理念的要求。其创意大多来自师生，最后又回归师生，使全校师生陶冶了情操，提升了境界，愉悦了身心，练就了本领。

2011 年 12 月我校举行第六届校园文化艺术节文艺汇演

“素质教育个十百千万行动计划”的创意，即通过调查、座谈、问卷等方式收集师生的创意，最后在集中大家创意智慧的基础上提炼出来的，既有学校统一、基本的“个十百千万”要求，又让学生根据各自特点制定个性化的“个十百千万”计划。

省泰中学生在学科竞赛和体育艺术竞赛中频频获奖。例如，在 2009 年江苏省高中生作文大赛上，3 名选手均获得特等奖。另外，1 人获得上海国际手风琴大赛金奖，有 1 人获得第十二届全国新概念作文大赛一等奖，1 人获央视“三星智力快车”竞赛月冠军，有 12 人获得国家级专利证书。在 2008—2010 年“尚德电力杯”全国青少年创意大赛中，先后有 30 多名同学荣获一等奖，泰州中学获得“全国创新型学校”称号。近几年来，每年有 300 人次左右在各级各类竞赛中获奖。

值得注意的是，学校制定的育人体系，需要引导学生在“环境”中自主探索，这就意味着学生可能面临许多问题和困惑等等，意味着学生要花费很多的时间和精力，有时表面上却一无所获。但是，这却是一个人的学习、生存、生长、发展、创造所必须经历的过程，也是一个人的能力、智慧发展的内在要求，它是一种不可量化的“长效”、一种难以言说的丰厚回报，而眼前耗费的时间和精力应该说是值得付出的代价。由此可见，摒弃急功近利的思想观念，为学生营造适宜发展的负责任的生态环境，并促使他们在其中乐于实践，勤于探索，让学生焕发出生命活力，挖掘出自身的潜能，更加健康地成长，全面地发展，这才是学校发展应当追求的境界。

案例 20 让责任走进心灵

2010 年 7 月 28 日，尚德电力杯第四届中国青少年创意大赛暨知识产权宣传教育活动总决赛在江苏省泰州中学正式拉开帷幕，来自全国 24 个省区市 3 000 名中小学生参加了比赛，国内30多家媒体，中央电视台、人民网、《新华日报》《扬子晚报》江苏教育电视台、泰州电视台等报道了比赛盛况，他们在参加比赛、报道比赛的同时，共同见证了一个事实：在江苏省泰州中学，责任已经走进了每个人的心灵。

提及创意大赛就不得不提及一个人，他就是我校物理教研组青年教师朱大强。朱老师在教学之余，兼任我校科技活动辅导员，他带领我校选手参加了第二、三届创意大赛，均取得了辉煌的成绩：2008年7月，在第二届中国青少年创意大赛中，我校有14人获一等奖，团体获金奖，成绩突出，引起轰动，多家媒体进行了现场采访。同年11月，我校选派5名选手参加中国青少年创意大赛总决赛，获1金、3银、1铜和团体金奖；2009年，在第三届中国青少年创意大赛中，我校再次取得6金、3银、1铜和团体银奖的好成绩。也正是以上两届的突出成绩，我校顺利取得了2010年第四届全国创意大赛总决赛的举办权。朱老师在做好教学工作的同时，经常牺牲休息时间组织学生开展科技活动，并为学校各类科技活动的开展做了大量的组织协调工作。他不计名利、不计得失，辅导我校多名学生在各种科技活动中取得了优异的成绩。年初，我校学生拿到了国家专利局颁发的两项“实用新型专利证书”。在6月14日省知识产权局、省教育厅、省科协、省财政厅、团省委、新华日报社、省发明协会七家单位共同主办的“江苏省第二届青少年发明家评选活动”颁奖大会上，我校首次参评就有两名学生获奖。

这次创意大赛我校共有280名由教师和学生组成的志愿者参与其中，大家分工协作，密切配合。距正式比赛还有近两天的时候，各个参赛队伍都已经陆续到达。选手们来了，各项配套的服务工作就要跟上，我校众多志愿者全部提前到位，虽然天气炎热但大家没有一句怨言。他们都表示参与此次活动是自己的荣誉，组委会把任务布置给他们就是对他们的信任，面对信任牢记的应该是责任，大家会尽心尽职，努力地做好分内工作，确保整个创意大赛圆满成功。

在现场采访的记者曾经问本次大赛总指挥、组委会主任罗凡华对江苏省泰州中学志愿服务的各项工作有何评价，罗主任讲了这样一个故事。他曾经在不同的日子不同的地点分别问了十名教师志愿者同一个问题：“你为什么还不回去？”得到的却是一样的答案：“因为这里需要人手。”罗主任特别强调他提出问题的时刻——都是夜里11点半。他又问了十名老师同一个问题：“你结婚了吗？”“结了。”“那家里有孩子吗？”“有。”就是这样，教师志愿者把自己的孩子留在家里，自己待在学校忙碌。这一点一滴都展示了江苏省泰州中学教师的风采，他们已经将“责任”内化到了灵魂深处。而学生志愿者更是顶着烈日，冒着暴雨，不多言，只是默默坚守岗位，在他们心里，“责任”已经是一种自觉！

四、营造“责任文化”，铸塑“责任校魂”

德国教育家雅斯贝尔斯曾经说过：“教育首先是一个人精神成长的过程，然后才是学科知识获得的过程。”因创办玉川学园而享誉世界的教育家小原国芳认为，“我们的学校成功的原因之一就是它的文化，好学校应该有好的文化，校长应是学校文化的创建者和引领者，一个好的学校文化能发挥最大的磁力，吸引教师和学生的注意力，学校文化在学园里发挥着与众不同的作用”。

笔者认为，提升一个人要从提升其人生目标开始，提升一个组织，就要从提升其精神追求开始。“必须要用理念凝聚人心，用思想塑造精神。”“精神的力量是巨大的”，卓越的学校要有卓越的校园精神。在现代学校发展中，学校文化的作用越来越显得重要。尤其在中共十七届六中全会着眼建设“文化强国”，要求“把社会主义核心价值体系融入国民教育”，“在全党全社会形成统一指导思想、共同理想信念、强大精神力量、基本道德规范”的时代背景下，更应该注重学校的精神文化建设，注重师生的精神关怀与精神成长。

省泰中在践行“负责任的教育”实践中，把注重精神文化引领作为负责任教育的重要部分和提升学校办学品位的重要战略，确立了“文化立校、文化育人”的指导思想，努力打造学校“责任文化”。“责任文化”所追求的目标是：努力让校园成为师生的精神家园；让每一位省泰中人在高雅的环境中非常乐意地、无拘无束地学习、思考与工作。通过校园“责任文化”的濡染、熏陶，以铸塑“责任校魂”，做到精神育人、文化育人、环境育人、活动育人。这些既充分发挥显性的、物化的学校文化资源的育人作用，又着力构建隐性的、精神的学校文化，激励师生追求卓越。省泰中校园文化建设中，通过构建校园文化链，策划一系列校园文化盛事，加强对“名人文化、名景文化、名品文化”的发掘与研究，引领师生追求卓越。近几年本人参加全国人代会后及时传达会议精神、转达胡锦涛同志对母校师生的问候，共同分享喜悦。所有这些对于不断提升精神境界、激励师生前行产生了深远的影响。以下具体介绍省泰中是如何将“责任文化”与“责任教育”融合，铸塑“责任校魂”的。

（一）提炼学校文化精髓

文化之髓，兴校之魂。文化要素深刻体现在学校的环境建设、办学理念、制度建设、师生行为规范等方面。然而，文化不是一蹴而就的，它是学校在传承优良传统的过程中，在不断累积和丰富教育教学改革实践中逐步孕育、生成的。中国教育学会原副会长陶西平曾说：“学校文化的核心是学校共同的价值观念、价值判断、价值取向。”

近年来，学校坚持“传承、发展、创新”的方针，进一步挖掘泰州中学丰富的精神文化宝库，提炼其文化精髓，为师生提供了强有力的精神支柱。省泰中注重学校精神文化建设与核心价值引领，在征集、讨论、修改、完善的基础上，形成了学校校训、校徽、学校精神、办学理念、育人理念、教学理念等一整套先进科学、独具特色的文化理念系统与视觉形象识别系统。同时提炼挖掘胡瑗、安定书院、千年银杏、胡锦涛总书记读书楼、新四军东进谈判旧址等省泰中“文化符号”。2007 年 5 月莅临泰中指导的时任中国教育学会会长顾明远在听了介绍校训“明理达用”、学校精神“追求卓越，自强不息”、办学理念“倡导负责任的教育”、教学理念“尊重每一位学生，激活每一位学生，成就每一位学生”等之后，给予了高度评价与赞扬，并欣然题词：“传承百年优秀传统，再创世纪新的辉煌”。

2007 年 5 月，中国教育学会会长顾明远为我校题词

案例 21　感悟省泰中精神，提升办学品位

人是要有一种精神的，一所学校的发展也需要一种精神。学校精神是一定时期全校师生在建设和发展学校过程中形成的群体意识和精神境界的总结、概括与升华，是学校在不同时期所追求的一种精神风貌，是学校办学理念、办学特色的集中反映。

1. 省泰中精神的形成

泰州中学经过几代人的不懈追求，终于形成了自己的办学特色和精神面貌。近年，学校提出了“追求卓越、自强不息”的省泰中精神，这一精神赋予了学校以新的生命、活力，并反映出我校的历史传统、学校意志和特征面貌。省泰中精神能创造出一种和谐、进取的校园精神风范，影响师生的价值取向、人格塑造、思维方式、学术氛围、行为规范等，而且有利于明确学校办学思想和办学目标，有利于凝聚人心，有利于打造学校品牌。省泰中精神是学校文化植根历史、体现现实、引领未来的集中表现，由学校内部诸多要素互动生成的一种特定的精神品格。

2. 省泰中精神的内涵

什么是真正的省泰中精神？置身于我们这样一所有特色的优秀学校中，总能感到一种奔涌着的、富有生命力的东西不断撞击着自己的心灵，使你感动、兴奋、激越、升腾。这种能唤起、激发学校师生崇高情感和进取心的东西就是我们学校的精神。它包括坚定的目标追求、强烈的进取精神、良好的团队意识、和谐的人际关系和独特的文化韵味，能极大地影响师生的价值选择、人格塑造、思维方式、道德情操、行为习惯。我们的学校精神是“追求卓越，自强不息”，我们把培养具有创新精神、实践能力、素质全面、特长鲜明、具有国际视野的学生和建设高质量、现代化、有特色、国内一流、国际知名的现代名校作为学校发展愿景。

3. 省泰中精神的传承

学校在发展历程中传承着学校精神，正是这一精神支撑着学校的发展。学校是全体师生共同的家园，与我们每个人息息相关。它无时无刻不在潜移默化地影响着我们，因此我们每个人都有责任和义务为校园精神建设做出自己的贡献。而最为关键的是，我们每个人在体味省泰中精神的同时，应该认识到我们自己也都是学校不可或缺的一部分。省泰中精神在感染着我们的同时，也作为一个整体受到我们每一个个体的反作用。

4. 省泰中精神的发展

我们主要从这几方面去发展省泰中精神，以不断提升办学品位。一是在强化道德建设中培育省泰中精神；二是在培养个性特长中塑造省泰中精神；三是在优化管理制度中塑造省泰中精神；四是在构建校园文化中培育省泰中精神。省泰中精神的形成是一种潜移默化的、渐进的过程，渗透在学校工作的方方面面。泰州中学办学一百余年，在艰苦的环境中创业，在不断探索中开拓，在改革创新中发展，形成了优良的校风、教风和学风。近年来，我们显著的办学成绩得到了上级领导和社会各界的高度肯定，学校先后获得全国精神文明建设先进单位、江苏省文明单位标兵、全国卫生体育工作先进单位等荣誉称号。省泰中精神的发展史，就是一部积极进取、自强不息的历史。学校用它自身的发展对学校精神作出了最好的诠释。当前我校已进入新的发展时期，学校制定了宏伟的规划，绘制了发展蓝图。全校师生一定会进一步发扬省泰中精神，追求卓越，自强不息，努力去实现我们的奋斗目标。

王曙光(教务处)

(二) 让“责任教育”与优良传统融合

“问道必先知史。”历史中往往蕴藏着永恒，千秋文脉是我们学校文化生生不息的源泉，一代代泰中人关注书院文化的“源”与“流”，不断研究、继承书院文化传统与胡瑗思想，从中吸吮精神营养与教育智慧。从安定书院到泰州学堂，再到如今的江苏省泰州中学，历尽风霜，薪火相传，先贤精魂而今犹盛。一代代省泰中人遥望先贤的背影，肩负着振兴教育、培育英才的神圣使命，以高尚的责任情怀与担当精神，在历史的征程中不断书写着教育的传奇。有思想的学校才会品位高雅，《人民教育》原总编辑傅国亮说过：“关于一所名校的价值，我有一个说法，如果是一所名校她就应该成为一所影响学生一生的学校，她就应该给学生奠定一生的基础。所以名校的文化至少体现在两点上，一是影响学生的价值取向，二是影响学生的思维方式。”学校要办出特色，创造品牌，不是靠表面热热闹闹的一系列活动，而是靠文化的引领。

为了进一步弘扬学校优秀办学传统，不断提升办学品位，激励师生追求卓越，2009年本人主持申报的科研课题“发掘‘三名文化’，推进‘责任教育’实践研究”被全国教育科学规划办列为教育部重点课题。“三名文化”即名人文化、名景文化、名品文化，旨在通过“名人”研究、“名景”开发、“名品”打造，实现精神育人、环境育人、活动育人、文化育人的宗旨，真正形成推进我们学校办好“负责任的教育”的文化合力，利用“三名”文化资源中所蕴含的“崇高”和“伟大”来充实、激励、提升师生，真正转化为师生“负责任”的精神和行为，并把这些资源转化为校本课程，校园文化精品活动，教师的教育教学激情、动力和学生的精神境界等。

（三）提升学校文化品位

文化提升形象，文化彰显魅力，文化塑造品牌。近年来，学校顺应时代发展的要求，既注重发展“硬实力”，又通过构建校园文化链，坚守文化责任，提升文化品位，彰显文化力量，不断提升学校“软实力”，进而推动特色学校建设。

为此，学校精心策划了一系列高品位，甚至千载难逢的重要文化盛事：学校徽标设计与视觉形象识别系统启用，并成功注册国家商标；洪宗礼等捐建的“弘文馆”落成；设计制作奥运火炬传递纪念邮册、作为“中国古代书院”之一的安定书院邮票发行纪念邮折；全国政协原副主席张怀西为我校题写办学理念；邀请著名书画家范曾先生题赠校名；修复保护老校区一批文化景观及布展5个系列专题；近5年及时转达、分享胡锦涛同志在全国人代会上与我见面时对母校师生的问候；2011年5月，孙中山先生铜像在我校落成揭幕；2011年7月，省泰中成功接待了胡锦涛同志邀请的客人——美国佩顿中学师生代表团，并结为友好学校；近年来先后接收胡瑗、梅兰芳有关史料捐赠；修改创作学校新校歌《明理达用与时进》并拍摄MTV；成功举行建校110周年系列庆祝活动；成立“泰州市胡瑗思想研究会”“洪宗礼教育思想研究所”；迎接胡锦涛同志回母校并制作有关专题片……这一系列文化盛事将永载学校史册，扩大了学校文化的张力，在全国上下产生了一定的影响。

另外，省泰中还善于利用每一个机遇，及时研发、设计、制作一系列文化精品，例如徽标锡盘、银杏叶雕、安定宝鼎以及宣传画册、专题片、纪念封、论文集、校友录等，不断放大名校品牌效应。

（四）营造“责任教育”文化场

在潜心营造“责任教育”文化场方面，学校一方面努力探索践行“责任文化”与“责任育人”体系与有效途径，另一方面，试图通过报刊、网络、论坛、讲座等多种手段、多种形式，发挥辐射示范作用，力争进一步扩大社会影响，引起社会各界共同关注“责任教育”，倡导“责任教育”，研究“责任教育”，践行“责任教育”，进而在全社会共同营造负责任的育人环境。

在习近平总书记阐述实现中华民族伟大复兴的“中国梦”之后，我们组织开展了“梦想与责任”主题教育活动，让大家懂得“中国梦，是梦想，更是责任”！同时激励师生用“责任”托起“中国梦”，既“想大问题”，又“做小事情”，既“仰望天空”，又“脚踏实地”，带着梦想、带着激情、带着责任、带着使命学习、工作与生活。大家表示，在新的时代背景下，我们的教育要从提高全民族素质的高度大力推进素质教育，加强世界观、人生观、价值观的教育，把学生培养成为一个堂堂正正的中国人，成为一个关心世界和国家命运的人，成为一个适应 21 世纪世界发展潮流需要的有用之才，实现知识、能力和社会责任感的有机统一。

最近几年我们以国家级课题“发掘‘三名文化’，推进‘责任教育’实践研究”为契机，陆续采取了宣传、内化“责任教育”理念，收集整理责任教育资料与名家名人箴言，制定江苏省泰州中学《责任行为指南》，编写“责任教育”校本教材、开设校本课程，唱响责任文化主题歌《责任之歌》《中国梦》之歌，举办“感悟泰中精神理念”论坛、讲述“我的‘责任教育’故事”等活动，创办内部杂志《责任教育天地》，开办校园网“责任教育”栏目，开设校园广播台《责任教育之声》，让师生成为“责任教育”使者，链接“中国责任网”等等一系列举措，全方位、立体化、多渠道地营造“责任教育”文化场。

2013 年以来，我们给每一位教师发放《责任决定一切》一书，并与该书作者、中国责任研究院院长、中国“责任文化”传播者、“责任型组织”管理理论创立者唐渊教授建立起密切的联系，让“责任教育”与“责任文化”联姻融合。2013 年 8 月底在新学期开学前夕，我校特别邀请唐渊教授莅临我校，分别对管理人员作了题为“教练型管理”的专题讲座，对全体教师作了“赢在责任”的校本培训讲座。2014 年 10 月又邀请唐教授为全校师生作了“责任成就梦想”的报告。

2014 年 10 月中国责任研究院院长
唐渊应邀为我校师生作“责任成就梦想”报告

以上“责任教育”与“责任文化”系列活动，给大家带来了很大的启迪与深刻的反思，进一步明白“教育的责任，就是教师的良心”“责任胜于能力”，极大地提高了全校师生承载责任、履行责任、守卫责任，基于责任而奋斗的主动性与自觉性，进而把“责任教育”的实施推进到更新阶段、更深层次、更高水平。

五、发挥辐射作用，履行社会责任

在学校内部省泰中注重培育学生的责任主体意识，引领师生自觉做到“每日三问”（我的责任是什么？我拿什么负责任？我负责任了吗?)，自觉做到“五有”(心中有他人、心中有集体、心中有祖国、心中有人类、心中有未来)。

案例22　省泰中师生积极践行社会责任

先以2008年“5.12”汶川大地震后向灾区捐款为例，全校3 000多名师生捐款超过31万元，有的同学把自己积攒的5 000多元压岁钱全部捐了出来，职工中个人捐资最多的超过6 000元，有15名党员收到中央组织部的捐款证书。此后，部分师生怀着强烈的社会责任感，经过一年多时间的精心设计、反复修改，设计出“抗震节能保温砖”，获得了国家级专利。

2014年8月，我校高三(1)班学生李仪通过泰州市红十字会向云南鲁甸地震灾区捐款5 100元(《泰州晚报》2014年8月12日报道)。

近年来，我校还利用自身资源与优势发挥辐射作用，多次参与帮扶本地区及西部地区学校行动，先后与江苏省兴化沙沟高中、内蒙古鄂温克旗二中、新疆昭苏县高级中学、云南武定一中等省内外5所学校结对挂钩。所有这些，都体现了我校全体师生强烈的社会责任意识与责任情怀。

案例23　那一年，他在大漠边塞站成了一道亮丽的风景

当父母都已是70多岁高龄，患有多种老年病，作为儿子，他能不能离开？当妻子从事着工资微薄的职业，瘦弱的双肩难以承担家庭的重任，作为丈夫，他能不能离开？当女儿刚刚升入高中，学业遇到了困难，作为父亲，他能不能离开？答案不言自明，但是，当援疆这项光荣而艰巨的政治任务摆在了地理组王晓圣老师的眼前时，省泰中的“责任教育”理念告诉他必须站出来，舍小家顾大局。

他耐心地做家属孩子的思想工作，经过几轮反复的劝说，终于得到了家属和女儿的支持，踏上了援疆的征程。在祖国西北边陲的日日夜夜，王老师压抑着对家乡和亲人的思念，忍受着高原恶劣的气候和强烈的紫外线，兢兢业业地工作着，服从支教学校的工作安排，放弃暑假休息时间投入到学校的补习和昭苏教育局安排的调研工作中去，王晓圣老师用自己的实际行动诠释着江苏省泰州中学勇于担当的理念。

2011年3月20日，王老师去特克斯河边看落日。严寒的天气把他们一行人逼进了河边的一户农家。一进屋，那场景把王老师的心迅速冻结了：全家5口人居住在一个不到20平方米的土坯房里。那一刻王老师算真的理解了什么叫家徒四壁。3个男孩子挤在炉子边,大的有十三四岁,小的只有五六岁,都穿得很少,小脸鼻子冻得发红,男主人的腿摔断了,蜷缩在炕上。王老师眼睛不知什么时候湿润了,他掏出了身上所有的钱,希望能帮上他们一点。

这次经历让王老师了解到边疆地区还有很多农牧民生活极度贫困,他们的孩子学习条件太差,责任驱使他要帮助这些边疆贫困孩子改善他们的学习条件。回去后王老师就积极跟后方原工作单位的同事们联系,充分利用网络资源,把自己看到的一切以图片形式发布在自己的个人空间,引起了省泰中老师们极大的关注,萌发了帮助边疆孩子的爱心,并最终促成了省泰中顾老师与一蒙古族家庭结为友好家庭的一段佳话。

什么是担当?担当是一种态度,亦是一种责任,是一种接受,亦是一种行动。

“你选择了什么,你就成就了什么。”哲人淡淡地微笑说。

于是,有了负重一生的蜗牛,也有了逍遥一世的沙鸥。

人生如斯,面对着这份神圣的职业,我们相信,只要拥有了责任意识与担当情怀,就会少一分抱怨,多一分实干;少一分浮躁,多一分宁静;少一分粗糙,多一分精细。

(语文组吴一鸣老师演讲词)

另外,我们理直气壮地提出“负责任的教育”理念,既是给本校办学行为明确提出了具体要求,也是怀着关注我国教育事业的大情怀,跳出本校看教育,跳出教育看教育,尽一份社会责任,唤醒社会责任“冬眠者”,呼吁全社会携手办好“负责任的教育”,正是履行社会责任的具体体现。

第五章　“负责任的教育”春华与秋实

随着“责任教育”的推进，泰州中学师生的精神面貌、思想境界发生了深刻的变化，责任感、使命感、综合素质与实践能力进一步增强，日渐形成了“说负责任的话、做负责任的事、当负责任的人”的新风尚。学校各项工作取得长足进步，学校社会美誉度不断提升。

第一节　各界评说泰州中学“负责任的教育”

近年来，学校先后获得“全国文明单位”“全国教育系统先进集体”“江苏省和谐校园”“江苏省平安校园”等数十项荣誉称号。“责任教育”理念已在全国产生了一定的影响，引起了一些领导、专家、主流媒体的关注。省内外一些学校慕名与我校切磋交流“责任教育”话题。2011 年在建党 90 周年前夕，我校“打造‘责任教育’品牌”实践活动被教育部创先争优活动领导小组办公室表彰为“全国中小学创先争优活动优秀载体特别推荐奖”，并在颁奖会上作经验交流。2012 年 3 月底，江苏教育报刊社在我校举办“责任教育”研讨活动。2012 年 5 月，学校党委提供的论文《在践行“负责任的教育”中创先争优》被选为中央创先争优领导小组召开的全国创先争优理论研讨会交流论文。

2012 年 3 月在泰州中学举办全省“责任教育”研讨活动

泰州中学创先争优活动载体——“打造‘责任教育’品牌”被教育部表彰为中小学创先争优活动优秀载体特别推荐奖。图为教育部副部长刘利民为获得特别推荐奖单位代表颁奖

2012 年 5 月蒋建华校长出席中央创先争优领导小组举办的全国创先争优理论研讨会

2013 年 9 月在第一届“明远教育奖”颁奖典礼上顾明远先生与蒋建华校长合影留念

一、领导勉励

随着“责任教育”的推进，已在全国产生了一定的影响，先后受到胡锦涛、李源潮、张怀西等领导人的勉励。2010 年 7 月 29 日，来省泰中参加第四届中国青少年创意大赛全国总决赛颁奖典礼的全国政协原副主席张怀西，对我校提出的办学理念“倡导负责任的教育”表示赞赏，欣然题词留念：“倡导负责任的教育”。

2010 年 7 月全国政协原副主席张怀西在我校题写办学理念“倡导负责任的教育”

2011 年 3 月 5 日下午，在十一届全国人大四次会议上，本人在江苏代表团作审议发言时，当面向胡锦涛同志介绍了泰州中学提出的“倡导负责任的教育”的办学理念的主要内涵，以及着力推进以“责任教育”为显著标志的特色高中建设的有关思考、做法。胡锦涛同志在讲话中表示赞同，并说：“要以名校带动薄弱学校发展，要鼓励出名师，育英才”。这表明了优质资源学校的责任担当。

2013 年 8 月 14 日在常州召开的全省普通高中校长暑期学习会上，来自全省 260 多所四星级高中校长及各市分管基础教育的局长参加会议，江苏省委教育工委书记、江苏省教育厅厅长沈健出席会议并讲话。在讲话中，沈厅长赞扬了我校“负责任的教育”理念。在讲到“校长是学校精神的示范者，必须提升价值引领能力”时，沈厅长说：“讲到这里，我非常赞同江苏省泰州中学蒋建华校长提出的‘负责任的教育’理念，真正体现了精神的示范者与价值引领的能力。”次日上午，胡金波副厅长作了题为《走内涵发展之路　圆普通高中之梦》的讲话，他精心选择点评了全省部分校长的教育理念与精彩话语片段，其中也对蒋校长提出的“营造负责任的教育生态环境”的主张表示赞赏。

二、专家寄语

顾明远（中国教育学会原会长）寄语：负责任的国家需要办好“负责任的教育”，中国未来的发展、中国梦的实现、负责任的大国形象的展示，关键靠负责任的教育培养负责任的人才。

袁振国（中国教育科学研究院原院长）寄语：责任是人的立身之本，责任教育是育人的灵魂。

傅国亮（《人民教育》原总编辑）寄语：责任教育是教育的责任。泰州中学的责任教育是探索培养什么人、怎样培养人的成功经验，为基础教育内涵发展贡献了宝贵的理论思考和实践策略。

陶建群（人民日报社《人民论坛》杂志副总编）寄语：泰州中学“负责任的教育”理念立足于国家发展战略的高度，具有理论研究价值、新闻传播价值、推广应用价值（“三个价值”），具有独创性、系统性、操作性（“三大特性”），应当向师生渗透、向家庭渗透、向社会渗透（“三个渗透”）。

唐渊（中国责任研究院院长、责任文化传播者）寄语：2014 年 9 月书赠“责任天下”给“责任教育”倡导者蒋建华校长，并在 2014 年 10 月 9 日给蒋校长的邮件中说：“您的关于责任教育的理念和方法尤其值得中小学校长和老师们学习”。

杨九俊（江苏省教科院原副院长、研究员）寄语：泰州所倡导的“责任教育”的要义可概括为：天职意识、挚爱情怀、科学精神、大家品位。

洪宗礼（语文教育家、著名特级教师）寄语：教会学生做人是教师最大的责任，学会做人之道是学子最重要的责任，关注教师、学生的发展是校长应尽的责任。一句话：泰中办学的主题词就是两个字：责任。

潘时常（泰州市社科联主席、江苏省社科院泰州分院副院长、学生家长）寄语：“负责任的教育”理念的提出，立意深远，涉及我国教育发展战略的重大课题，紧扣住立德树人的核心。践行“负责任的教育”是将“办人民满意的教育”的目标进一步具体化，指明了政府、教育部门、学校、家长、社会各界各自担当的责任。

丁昌桂（江苏教育报刊社原副总编辑）寄语：责任与理想是责任教育的魂；态度与习惯是责任教育的根。

李如齐（泰州师专教授）寄语：“办负责任的教育”击中了责任缺位的时弊，反映了广大家长和学生的强烈诉求，值得我们关注与研究。

2013 年 5 月 14 日，著名教育专家傅东缨来泰州中学访问、讲学时寄语“责任教育”——兴于泰州中学的“负责任教育”文脉渊远，意旨博大，自下理接地气，至上大道通天。其境大气，根为大爱，魂为大任，核为大智。

……

三、各界评说

2011 年第 4 期中国教育科学研究院《科研简报》概述：泰州中学把“责任教育”视为以对自己负责为起始点，以对他人负责为支撑点，以对集体负责为基本点，以对国家、对民族、对人类负责为制高点的责任教育体系。通过开发“责任课程”、营造“责任文化”、贯穿“责任理念”、提升“责任素质”等路径，有效推进了“责任教育”特色化发展之路。

2014 年 9 月 15 日“中国校长网”给本人邮件通知：“蒋校长好：中国校长网在首页重点刊发了您的《负责任的教育》文章，同步刊发的有上海交通大学校长张杰、北京大学校长王恩哥、清华大学校长陈吉宁、南京大学校长陈骏等国内著名校长的文章！”此文后又被“人民日报人民文摘网”转载。

1. 教师代表

语文组吴一鸣老师：面对教师这份神圣的职业，只要拥有了责任意识与担当情怀，就会少一分抱怨，多一份实干；少一分浮躁，多一分宁静；少一分粗糙，多一分精细。

2. 学生代表

2013 届学生郝澄波：“责任教育”的核心是对每一位学生负责。我校的“责任教育”贯穿学校教育的全过程，渗透学校教育的每一个角落。对我们学生来说，不仅对我们的学习负责，还对学生的为人处世、品行修养负责，对学生的成才负责。“责任教育”深深地感染、鼓舞和影响了我校一届又一届学生，同学们更加注重自身素质的提高，更加注重创新能力的培养，更加注重健全人格的塑造。

3. 家长代表

学生家长代表、泰州职业技术学院院长徐庆国：“泰州中学培养的学生不仅学习好，还能歌善舞、多才多艺，综合素质很高，主要得益于丰富的校园文化，得益于扎实推进素质教育，得益于践行‘负责任的教育’。”（2013 年 12 月 30 日在我校第八届校园文化艺术节闭幕式暨合唱决赛现场接受采访时如是说）

4. 校友代表

2012年全国两会期间，1970届校友、著名表演艺术家林达信：“蒋校长的三句话‘说负责任的话，做负责任的事，当负责任的人’道出了立人之本。”有趣的是，他在现场情不自禁地将三句话朗诵起来……

1972届校友陈泰：“广内涵、高品位、大境界。”

5. 外地同行

广东省新丰县第一中学郑秀强校长：泰州中学以充满睿智的眼光提出“责任教育”，践行“倡导负责任的教育”的办学理念。这个理念正切合当今国情、切合校情，又与时俱进，实在是一个很高境界的办学理念。

广东省佛山市南海区桂华中学钟应明校长：泰州中学以“倡导负责任的教育”为办学理念，并通过名人文化、名景文化、名品文化研究，贯穿“责任理念”、建立“责任团队”、提升“责任境界”，非常值得借鉴。

天津市“265工程”市级骨干教师学访团（负责人李倩主任）：泰州中学在对教育的现实问题进行深刻分析和理解的基础上，提出了“办负责任的教育”的理念，这个理念既体现为学生终身发展奠基的责任感，又体现了教育工作者对民族、对社会高度负责的使命感。同时，非常可贵的在于学校不是空喊口号，还从德育、教学的细节入手，脚踏实地加以落实。大门口“小习惯可以改变大世界”的提示语就是最好的例证，就是对教育规律的尊重和遵循。

继《人民教育》2011年2月发表我校“责任教育”理念与做法文章后，在全国上下引起了一定的反响。浙江省金华武义五中慕名于2011年11月由陈素梅校长带领管理团队专程来我校现场学习、交流、借鉴“责任教育”理念与做法，并结合该校情况进行“十要十不要”的责任教育。

2012年3月31日，苏州工业园区娄葑实验小学（韩校长一行）专程来到我们学校论坛现场参加交流研讨活动。接着，山东泰安一小学校长带队专程来我校学习“责任教育”理念。

2013年4月16日，河北石家庄教育代表团一行50多人在石家庄市教育局局长闫纯锴的带领下来我校访问交流。闫局长对我校深厚的文化底蕴和办学理念深表赞叹，并欣然赋诗一首：“责任教育成灵魂，明理达用集校训，安定后人立弘文，沧桑百年续腾飞。”

2014年9月19日，贵州省盘县第三中学校长刘经宇一行来我校考察学习后感言：在我们看来，泰州中学“负责任的教育”的办学理念真应该推广到整个教育事业、教育行业。国家对教育的目标定位是办人民群众满意的教育。我们认为，办人民群众满意的教育，前提是办对人民群众负责任的教育。没有对人民群众负责任的教育，肯定不会有人民群众满意的教育。所以，我们认为，无论是学校、教育行政主管部门、各级政府乃至全社会都应该把办负责任的教育作为对办学的具体要求。广义来看，负责任的教育理念应该推广到全社会。在全社会无处不存在教育，无时不存在教育。负责任的教育理念应成为全社会关于教育的理念。负责任的教育一旦成为全社会的理念，就可以影响到社会的各个领域。只要全社会形成负责任的理念，每个公民以此去践行之，中华民族伟大复兴的中国梦就一定能早日实现。

……

第二节 媒体报道泰州中学“负责任的教育”选录

近年来，《人民日报》《光明日报》《中国教育学刊》《中小学管理》《人民教育》《教育发展研究》《中国教育报》《新华日报》《江苏教育研究》《江苏教育报》、人民网、光明网、新浪网、中国教育新闻网、中国责任网、中国文明网、中国社会科学网、中国校长网等数十家媒体以及红旗出版社、教育科学出版社、华东师大出版社、江苏凤凰教育出版社等相继宣传报道我校“责任教育”理念内涵、实践探索与初步成效。现从中选录数篇。

教育的大情怀

——江苏省泰州中学“责任教育”纪实

朱 哲

“说负责任的话，
做负责任的事，
当负责任的人。”

这质朴而铿锵的三句语，是江苏省泰州中学（以下简称“泰中”）校长蒋建华的办学指南，也是泰中责任教育的核心。

乍看起来，这三句话既不高深莫测，又不艰涩难懂，普通得不能再普通，似乎与百年名校高贵的身份不符。然而仔细品味，这三句话朴实无华却又意蕴深远。中国历来重视责任教育，从孔子的“当仁不让”，张载的“为天地立心，为生民立命，为往圣继绝学，为万世开太平”，到李大钊的“铁肩担道义”，无不反映出先哲伟人强烈的责任意识和崇高的责任情怀。在当下一些人随波逐流地提出各种教育口号的今天，泰中人回归传统理念，探寻教育本质，并赋予责任教育新的时代内涵。

负责任，才能立于天地间

2003 年，作为高层次人才，蒋建华由泰州市政府引进，担任泰州中学副校长。泰州中学是在 1902 年胡瑗先生的讲学遗址上兴建的，有着“千年书院”的美誉，造就了胡瑗、胡锦涛、洪宗礼、李德仁等一大批名师和名校友，蒋建华向往已久。

刚刚来到泰中，他就来到宋代理学家、教育学家胡瑗的讲学旧址——安定书院怀古追圣。读着胡瑗提出的“致天下之治者在人才，成天下之才者在教化，教化之所本者在学校”的教育理念，蒋建华思绪万千。培养人才是教育亘古不变的目标，而教化天下是学校最基本的责任。“当然，今天的‘教化’需要与时俱进，需要教育者赋予新的内涵，才能适应社会的需要。”对此，蒋建华有清醒的认识。通过对校史、对胡瑗等名人的研究，他看到的是崇高的责任情怀和担当精神，而这，却成为当今社会的稀缺资源。

蒋建华想起了他看过的一则短信。一位长者问一个青年：“你们这一代的责任是什么？”年轻人回复：“我们这一代人的责任就是不负责任。”虽然是调侃，但却鲜明地显现出当代年轻人缺乏责任意识的残酷现实。当时在教职工中普遍存在优越感强、进取心差的现状。解决这些问题的关键，就是增强师生的责任感和使命感。

2005 年 9 月，蒋建华担任泰州中学校长，在教代会上，他提出“负责任的教育”的概念。“教育先贤一千多年前的教育理念，体现出鲜明的责任情怀，作为现代泰中人，我们有使命去传承、发展和超越先辈提出的教育使命。”在这个朴素得近乎简单的理念刚提出来的时候，有些人觉得很无奈：“这个社会，别人不负责任，我想负责也负不起来，而且如果大家都不负责任，我一个人负责任也是白搭呀！”对此，蒋建华的回答是：“中国要成为负责任的大国，首先要从负责任的教育开始。人无精神不立，只有负责任，才能立于天地间。”

办负责任的教育，才能造就负责任的师生；培养出负责任的孩子，才能形成负责任的民族。“办教育必须研究和尊重教育规律，说到底，负责任的教育就是按照教育规律开展教育教学。”经过一次次的协商和讨论，责任教育的理念逐渐得到大家的认同，并确定了责任教育的内涵：学校要对教师的师德修养、教育教学行为和自身专业发展负责，对学生的个性发展、全面发展和终身发展负责；教师要对教育事业负责；学生要学会对自己和国家的未来负责。

通常在人们心目中，高中教育的基调就是分数和高考，但蒋建华校长为泰中师生的人生底色涂上了一层新的色彩——责任，即对自己负责，对他人负责，对社会、对国家、对民族负责。在泰中，一种“责任文化场”日渐形成。

高三下学期的一天下午，上课铃响后 5 分钟了，数学老师杨子圣还没有来教室上课。学生们有些纳闷：这可不是他的风格，他一向都是提前两分钟到教室的。又过了几分钟，杨子圣匆匆走进教室，他的样子让学生们大惊失色：脸上有几处擦伤，衣服上满是泥土，尤其是右胳膊竟缠上了厚厚的绷带，吊在胸前。“同学们，我向大家道歉，中午摔了一跤，今天的课迟到了，现在我们上课。”杨子圣依然笑眯眯的，除了外表，看不出任何异样。

学生们一脸的惊愕，他们哪里知道，杨子圣刚刚经历了生死一刻。他骑摩托车带着同在泰中教书的妻子在赶往学校途中，被一辆闯红灯的小轿车撞倒了。杨子圣受轻伤，妻子入院观察。等把这些事情处理完，下午上课时间也快到了，于是，杨子圣打着绷带走进了课堂。

他不想让学生担心，所以轻描淡写地说自己摔了一跤。尽管如此，学生们还是能看出杨子圣身体的不适。最困难的事是板书，右手受伤，杨子圣尝试用左手书写，第一个板书的字是“函数”的“函”。他用左手颤巍巍地在黑板上画了一横，停顿了一下，写了一小撇，又停顿，写下竖钩……虽然缓慢，但一个不怎么工整的“函数”还是写出来了。就在杨子圣一笔一画板书的时候，班里鸦雀无声，学生们的目光追随着他的手一笔一画地挪动，每一笔每一画仿佛都刻在了他们心里。这情景犹如一幅画一样，镌刻在学生的脑海中，挥之不去。

后来，考上本科的小肖回校看望杨子圣，说起这件事：“杨老师，看着您用左手写字，我当时只有一个念头：如果不好好学习，太对不起杨老师了！”高中时代的小肖是个调皮的学生，原本打算高中毕业就出去打工。但看到班主任虽然发生了撞车事故，却没有耽误一节课，他被深深震撼了。杨子圣白天上课、接送孩子，晚上去医院照顾妻子，奔波于学校、医院和家庭之间。身教重于言教，看到老师对事业、对学生、对家庭的担当，不仅是小肖，整个班级的学习风气都不一样了。原本处于中等水平的班级，在后来的高考中，一跃成为年级之首。

对于这种情况，也许有人会质疑：干吗这么拼命，这样做值得吗？面对变故，杨子圣当然可以离开，回家安心养伤，照顾家人，可是他的回答是：“我不觉得这是高尚，这只是我应尽的职责。我是两个班100多个学生的数学老师，50多个学生的班主任，几十人的备课组组长，我放不下！即使回到了家，我的心也不安啊！”

那么，对学生负起教师的责任，是不是意味着要牺牲家庭？当初听到这件事后，蒋建华马上赶到医院，慰问杨子圣和他的妻子。早在提出责任教育之初，蒋建华就旗帜鲜明地提倡教师“三要三也要”：要工作也要家庭，要学生也要孩子，要质量也要健康。他认为这才是教师健康和可持续发展之道。所以，只要杨子圣提出请假，蒋建华会毫不犹豫地答应。但杨子圣告诉校长，他不打算请假。蒋建华拍着他的肩膀说：“责任是一个宽泛的词语，要对学生负责，也要对家庭、对孩子、对亲人负责，如果你不请假，一定要处理好这些关系。”

就这样，杨子圣用一只手教两个高三班级的数学课，担任班主任和备课组长，下班后到医院照顾病榻上的爱人，接送年幼的孩子……有家长听说后，给杨子圣发短信：“杨老师，我们太惭愧了。整天说自己忙这个忙那个，却常常忽视了孩子的成长，忽视了做家长的责任。您给我们上了生动的一课！”杨子圣用体现个人责任和担当的左手，影响了每一个学生的学习态度，也教育了学生们的家长。

培养独立之精神，自由之思想

深夜，灯光下，董旭午老师翻阅着学生交上来的文稿，难抑激动之情。这些文稿是学生们从一学年写的随笔中精心挑选出来的，准备集结成册，为这段青春标上一个闪亮的注脚。《不做乖孩子》《两眼看刘邦》《关于“地沟油”事件的思考》《民意不能承受之重》……从这些文稿中，董旭午触摸到了学生的青春气息、生命活力、爱心与良知；从这些文稿中，他读出了一种共同的价值取向——使命，青春的使命，时代的使命，未来的使命。他为这篇合集取名《青春，肩起使命长高》，并提笔写下“序言”：“让我们肩起这些使命，一点点长高吧！有了这样的使命，我们的理想会更远大，心灵会更纯正，信念会更坚定，步子会更扎实……”

高中阶段是一个人独立走向社会的准备期，这个阶段的学生思辨力增强，不迷信权威，喜欢提出独到见解。“责任教育的核心价值指向学生思维、品格、能力、素养的发展和提升，绝不仅仅是对学生的学习成绩和高考负责。”特级教师董旭午这样理解责任教育。在语文教学中，董老师坚持进行“思辨与提升训练”，由课文的某个可思辨点出发，组织、指导学生进行充分的思辨，提升他们独立思考的能力。

“同学们，帕斯卡尔讲：‘思想形成了人的伟大。’我要说，是思想，严格地讲，是深入而多维的思辨，成就了人的思维的缜密，思想的高深，人格的独立，精神的伟大。这也正是我们到学校读书的真正目的。”在教授《人是能思想的芦苇》一文时，董老师没有放弃给学生“精神加餐”的机会，“咱们学校也有一位伟大的教育家——胡瑗，他首创‘分斋’教学，并提出‘致天下之治者在人才，成天下之才者在教化，教化之所本者在学校’的教育理念，请大家收集关于胡瑗的资料，下节课我们讨论胡瑗的这句名言。”这节课的最后，董旭午给学生布置了这样的家庭作业。

第二天下午的语文课没有在教室里进行，董旭午把学生带到老校区，参观安定书院、千年银杏、总书记读书楼等校园景观，利用深厚的校园文化积淀，开展思辨说写训练。“相信大家对胡瑗先生已经有所了解，现在请大家谈一谈你对胡瑗名言的理解。”在千年书院里，一节思辨课就此开始。

“我认为胡瑗所说的教化，骨子里都是封建礼教的内容，是桎梏、奴化人们思想的东西，所以我们不能盲目地、不加辨别地推崇所谓的‘教化’。”一位同学首先发言。

另一位同学提出了质疑：“此一时彼一时啊！胡瑗生长在北宋时期，他的思想难免要打上那个时代的烙印。我们赞同的应该是他注重教化的思想，这个思想在今天要有与时代合拍的新内涵，那就是要强化自主人格、独立精神、民主意识等方面的‘教化’。从这一点来看，胡瑗的思想还是很有现实意义的。”

“我的关注点在‘教化之所本者在学校’”，课代表提出了他的见解，“也就是说学校承担了教化的责任。但是大家都了解中国高中教育的现状，整天围着试题和分数转，眼睛和心里只有成绩和高考，还谈什么视野开阔、人格独立呢？”

“学校是社会的一分子，不可能完全独立于世风之外。整个社会都迷信升学，家长们都视上名牌大学为唯一出路，学校又能怎么样？真正的原罪应该在于我们的社会，我们的教育，甚至我们每一个人！为了我们中华民族的美好未来，我们每一个人都应该深刻反思。"

……

在千年银杏树下,师生自由自在地交换看法。也许他们的观点还不够成熟,对一些问题的看法还比较幼稚,但他们在用心思考,有些观点让董旭午也意想不到,大呼精彩!"如果学生们都能够独立而深刻地思考,都能竭尽所能地创造、担当,中国的未来就有希望!"董旭午很欣慰。

随着自我意识的觉醒,高中生对所学的知识有了自己独到的见解和思考,他们对一些社会现象非常感兴趣,喜欢进行评论,但是对于政治课,有时学生却存在排斥心理。

"人民代表大会制度是我国的根本政治制度,从根本上保证了人民当家作主的权利……"在讲到《人民代表大会制度:我国的根本政治制度》一节课时,两个学生的窃窃私语引起了政治老师蔡建元的注意。"什么人民当家作主,我觉得人民代表大会就是一个形式。"学生小冯一脸不屑地对同桌说道。高中生思维敏锐,但由于生活经验的局限性,容易以偏概全,偏激和冲动。"相信大家对人民代表大会具体是怎么运作的都充满了好奇,我们身边就有几位全国人大代表、泰州市级人大代表,不如咱们组成几个小组,采访一下他们。"同学们一听来了兴趣,纷纷向蔡建元请缨,小冯更是提出想去采访全国人大代表蒋建华校长。

其实这个想法不是蔡建元的"灵机一动",而是深思熟虑的结果。几天前,一位政治老师回到办公室后抱怨说,有个学生提问:为什么个人利益和国家利益冲突时,要把国家利益放在首位?在这位老师看来,这种问题不值得回答。但这引起了蔡建元的思考:现在的学生获得的信息量大,思想活跃。为此,政治课该怎么上?"政治课是一门意识形态比较浓厚的课程,如果教师仅仅在课堂上讲解,很难说服和打动学生,所以政治课普遍存在学生'学而不信,信而不行'的状况。"蔡建元努力让学生成为学习的主人,在学生的质疑、批判中培养学生发现问题、解决问题的能力。所以,当听到有学生质疑人民代表大会制度的时候,蔡建元并没有感到惊讶。他同意小冯一组去采访学校的蒋校长,并事先与蒋校长打好招呼。蒋校长很欣赏这种上课的模式,表示一定配合。

在约定的时间里,小冯一行 5 人来到校长室。"蒋校长,作为全国人大代表,您是怎么写提案的?""如果您不同意某位代表的意见,按照人民代表大会的程序,您怎么提出反对意见?"……问题一个个抛出来,蒋建华对每一个问题都认真作答,小冯一边听一边仔细记录。再上课时,小冯汇报了通过采访了解到的人民代表大会的程序、作用,还有蒋校长讲的一些大会花絮,同学们对人民代表大会制度有了非常直观的认识。"我现在觉得,政治并不是空洞的概念,每个人都离不开政治生活,'国家兴亡,匹夫有责',我们应该参与到政治之中,尽自己的力量,让我们的国家变得更加美好。"小冯最后总结道。

"泰中老师的眼光不只停留在分数、高考上,我们倡导不能只想学生一阵子,而是要为学生的一生发展负责。"蒋建华校长对记者说。在即将成人之前,在人生观、价值观形成的关键时期,泰州中学送给学生的礼物是独立思考的意识。在将来纷纷杂杂的社会中，在他们迷茫的时候，这种意识能带给他们独立的人格和特别的持守。

靠爱心、靠责任、靠智慧教书育人

高三接班第一天，陈露露老师到班里点名。“费翔。”没有人回答。“费翔？”还是没人回答。这时一个学生站起来说：“老师，听说费翔被劝退了。”“劝退？怎么回事？”陈露露事先一点风声也没有听到。“他考试作弊，跟监考老师打起来了，还骂人。”从学生的叙述中，陈露露大概清楚了事情的原因。按理说，费翔是个刺儿头，他离开了，班级管理工作会降低一些难度。但是，听说这件事情之后，陈露露的心里像堵了一团棉花，感觉喘不过气来。费翔在班里只是五十分之一，少他一个，没有明显的变化；但对于一个家庭来说，他就是百分之百，此时此刻，他的父母一定是愁眉苦脸，为孩子的未来担忧。而且这么冲动的孩子走入社会，也是一个不稳定的因子。于公于私，陈露露都觉得她不能放弃这个孩子。

她写了一份请愿书，交给学校领导，承诺在一个学期内做好费翔的思想工作。学校也希望给费翔一个改过自新的机会，同意了陈露露的请求。陈露露给费翔的父亲打电话，请他带费翔到她的办公室来。听到班主任愿意让孩子回到学校，费翔的父亲非常感激。

第二天，费翔和他的父亲来到学校。他低着头站在办公室门外，不敢进来。看来有戏，他犯怵，说明心里已经意识到自己的错误了。陈露露思忖。她让费翔进来问道：“费翔，你觉得自己做的对吗？”“不对。”他的头更低了。“你过去犯了多少错误，我不想知道，也没兴趣知道。但我希望，你今后不要再犯类似的错误。因为你是公开与老师发生肢体冲突，所以你必须在班上做深刻检讨，同时要用行动证明自己的改变。你同意吗？”“同意。”费翔这才抬起头，看了一眼陈露露。他看到的是一双信任的、没有成见的眼睛。

虽然前几周，费翔还算老实，但陈露露知道，事情没有那么简单。果然没过多久，所有任课老师都反映费翔和几个学生天天上课睡觉。陈露露也察觉了，他们的眼睛每天都是红红的。经过了解得知，费翔痴迷于钓鱼，他带着几个同学整夜整夜地钓鱼，白天在课堂上补觉。

又一次上课睡觉时，陈露露把费翔叫到办公室，依然没有批评。“你就这么喜欢钓鱼？”“老师，钓鱼真的很有意思，下回我带你一起去吧！”费翔很认真地邀请老师，陈露露被他的稚气逗笑了。“谢谢你，老师不喜欢钓鱼。费翔，每个人都要对自己的行为负责任，青年时代的任务是学习，如果现在荒废了光阴，将来会追悔莫及。”“老师，反正我也考不上大学，上课听讲也没意思。”原来是缺乏目标，所以没有动力。“人生的机会很多，要随时做好准备，老师不希望你放弃自己。咱们来一个约定：如果你和几个哥们能按时作息，我每周奖励你们半天去钓鱼，怎么样？”费翔高兴地答应了。他们缩短了晚上钓鱼的时间，尽量按时作息，以保证课堂上的听讲。

白天精神了，他们开始在课堂上打闹，班级纪律又乱了。陈露露有些失望，但她知道，性格的改变和习惯的形成绝非一朝一夕之功，至少，他没有旷课，已经在改变了。对于这种学生，越是指责，反而越会激起反叛，她必须有足够的耐心等待他们成长。

不久，恰好空军飞行学院到学校招飞行员，陈露露意识到“费翔”们的机会来了。或许是得益于喜欢钓鱼，费翔的视力极好，身体素质也不错，基本符合征兵条件。陈露露动员费翔和他的哥们报考空军飞行学院。“我还是喜欢钓鱼，当飞行员没什么意思。”“怎么会没意思？你的名字就是‘飞翔’呢，想想驾驶飞机翱翔蓝天，那是多么神气！”陈露露隔三岔五就对费翔做一番工作，在老师和家长的劝导下，费翔去参加了体检，经过几轮筛选，同去的几个同学，只有费翔一个人通过了体检。

当费翔意识到自己真有可能成为飞行员的那一刻，他开始觉醒了。但后面一个更大的坎儿摆在他面前：文化课考试。他非常清楚自己的情况，5 门课能考 100 多分就不错。他第一次为自己的成绩担心起来：“陈老师，你说我能考上吗？不知道其他参加飞行员考试的学生学习怎么样？”他急切地问。“别担心，他们更差。”陈露露安慰费翔。“但是，只有提高自己，才能与别人竞争。”陈露露为他量身打造了学习方法，强化语文、历史、地理等学科的记忆，同时在课余时间找数学、英语老师帮助费翔补习功课。

当教育唤醒了学生的内在追求，责任、智慧和爱心换来了奇迹，费翔以超过录取线 40 多分的成绩，考上了空军飞行学院。毕业前，陈露露再次找到费翔：“老师只是一个路灯，只能为你指明一段路程。在新的起点，会有新的领航人。到了部队，要收敛自己的性情，遇事要冷静。”费翔感激地点了点头。如今，费翔已成为空军飞行学院的试飞队队长，加入了中国共产党。每年暑假，他都会回来看望陈露露。眼见原本冲动、迷茫的费翔一年比一年成熟，陈露露颇有成就感。

鉴于高中学生生理、心理的发育特点，有一个问题无法回避——恋爱问题。对此，班主任吴一鸣有时候会故意“视而不见”。“我觉得高中生产生爱恋是正常的，很美好，也很纯真。只是在他们这个年龄，还不能用理智控制情感。所以对于学生恋爱，我既不反对，也不提倡，既精心呵护，又及时引导。”以前班里出现恋爱的学生，只要学生能正确处理，相互激励，吴一鸣一般不会过问，除非学生主动寻求帮助。可这一回，小凡的事情却让她非常揪心。

小凡是全校公认的“才女”，能歌善舞，文笔和口才都很好，是学生会副主席，深受老师和同学的喜欢。高二刚开学，吴一鸣发现小凡突然换了一副眼镜，原来色彩暗淡的镜框换成了艳丽的玫红色。“这变化是为引起别人注意，是不是暑假期间发生了一些事情？”吴一鸣暗想。但小凡并没有主动提起，她也装作不知道。时间一天天过去，从小凡身上看不到更多恋爱的迹象，只是原本活泼的她，变得有些郁郁寡欢。吴一鸣了解小凡的家庭，她父亲一直想离婚，因为小凡的坚持和挽回，家庭才没破裂。也因为如此，她显得比其他孩子成熟一些。或许是她的父母又开始闹离婚了吧？吴一鸣并没多想。

元旦前夕，学校组织文艺汇演彩排，轮到小凡上台了。“我给大家演唱的曲目是《容易受伤的女人》。”台下观看排练的吴一鸣很纳闷，原先小凡的节目是《小背篓》啊，怎么临时更改了？在演唱过程中，吴一鸣发现小凡的视线一直盯着观众席的一个地方，眼角流出泪花，她似乎完全沉浸在歌曲的意境之中了。吴一鸣顺着小凡的目光看去，一个男生正和另一个女生交谈。看来，她是陷入一段感情之中了。

彩排结束后，吴一鸣把小凡约到一个安静的办公室谈话。她坐在那里一言不发，显然还没从情绪中走出来。“小凡，你怎么临时把演唱曲目改了?”吴一鸣问。“我觉得我唱《小背篓》不合适。”小凡低着头说。“你的嗓音条件很适合唱《小背篓》，我倒是觉得《容易受伤的女人》不适合你唱，你说呢?”小凡不说话。“我发现唱歌的时候，你哭了，为何而哭呢?”“我被歌词打动了。”“从常理来说，你这个年龄阶段的孩子，应该不会经历歌曲中的感情。而且，你有没有想过，”吴一鸣顿了一下，继续说，“你唱的时候，可能有人在看你的笑话。”小凡愣了一下，抬头看了老师一眼，眼泪“唰”的一下流出来，随后号啕大哭。“老师，我从初中就喜欢他，可是他为什么就是不喜欢我?”小凡一遍一遍地问着吴一鸣。听着小凡撕心裂肺的哭声，吴一鸣的心里难过极了，“孩子，你有什么委屈就都哭出来吧，老师就在你身边。”她轻轻拍着小凡的肩膀，把自己的支持和关爱传递给她。

哭声渐渐小了。“你知道吗，老师也经历过一段痛苦的感情。”吴一鸣给小凡讲自己的感情经历。“感情是件很珍贵的东西，我们应该慎重处理，如果没有找到合适的处理方法，宁愿搁置。如果有的人不值得你留恋，要学会放弃。”小凡含着眼泪点了点头，似乎有些解脱。“以后你心里难过，有想法了，老师希望你第一时间来找我，我们共同面对。”母爱本能的保护欲望，促使吴一鸣想方设法来弥合小凡的情感伤口。

随后的日子里，小凡没有再和那个男生来往，情绪渐渐稳定了。她信任吴一鸣，不管是因为学习、因为家庭，还是因为感情，只要心里不舒服了，就找吴一鸣倾诉。吴一鸣知道，小凡的情感纠结与家庭经历有关。小凡恨母亲不能留住父亲，但是却又在不知不觉中扮演了母亲的角色，想留住另一个不喜欢自己的人。吴一鸣或许做不了更多，但是她至少能做一个耐心的倾听者、合格的保密员，在小凡难过的时候，静静地倾听。在一个安心的环境里倾诉，是宣泄情绪最好的方式，当负面情绪全部发泄出来，那个暗藏的心结就慢慢打开了。

担当责任，从平凡走向卓越

“这节班会课，我们来看一场情景剧。”周明亮的话引来学生一片欢呼。学生们非常期待上班会课，因为在周明亮的精心准备下，每周的班会课都会带给学生不同的惊喜。周明亮转身在黑板上写下几个字：责任人生——减负 AB 剧。

这次班会的设想来源于一些家长的电话。“周老师，一到周末，孩子就光玩电脑，不学习，将来怎么在高考中和别人竞争啊?”有段时间，班主任周明亮总是接到类似的电话。那时，江苏省出台减负增效的“五严”规定，要求严格控制学生在校集中教学活动时间。对于一些自控力不强的学生来说，周末、节假日全部被游戏、玩耍占据，学习的事完全抛到脑后。周明亮意识到，这种现象折射的是学生自主管理能力的缺失。没有自我管理能力，人生发展就失去了方向。作为教师，有责任为学生补上这一课。单纯的说教不仅效果不好，而且会引起学生的反感，最好的方法是让学生自己得出结论，于是，周明亮和几位班干部沟通后，精心策划了这节班会课。

“第一幕，初三苦读。”主持人报幕之后，几个学生走上讲台，表演初三挑灯夜战，瞌睡连连也不肯睡觉的场景。这一幕，学生们太熟悉了，当年为了中考，就是“头悬梁，锥刺股”。第二幕出现了戏剧性的变化，班长坐在讲台上，拿着一份材料宣读“五严”规定，台上的同学欢呼雀跃，大呼“周末可以玩了”。第三幕分场景展现几个学生的周末安排：甲同学喜欢拉二胡，他的周末是在练习中度过；乙同学在家长的安排下，被动地去参加补习班；丙同学放任自己，看电视、玩电脑，尽情娱乐；丁同学为了解决作业中的一个难题，主动跑到图书馆查找资料。

到此，情景剧暂停。“现在，请同学们做一把编剧，续编剩下的两幕话剧：一年之后和十年之后。”周明亮把任务布置下去，学生们兴致高涨，他们分成几个组，讨论剧本的创作思路。最后展示时，每个小组都各有新意。其中第二小组的创意得到大家的一致认可。他们的剧本是这样编排的：第三幕，一年以后。期末考试，拉二胡的甲同学成绩一塌糊涂，被动学习的乙同学考试成绩是第二名，无所事事的丙同学学习成绩是第三名，自主学习的丁同学考取第一名。甲同学遭到家长的指责，命令他放弃二胡练习，好好学习；无所事事的丙同学得意洋洋，自己没付出努力，但也没考倒数啊！

第四幕，十年之后。四个人再次相遇，命运发生了转折，甲同学尽管遭受指责，但依然坚持练习，最终考入音乐学院，成为优秀的二胡演奏家；自主学习的丁同学考取了名牌大学，成为一名工程师；被动学习的乙同学做了经理；无所事事的丙同学成为送水工。“今天的选择就是明天的结果。”剧本最后一句话引起大家的沉思。甲乙丙丁四位同学，自己会成为哪种人呢？班会课进行到这里，周明亮不需要再说什么，学生已经意识到，自己笔下人物的命运可能就是未来自己的发展轨迹。要对未来的人生负责，必须先对当下的学习生活负责。

“没有人生的历练，人很难懂得责任是什么意思。但在学校组织的各种活动中，在与人交往中，我们开始理解责任的含义。”高三学生王剑飞给记者讲述了他在学校做志愿者的故事。2010 年 7 月，泰州中学承办了“尚德电力杯·第四届中国青少年创意大赛暨知识产权宣传教育”活动总决赛，读高二的王剑飞报名成为大赛志愿者，他被分配到物资组，担任组长，负责参赛人员的物资发放工作。在前一天的志愿者培训会上，除了讲解基本的礼仪知识外，培训老师意味深长地讲了一句话：“虽然你们从属于不同的组别，但请记住，你们都是泰中的志愿者。在服务中，不仅仅要对自己所在的组负责，还要对整个学校负责。”当时，王剑飞并没有真正理解这句话。

第二天，随着全国各地参赛选手陆续到来，接待组的人手不够了。接待组的组长找到王剑飞，想从物资组借几个人引导参赛选手到宿舍楼。王剑飞很为难：“物资组也有自己的任务啊！虽然这会儿看起来清闲，可过一会儿，参赛队员就会来领东西，那时候我们就忙起来了。"他不太愿意把自己的人手分配给别人。可是,看着前来报到的参赛选手在接待组越积越多,有些选手已经开始不耐烦地嚷嚷起来,王剑飞觉得自己刚才的想法太狭隘了。这时候,他突然想起培训会上老师的那句话。是啊,在参赛选手眼中,志愿者是不分接待组、物资组的,自己代表的是泰中的整体形象,如果接待工作没做好,他们会对泰中产生不好的印象。这会儿不是计较个人得失的时候,他必须从泰中的整体利益着想。他和两名同学商量了一下,立即去帮助接待组引导参赛选手。虽然一趟趟来回奔波很辛苦,但看到参赛选手满意的笑容,一切辛苦都不值一提了。

此后几天,王剑飞发现校园异常干净整洁,每次看到地上有垃圾纸屑,都会有学生主动捡起来放进垃圾桶。"当别人对你说你要学会负责的时候,总不明确自己的责任是什么,只有亲身经历之后,才能真正理解。"

"人生规划导航""素质教育个十百千万行动计划"、师生"双十星"评选、泰中"六节"等一系列校园文化精品活动,融入了生命、自尊、自立、实践等时代精神元素。在一次次的活动中,泰中的学生学会了责任、协商、妥协、坚持、合作,这些是永远在书本上学不到、考试中不会考的人生命题。

如今,胡瑗先生亲手种植的这棵银杏树已在泰中校园伫立千年,虽然历经世间沧桑,但依然枝繁叶茂。她见证了世事变幻,也见证了一代代教育者对优秀文化传统的传承、发展和超越。在各种教育思潮风起云涌的今天,古老学堂的悠长韵味,同与时俱进的责任教育一脉相承。泰中人把千年书院的责任精神和担当情怀,渗透到学校具体的办学行为中,坚守着对事业的执着追求。

"为人师者,少一份抱怨,多一点实干;少一点浮躁,多一点宁静;少一分粗糙,多一份精细。"这句在泰中教师中广为流传的教育理念,就是实实在在的责任。

(载《人民教育》2012 年第 3—4 期)

"责任教育":大道至简

——江苏省泰州中学"责任教育"办学实践纪略

邵　林

2011 年 7 月 18 日,夏日雨过天晴,省泰州中学老校区内的琉璃瓦在绿树红花的映衬下显得格外古朴大气,空气中弥散着阵阵青草与泥土的芬芳,似乎要为胡锦涛同志亲自邀请的远道而来的客人送上最亲切的拥抱——这一天,来自美国芝加哥的名校佩顿中学的 26 名师生,欢欢喜喜地来到了江苏省泰州中学参观访问。

当他们步入古木参天、浓阴掩映的老校区,当他们驻足在历经千年雨露滋润而根深叶茂的银杏树下,停留在须发长髯的北宋大教育家胡瑗先生的铜像前时,这些外国的朋友深深地为这所千年书院、百年名校的历史韵味所吸引、着迷。他们边看边惊叹,边看边询问。而一直陪伴在他们身边的该校校长蒋建华,则将这所学校的过去和现在的一个个故事，向在场的同学和老师们娓娓道来。

北宋泰州，有一位名震朝野的理学先驱、教育大师，他就是胡瑗。胡瑗先生“穷经以博古、治世以通经”，毕生躬耕杏坛，其“明体达用”的思想和大刀阔斧的教育改革实践，对宋代以及后世都产生了深远的影响。后人为弘扬他的精神和思想，在他当年讲学的旧址建“安定书院”，“安定”由胡瑗世称“安定先生”而得名。

更可贵的是胡瑗当时就提出“致天下之治者在人才，成天下之才者在教化，而教化之所本者在学校”的主张，他从“致天下之治”的目的，揭示了人才、教育与学校三者之间的联系，这在当时教化不兴、苟趋禄利的政治社会环境下，有着振聋发聩的意义。

江苏省泰州中学就是始于1902年在安定书院旧址上创立的泰州学堂。今天，在蒋建华校长的带领下，继续传承着胡瑗先生的教育思想，并在其基础上率先提出“倡导负责任的教育”的办学理念。这个理念从字面表述上看似乎并无华丽引人之处，但通过多日深入采访，记者在倾听了从校长到教师，从学生到家长们的一个个有关“责任”的理解和故事之后，体悟到在这简明平实如常识的“负责任”的背后，那大道至简的美丽。

一

教育，决定了一个时代、一个国家，乃至一个人的精神分量。没有使命感的教育是盲目的，没有责任担当的教育是轻薄的。真正的教育不仅应该具有效率和效益，更重要的是要具有灵魂，具有坚定而明确的价值追求。使命与责任赋予教育以高度和灵魂。

时间回到30多年前，蒋建华高中毕业，本以为这辈子就老老实实地当个好农民，几百斤重的担子压在肩上，没有退却也没有抱怨。之后经推荐，他在一所农村初中当起了代课教师。与那个时代的许多同龄人一样，高考制度的恢复改变了他们的命运，他放下粉笔走下讲台，走进大学当起了学生。1982年毕业后，他被分配到海安县一所人生地疏、条件不太好的初中当数学老师。但这一切并没有磨灭蒋建华献身教育、追求卓越的理想，20年之后的2003年，他带着省特级教师、苏步青数学教育奖等荣誉回到了家乡的泰州中学担任副校长，两年后接任校长。作为本乡本土之人，蒋建华自然了解这所老校、名校曾经的辉煌历史，体会得到社会对于这所学校未来发展所寄予的殷切期望，自然也就更加知晓“校长”这个光环承载的责任和意义。

肖川教授说，没有使命感的教育是盲目的，没有责任担当的教育是轻薄的。真正的教育不仅应该具有效率和效益，更重要的是要具有灵魂，具有坚定而明确的价值追求。使命与责任赋予教育以高度和灵魂。

千百年前，胡瑗就已提出“致天下之治”的教育主张，时代变迁至今天，面对新的社会环境，教育的使命与责任又是什么？作为学校的领航者，该如何引领这所有着千年书院的文化积淀，曾走出胡锦涛同志、李德仁院士等一大批名校友，曾造就了洪宗礼、于一平、叶凤吾等一批名家名师的百年名校走向新的未来？这所学校该培养出具有怎样的气质与境界的学生？这所学校的教师该具有怎样的教育理想和追求？这些都是蒋建华首先思考的问题。

于是，他钻进校史馆深入研究前人的教育思想，研究泰州中学近代百年的办学实践，最终，他把焦点落在“负责任”这个关键概念上。蒋建华对记者说，教育，决定了一个时代、一个国家，乃至一个人的精神分量。功利化的社会在日渐侵蚀着教育，作为有理想的教育人，必须坚守自己的教育思想，做一个有梦想、敢担当、肯作为的追梦人。

之后，通过校领导、中层干部、全校师生的反复多次讨论之后，经教代会通过，泰州中学最终确立了“倡导负责任的教育”的办学理念。从概念的提出，到达成一致共识，再转化成行动纲领和指南，全校每个人都有发言权，都可以阐明自己的理解。在讨论中，全校师生对于这个理念内涵的理解逐渐明晰、深刻。

蒋建华如此阐述：我们所倡导的负责任教育，不只是停留在一般意义的责任感、使命感教育上，而是更关注人性的提升、人格的健全、人的终身发展，更关注社会、时代、民族乃至全世界的未来，最终指向对时代发展、民族复兴、人类文明、社会和谐负责任。“我们的根本宗旨是造就人的责任情怀、担当精神，以及履行责任的本领。”

二

教育是民生，也是国计；教育是今天，更是明天。培养什么样的人，反映着教育的价值取向，是教育的根本问题。“教育决不能只有分数和升学率。否则，那将是我们教育人的羞愧！”蒋建华的话掷地有声，“我们泰中培养的学生，希望他能够：胸怀大爱、畅想大梦、培养大智、担当大任！”

2008 年 5 月 26 日上午，北京奥运圣火传递泰州站起跑仪式在泰州中学隆重举行，校长蒋建华、退休老师王钧被选为奥运火炬手，周涛老师被选为护跑手，而全校3 800多名师生共同见证了那一激动人心的历史时候，那一刻，整个学校沸腾了，那一刻，每一个泰中人都体会到了这份荣耀和责任。荣耀必将成为他们一生中难忘的记忆，而责任也将转化为实实在在的教育行动。

回想起那次经历，校学生会主席杨苏虹的心情依然不能平静。她说，代代校友的付出、届届学子的努力，成就了名校的今天，也使我们得以站在巨人的肩膀上享受着名校的荣耀。学长们勇于承担民族建设的责任，为我们做出了榜样，今天我们接过火炬，面对我们的学业和祖国的未来，我们要勇担责任，传承荣光！

2008 年 5 月 12 日，汶川发生特大地震，消息传来，牵动了泰中全校数千名师生的心。学校立即向全校师生发出捐款倡议，倡议书上说：为了我们受苦的同胞，让我们一起贡献出自己的一份力量！高二(9)班姜渭同学，在第一时间捐款 100 元后，又将自己积攒多年的 5 000 元压岁钱全部捐出，她的善举赢得了全校师生的尊敬。她在捐款时附上了一张小纸条:“看到电视上那些失去亲人的灾民,我感到很难过,但他们的坚强也深深震撼了我……我觉得自己应该为灾区的人们做些什么。我就打电话让妈妈把我存在银行里的压岁钱都取出来,妈妈也拿了些钱凑足了5000元。我只想尽我的能力去帮一帮他们,帮一帮那些和我们一样都还在上学的孩子们……”姜渭朴实而真挚的话语,表达了全校师生共同的愿望:帮一帮他们!我们的心与灾区人民的心连在一起,我们要努力帮助他们渡过难关,重建家园。最终,全校师生共捐款30多万元。之后,为了支持灾后重建工作,泰中的部分师生经过一年多时间的精心设计、反复修改,设计出“抗震保温节能砖”,获得国家级专利。

2011年5月20日,泰州中学的网站上公布了“学生之星”的评价实施方案,评选的内容和标准很有特色,除包括了学习之星、进步之星、科技之星、文学之星外,还有文明之星、体育之星、才艺之星、服务之星、环保之星、爱校之星等十类明星。“我们希望建立多元评价标准,让每个学生都能找准奋斗目标,体验成功,将学生的全面发展与个性、特长发展相结合,将学生日常生活表现和成长过程相结合。”

评选由学生自评、互评,之后再交班委会、班主任审核,最后再由学校终评。参与的学生面很广,同学们兴奋地说:“‘星级学生’评比,让我们每个人都可以找到自己发展的目标,寻找自我成长的动力,所以特别受欢迎。”每年申报评选时,那气氛还真算是“全校总动员”了。

高三(3)班的韦正杰是一位帅气、性格外向的小伙子,今年1月,他在经过几轮评选审核、公开面试答辩后,最终被正式确定为泰州中学2012年北京大学“中学校长实名推荐制”的推荐对象。而这位千里挑一的“好苗子”,在高一时,还曾是个“反面典型”。因为他兴趣爱好广泛,爱弹电子琴,爱跳拉丁舞,还喜欢跆拳道,但对学习、集体活动这些个“正事”,却显得懒散、漫不经心。老师找他谈心,他也常心不在焉,还忍不住对老师有些“小反感”。

后来,在老师的鼓励下,韦正杰参加了学生会,还参加各类竞赛、组织集体活动,各种担子压到他身上。慢慢地,老师、同学都说韦正杰变了,他担任校学生会学习部部长,担当校“梅苑之声”广播电台播音主持,组织校科技节,还参与央视“三星智力快车”及“阳光学生”等节目。学校一系列大活动中,总能看到他忙碌的身影,看到他辛勤地付出,也看到他面对成功或挫折时的那份不骄不躁和沉稳大气。韦正杰认真地说:“是老师、同学们身上那种甘于奉献、遇事责无旁贷的精神改变了我。为班级、为学校,作为其中的一员,我应当有这份责任担当!”

教育是民生,也是国计;教育是今天,更是明天。培养什么样的人,反映教育的价值取向,是教育的根本问题。“我们应当树立怎样的价值追求?”“我们的学校应当培养什么样的人?”这些是蒋建华内心曾一直思考的问题。

“我们的教育目标绝对不能庸俗地定位在‘让学生考一个好分数、找一份好工作’,教育决不能只有分数和升学率。否则,那将是我们教育人的羞愧!”蒋建华的话掷地有声，“作为名校，我们应当引导社会树立正确的教育价值观！”从学生的层面来讲，负责任的教育就是要学生对自己的未来负责，学会做人、学会学习、学会合作，学会创造、学会生活，牢固树立完善自我、服务他人、回馈社会、造福人类的责任意识。“我们希望从泰中走出来的学生能够：胸怀大爱、畅想大梦、培养大智、担当大任！”

而宏伟的培养目标都要落实在一个个具体细致日常的教育行动中。近几年，学校在德育、特色课程开发、师生日常生活等领域精心打造了一系列责任教育的平台，如“人生规划导航”“泰中六节”“素质教育个十百千万工程”等。这些平台的创意大多来自于师生，最后又回归于师生。

“每天都学一点点，每天收获一点点，每天进步一点点”已成为全校师生的共同心声。确实，要承担建设祖国、振兴民族的大任，也许不只在于心中立下多少宏大志向，更在于今天、在于当下点点滴滴的教育行动，真正将“责任教育”理念内化于心，外化于行。

三

> 没有爱，就没有教育。
>
> 著名教育家苏霍姆林斯基有句名言：在每个孩子心中最隐秘的一角，都有一根独特的琴弦，拨动它就会发出特有的音响，要使孩子的心同我的讲话发生共鸣，我自身就需要同孩子的心弦对准音调。
>
> 而要找准“那根独特的琴弦”，需要教育的实践经验，但最需要的应当是“爱”。这种爱，无声、无痕，像阳光般普照，像大海般无边。不管你是一株小草，还是一棵大树，她都会拥抱你、包容你。这种爱，是一种负责任的爱，责任扛在教师自己的肩上，而大爱照亮的是学生的未来。

语文老师吴一鸣，担任班主任已经13年了，她理解的“责任教育”，就是“把心真正放在孩子身上”。她有一个学生名叫婷婷（化名），在读高二时，她的妈妈在去接她放学的路上突然遭遇了车祸，不幸当场离开人世。而放学后的吴一鸣全然不知，还在教室里着急地等着，等那熟悉的身影像往常一样出现。这个时候，吴老师的手机响了，电话是婷婷的爸爸打来的。电话这头，吴老师惊呆了，她不敢相信这个悲剧会降临到这个女孩的身上。通完电话，吴老师忍着心中的悲伤，对婷婷说：“你妈妈有点事，今天不来接你了，我送你回家吧！”一路上，吴老师不记得跟婷婷说了什么，因为思绪有些乱，她只记得临别前对婷婷说，不管发生什么事情，有什么话都可以跟老师说。

之后的一周，婷婷没来上学。吴老师的心一直牵挂着，她让同学把课堂笔记每天复印好送给婷婷，每天发短信给她，尽管她知道所有语言相对于这样大的变故而言，都显得苍白无力。日子一天天过去了，老师和同学们的关心没有断过，终于在一个月后，婷婷勇敢地走出家门，重新又回到了课堂。高三一年的时间里，吴老师成了婷婷的“妈妈”,过年过节,她们俩手挽着手去买新衣服、去吃牛排,婷婷去南京参加化学竞赛,吴老师特意乘长途大巴去看她,却说是出差顺路。“‘责任’说起来有些空洞,但实际上都可以化为生活中的点点滴滴。”吴老师说,她的母亲也是中学老师,母亲一直叮嘱她,当老师是份良心活儿,一辈子就为求个心安。

王静老师的班里,有个男生叫小坤(化名),家庭经济条件比较差,父亲做点小生意维持家用,而偏偏母亲又得了红斑狼疮,母亲的病使这个家的状况更是雪上加霜。但小小男子汉心底的那份自尊与敏感,让小坤从来不对老师和同学提起家里的事。不过,从小坤在他每周写的周记中,王静老师还是读出了字里行间流露的那种忧郁和消极。王老师不动声色偷偷地观察小坤,她发现每到下课吃饭时,小坤就像“蒸发”了一样,教室、操场都找不到他,等其他同学都吃得差不多了,小坤又总会掐准时间“冒”出来。连续几次后,王老师猜到了原因,但她没有多问。一天下课后,她把小坤喊到办公室来,交给他一叠餐券,说:“这是学校为值班老师提供的餐券,我也用不完,你拿去吃吧。吃完了再来我这拿!”这个大男孩有些害羞地接过去,笑笑。之后,王老师隔三岔五会在早上送一盒牛奶给他,告诉他:“这是你爸爸托我交给你的。”王老师说,自己有这份责任呵护他。

真正的教育,唯独从心里出发,才能打动心灵的深处。

2006 年,彭莉老师带的班里有位来自兴化农村贫困家庭的小刘同学,父母长年在外打工,家里三间低矮破旧的茅屋里,小刘和 80 多岁的奶奶相依为命,但小刘一直勤奋好学。不过贫寒的家境,和长期缺少父母的关爱,还是在小刘的心里留下了阴影,在高三上学期,他的成绩忽上忽下,人也变得更加沉默。这一切,彭老师看在眼里。为了找到这个有些自卑的孩子心里的那根琴弦,彭老师先给自己补课,阅读大量有关高中生心理方面的书,准备了许多名人成长的例子,在与小刘的一次次谈心中,不经意地讲出来,鼓励他学会“做一个内心强大的孩子”。慢慢地,小刘的脸上出现了笑容,人变得乐观、自信、放松了。在当年的高考中,小刘以骄人的成绩被清华大学录取,之后保送硕博连读。在后来与彭老师频繁的短信往来中,小刘经常说:“彭老师,您是影响我一生的人。”

有人曾说,学校应当是一个可以让学生找到心灵归属感的地方,一个能够给学生创造发展空间的地方,一个令学生身在其中乐融融的地方,应当是学生所渴望、所向往的心灵家园。我们知道,在这个家园里,学生们接触最多的“家长”就是老师。著名特级教师霍懋征谈到他作为教师的体会是,教师最重要的素质是责任心、爱心和敬业精神。是的,老师的这份爱,应当如大海般宽广,不管面对的是小草,还是大树,都会包容地去拥抱这一个个生命,触摸每一片叶子的成长,倾听每一朵花开的声音。

四

> “洪老先生怀着宗教般的虔诚,50 年如一日痴迷于语文教育、语文教材、母语研究,将一生与事业融在一起,这种精神本身就是我们最宝贵的财富,就是我们营造‘责任文化场’、铸造责任校魂的最好教材。”

2011年11月,第四届全国教育科学研究优秀成果奖揭晓,在19项获得一等奖的成果中,有一个令泰州中学师生非常骄傲的名字:洪宗礼。中共中央政治局委员、国务委员刘延东亲自为其颁奖。这位从教师队伍中走出来的真正的大家,中学语文界泰斗级人物,就生活在他们的身边。洪宗礼老先生自1960年从扬州师范学院毕业分配到泰州中学,就一直在这所学校,工作、生活、研究。老先生一生筚路蓝缕,在教育教学、教材编写和课题研究三大领域成就斐然:

前20年,洪宗礼老师致力于语文教学实践,初为人师,他写下“情操高,教艺精,教风实,知识博,基本功硬”十六字箴言。从教数十年,他始终以饱满的激情,不间断地投身于中学语文教学实践,进行教学改革试验。

后30年,他致力于语文教材编写,从1983年起,他就以精编、精改、精研的“三精”精神和严肃、严格、严谨的“三严”态度,积极探索语文教材体系,主编了三套经国家审定通过、广受一线师生欢迎的初中语文教材,并旁及写作教材和思维训练教材,构成读、写、思三者并驾齐驱的系列教材。

最近10多年,洪老先生致力于中外母语课程教材的比较研究。从古今比较、中外比较的双重维度,纵观历史,立足现实,放眼世界,努力探索适合我国国情的语文教育改革之路。这项研究贯穿中国110年、涉及世界45个国家和地区,集合了国内外数十所高校、科研院所先后共200多位专家,最终完成了10卷本的《母语教材研究》皇皇巨著。

作为泰州中学的校友,中国教育科学研究院院长袁振国评价洪宗礼老师时,强调了“责任”与“使命”两个词。他说,洪老先生身上始终涌动着旺盛的生命激情和心无旁骛的痴情。这种激情和痴情都源于同一个原因,那就是对传承、弘扬祖国语言文化的使命感和责任感,对培养好下一代的责任感和幸福感。这种崇高的使命感、强烈的责任感是他战胜一切困难的永久动力。

“洪老先生怀着宗教般的虔诚,50年如一日痴迷于语文教育、语文教材,将一生与事业融在一起,这种精神本身就是我们最宝贵的财富,就是我们营造‘责任文化场’、铸造责任校魂的最好教材。”蒋建华动情地说。

目前,泰州中学正以国家级课题“发掘‘三名’文化,推进‘责任教育’”的研究为契机,大力营造责任文化,铸造全校师生的“责任校魂”。在课题立项研究的过程中,该校进一步明确名人、名景、名品三名文化与责任教育的关联,并从三个维度来发掘、提炼、打造一系列校园文化活动精品。而其中之一就是,走近洪宗礼等不同时代的名人、名师、名校友,研究和提炼他们对人生、对事业负责任的精神品格,并整理、编辑成校本教材,使之成为独具泰中文化特色的精品课程,让全体师生都能感受作为一名泰中人的自豪和责任。

此外,该校还整合、提炼校园文化经典活动项目,创新校园文化活动内容,寓责任教育于精品文化活动中,开发、打造了一系列校园文化精品项目与文化产品。在日常的责任教育中,更多地融入生命、自尊、自立、感恩、竞争、合作、共赢、实践、创新等时代精神元素。

回望泰州中学百年历史，其实有很多像洪宗礼老师这样甘于奉献、勇于担当崇高教育使命的人，而正是“洪宗礼们”在一代代地传承着这种精神，并慢慢形成一种环境，一种文化氛围，变成一种氤氲着的气息，弥散在校园里的每一个角落，每一个教育细节中，让生活在其中的人受到浸润和洗礼！

今天，“致天下之治者在人才，成天下之才者在教化，而教化之所本者在学校”的名言，依然深深镌刻在泰州中学校园中醒目的位置，依然时时在诠释着当年办学者非同寻常的办学气魄和办学担当。

与之一脉相承的负责任教育，关注人性的提升、人格的健全、人的终身发展，关注社会、时代、民族乃至全世界的未来，更是在时时鞭策着在这里的每一个人：责任是一种担当，责任是一种精神，责任是一种能力。

也许，我们经常可以听到、看到众多类别不同、风格各异的办学理念和办学精神的表述，应当说，各级各类学校对办学的理想追求和学校精神的认识并不缺乏，缺少的恰恰是实现办学理想的勇气和对这份理想的执着追求。而泰州中学正在以他们崇高的责任教育的情怀、对教育教学规律的返璞归真的理解，以及心无旁骛的执着追求，一步一步地践行着这所百年名校大家气象、大气磅礴的未来！

能负责任、能担当者，方成大业。

（载《江苏教育报》2012 年 2 月 20 日）

生命与使命同行　大爱与责任并重

——江苏省泰州中学创建“人民最满意学校”纪实

晨　光

关注视角

● 历久弥新、博大精深的江苏省泰州中学，源于北宋著名教育家胡瑗先生的“安定书院”旧址之上兴建的泰州学堂，建校 110 年来，她始终弦歌不辍、薪火相传，如今已成为江苏省属重点中学、江苏省四星级高中、国家级示范高中。

● 承赖前驱、继往开来的江苏省泰州中学，不仅造就了以胡锦涛同志为代表的国之栋梁，孕育了以两院院士李德仁为代表的科技精英，走出了以春兰集团首席执行官陶建幸为代表的诸多著名企业家，培养了以著名表演艺术家林达信、国际举重冠军袁爱军、中国教育科学研究院院长袁振国等为代表的一大批行业精英。

● 群贤毕至、与时俱进的江苏省泰州中学，秉承“明理达用”的谆谆校训，遵循“全面育人、全员育人、全程育人”的办学理念，在全国率先擎起“负责任的教育”大旗；以“尊重每一位学生、激活每一位学生、成就每一位学生”为教学理念，以“母语课程教材”研究为教科研品牌，竭力创建人民最满意的学校。

● 励精图治、铸就辉煌的江苏省泰州中学，不仅先后被授予“江苏省文明单位标兵”“江苏省模范学校”“江苏省德育先进学校”“江苏省园林式学校”的荣誉称号，而且荣获了“全国文明单位”“全国教育系统先进集体”“全国体育卫生先进集体”等40多项殊荣，并已连续3年荣膺北京大学“中学校长实名推荐制”资格学校。

引 言

“浮于淮泗，浩然天波，海潮喷于乾坤，江城入于泱漭。”偶遇泰州古城的唐代诗人王维曾这样惊叹它的大气浩茫。

历史文化名城泰州，风物俱佳，人文尤盛。生于斯的书法评论家张怀瓘、《水浒传》作者施耐庵、评话宗师柳敬亭、“扬州八怪”代表人物郑板桥、京剧艺术大师梅兰芳等先贤，居于斯的范仲淹、岳飞、孔尚任、李汝珍、林则徐等名家，共同链接起了泰州城昌盛的文脉。

而这昌盛的文脉又孕育出了一座平和、博雅的著名中学——江苏省泰州中学(以下简称“泰中”)。发轫于1902年的泰中，没有因时光飞逝而凋零了容颜，而是带着永恒的创造力所衍生的生命底蕴和睿智心潮，从历史深处走来，换来了教育改革的一片霞光，收获了一路的五彩缤纷：江苏省属重点中学、江苏省四星级高中、国家级示范高中、全国文明单位、全国精神文明建设工作先进单位、全国教育系统先进集体、全国体育卫生先进集体……

这里，教育思潮如滔滔江水上下翻滚，沸腾着，提纯着；育人理想如绵绵江水长流不绝，升华着，奋斗着；圣园之魂如滚滚江水奔流入海，汇聚着，积淀着……

孜孜治学明国粹

“桃李不言，下自成蹊。”司马迁笔下的汉代名将李广，是一株虽默默无语却用花芳果香引人瞻望的桃李树。说来也巧，老泰中也有这样一棵号称“江苏省古树名木保护一号树”的银杏树——

> 一千年的年龄，让任何人在你的面前都是那样的稚嫩。
>
> 在你的面前，我不敢有半点伪装，不敢存丝毫邪念。
>
> 我相信，一千年足够赋予你通灵的智慧，我采撷你的叶片夹在书中，我希望它能带给我祥和，我希望可以沾染你的灵气。

在老泰中千年的古银杏树下，一批又一批泰中师生总会情不自禁地发出如斯心声。

1999年，泰中新校区落成并正式启用。占地226亩，建筑面积5.8万平方米的新校区，环境优雅，办学条件一流，拥有多媒体教室、电子阅览室、闭路电视、校园网、体育馆、游泳馆、影剧院、标准田径场和学生公寓等设施。浓郁的现代化气息总是令人神清气爽，满目生辉。同时，从历史的风尘中款款而来的老校区也依然令泰中人流连忘返。因此，拜访老泰中自然而然地成了泰中师生、校友的“必修课”，用他们自己的话说：“这是一次朝圣之旅，也是一次寻根之旅。”如今，老泰中已然成为这座城市的文化名片，成为泰州人心中的教育圣峰。

正因如此，当记者每每迷失于迷宫般的街头时，总能得到热情的导引；当记者频频向行人求证对泰中的印象时，得到的总是肯定与赞扬。

呵，未见其颜，先闻其名。这座圣园，竟是如此赫赫有名吗？

带着向往，记者步入了老泰中。历史的厚重之感顿时扑面而来！

一株银杏，风雨沧桑而不改青春容颜，一站便是千年；一座书院，时光洗礼而不失古雅风韵，一坐便是百代。树的每一圈年轮，书院门廊上的每一道刻痕都记录着流转的光阴和绵延的人文脉络。而其间的人呢？博学儒雅的教师，谈笑间将三尺小讲台延展成风云大世界；各具风采的学子，或安静沉思，或激烈辩驳，灵气十足，张力十足，尽显泰中“平和从容、博雅大气”的独特气质。

是什么造就了泰中的如斯品格？又是什么孕育出如斯师生？记者不禁疑惑。

探源索流，问道典籍，寻访今人，记者在泰中发展历史的扉页上找到了两个大字——文化。

是啊！文化是教育旋律跌宕中的活力春水。一旦失去文化，教育所剩的便只是机械的知识教授、刻板的技能训练和功利的应试准备。真正有活力的圣园，其底色必然是深厚的文化积淀。圣园的成长是文化的成长，圣园的超越是文化的超越。这一点在泰中体现得尤为深刻。

泰中的故事始于千年前的北宋时期。当时，中国历史上著名的思想家、教育家胡瑗初创安定书院，提出了“致天下之治者在人才，成天下之才者在教化，教化之所本者在学校”的教育理念和“明体达用”的教育主张，开启泰中教育思想之源。明代中期，平民哲学家、教育家、泰州学派创始人王艮又将“修身立本”的思想输入安定书院。清朝中期，经千年风霜的书院又迎来了一股清流——“明理做好人”的思潮，那一张张青瓦间流转的文化气息便愈发甘醇浓烈，直至 1902 年，安定书院旧址上兴建了泰州学堂。在这样一片浸润着先贤教育哲思、渗透着先进教育理念的沃土上，泰中带着先天的精神财富，开启了辉煌的征程。检视着泰中的每一次革新，每一次迈进，文化始终是其发展的隐性主题。

从胡瑗“明体达用”的主张到现在省泰中“明理达用”的校训，正是传承、发展、创新的最好诠释。“明理”，即明做人之理，明做事之理，明学问之理；“达用”，即学以致用，立志成才，成合格之才，成顶用之才，成栋梁之才。“明理达用”是泰中秉承百年的文化基因，衍生出“自强不息，追求卓越”的泰中精神；提炼出“和谐、求实、进取”的校风、“忠诚、谨业、创新”的教风和“好学、善思、致用”的学风；确立了“领袖风范、领军人物”的育人目标。它是泰中教育思想和实践完美结合的教育智慧和育人宣言，亦是其不断创新与可持续发展的精神源泉。

向上追溯，是"明理达用"厚重的内涵、悠远的历史；向下延伸，是竭力的践行、丰硕的现实。一代代泰中人上下求索，在传统和现代之间往返探寻，一脉相承如行云流水，雕琢创新而了无刀斧痕迹，凝成一股一往无前的文化推动力。

从于一平、叶凤吾、洪宗礼、任范洪到夏淑萍、蔡长春、王俊鹏、王曙光、黄敏、董旭午、黄群……一个个名师从这里走出。在教育教学的探索征途上，他们用超前的思想为之献上一篇篇锦绣文章，用深厚的底蕴为其发出一声声灵魂的呐喊，用数不尽的心血为她奉上一个个改革方案，更用仰望星空的目光为其探寻着未来之路。

而疑惑也接踵而至：这方灵秀的土地，又靠谁来守望？

一个精干的身影步入我们的眼帘，他就是泰中的引领者——现任校长蒋建华。在偌大的校园中，我们的视线总会不由自主地定格在蒋校长的身上，不仅因为他高挑的身材，更因为他的儒之雅风，仁之韬气。"最是书香能致远，腹有诗书气自华。"这句诗，似乎就是为他量身而作。

心力是智慧的妙源。蒋校长总能随时抖开知识的花伞，总能随时聆听教师的心声，抓住学子的心机，为饥渴的心儿化解焦躁，使一双双迷茫的眼睛重焕神采，给一台台生命的内燃机注入油料，巧夺天工般播种于泰中、育苗于圣园。

蒋校长曾向记者坦言道："我成长过程中有十个'没想到'——没想到成为恢复高考制度后的第一批本科生；没想到获得南通市首届人民科教基金万元大奖；没想到被评为江苏省中学数学特级教师；没想到获得全国'苏步青数学教育奖'；没想到被泰州市作为高级人才引进到泰中，并担任校长；没想到成为'硕士生导师''教授级高级教师'；没想到当选为第十一届全国人大代表；没想到成为2008年奥运火炬手；没想到成为'享受国务院特殊津贴专家'；更没想到能与'人民教育家'一词沾上'边儿'。"

事实上，这十个"没想到"如明艳的花儿，浸润于他奋斗的心血与汗水。高超的教艺、前瞻的思维铸就了他特殊亮色的生命，他当然要挥发其于教坛之上，构建崇高，书写辉煌，缔造神奇……

不过，面对满怀的鲜花，最令蒋校长动容的，则是成为江苏省教育厅启动的"江苏人民教育家培养工程"首批培养对象。

"要提倡教育家办学，鼓励更多的优秀青年终身做教育工作者。"这是温家宝同志的期望，也是时代的召唤和教育发展的必然趋势。

"积极践行教育家办学理念，让校长成为学校特色办学的领军人物。"这是蒋建华的积极响应。

"我不求'匠才'，但求'将才'。"前者有技，后者有思；前者求果，后者探因索源；前者肯苦干，后者肯苦干且能指挥；前者脚踏实地，后者既脚踏实地，又仰望星空。

教育家便是脚踏实地、仰望星空的智者。踏教育沃土，从中获得实践、经验和训诫；仰望教育星空，从中辨其源头，寻其规律，谋求超越。

做教师要做学者型教师。同样，做校长也要做一个学者型校长，两者都应以成为教育家为发展目标。”

爱心、责任、智慧是蒋建华贯彻始终的三个关键词——爱与责任同行，激情与创造同在，人文与智慧共生。

大气、大度、大爱，是蒋建华对自身的要求。在一日日的践行中，终也成为人们对他发自内心的中肯评价。

泰中的老师们不会忘记：重病来袭，是蒋校长亲自赴医院将问候、慰问金送到教工手中；每逢生日，是蒋校长亲自送上精致的卡片和温馨的蛋糕；遇到困难，是蒋校长亲自过问，倾其所能，热心帮助……

泰中的学生们不会忘记：每每高考冲刺，是蒋校长给予他们深切的关怀和鼓励；奥运火炬传递，是蒋校长指导他们设计传递方案并最终入选；创新课堂模式，是蒋校长引导他们拓展思维、大胆探索……

一幕幕难忘之景，勾勒出一幅大爱校长的形象，雕塑出一个思想深邃、理想坚定、深谙教育真谛的师者丰碑。

事事走在最前列，时时保持高标准，刻刻不忘高质量。泰中前行的每一步都饱含着蒋校长超群的管理和一个团结高效、锐意进取的领导班子的智慧。在学校管理上，蒋建华推崇精细化管理。他大力推行干部和教师考核的精细化，将工作实绩与奖金发放、职称晋升、评优评先紧密挂钩，并不断完善考核制度，极大地促进了教职工的工作积极性。为落实精细化管理，他要求干部每天要注意发现教师的亮点和问题，他经常与教师或学生包括学生家长进行交谈，每周参加一次教研活动，提出一条工作好建议，从而使泰中逐渐形成了结构合理、运行高效、反应灵敏、调控适度、科学民主的开放型管理系统。

“走向世界，始于足下。”这句铭刻在泰中办公楼上的标语，或许可以用来解说蒋校长，解说泰中：“走向世界”，眺望教育星空，怀揣理想教育之梦；“始于足下”，扎根圣园沃土，认认真真、扎扎实实地办学。

耿耿铁肩担大任

“人是有文化生命的动物，文化生命是个体生命的核心。人的生命延续，就是文化的代代相传。人格的共性与内核，是民族文化的血统；生命的质量，在于文化品位与文明程度的提升。人的文化生命，并非与生俱来，而是需要学校的传递和教化，需要环境的影响和熏陶。你看这一器一物里，都透着浓浓的‘文化味儿’，像一杯酽茶，韵味悠长而醉人。”热情好客的蒋建华校长一边引导记者参观校园，一边对记者说。

看那改建后的老泰中，初看似乎无甚端倪，但细细品味，便觉其中意趣盎然。从上空俯视，校门两侧的传达室和读书亭，形成独具特色的“品”字，寓意十年树人、品行合一的教育理念。整体异地重建的新校区位于泰州市东郊风景区，新颖别致的建筑融中式的长廊与欧式的线条、色彩于一体，漫步其中，仿佛进入了梦幻的王国。这里有杰出校友对母校的寄语，有清华、北大等知名高校校长的题词，有刻写在佳石和雕塑上的励志警句，一词一句之间,皆蕴藏着做人的哲理、教育的真经。又有为百年校庆精心设计的校史陈列室,铭刻历史、记取当今、感怀先贤、激励今人。还有原泰中教学副校长、著名语文特级教师洪宗礼等捐资兴建的"弘文馆",弘扬母语文化,弘扬华夏文明,含义深刻。更有一个个记录着学校辉煌办学成果的荣誉碑,于辉煌中重现昔日的艰苦卓绝。整个校园格局雅致,水榭凉亭、碧波摇影,银杏遒劲、落英缤纷,兼多处意蕴无穷的建筑小品,真是令人赏心悦目!

再看那设计独特的校徽,由宋体中英文校名、银杏叶和篆书"州"字衍变而来的核心图案组成,意蕴丰富。"州"喻人杰地灵之泰州,核心图案两侧的银杏叶和水滴形图案,意为"水木泰州":当年由胡瑗先生亲手栽植的银杏树,历经千年泰州雨露阳光的滋润而根深叶茂,并成为泰中和泰州文脉的象征;又意味着"滴水穿石"的求学恒心、"滴水之恩当涌泉相报"的反哺之情等。同时,银杏叶和水滴图案又互动组成太极图形,寓意学校文化、地域文化与民族文化和智慧的有机结合。

多么精妙的设计啊!将民族文化、地域文化和学校文化融合在一起,将历史、现在和未来融合在一起,将智慧、思维和情感融合在一起。这不正是中华文化精神内化的绝佳之作吗?现在,该校标已成功注册国家商标。

谈到博大精深的中华文化,蒋校长告诉记者:"中学是经典教育进入'悟'和'理解'的阶段,也是中华文化精神内化为学生自身素质的阶段。因此,我们或结合语文、历史等课程,或单独开设经典导读课程,重点讲授'四书':《论语》《孟子》《中庸》《大学》,力求让每一位学子在3年的时间里真正领悟'四书'。"

说得好啊!这就等于把学生们引入了中国文化的神圣殿堂。"教育首先是个人精神成长的过程,然后才是学科知识获得的过程。"(德国雅斯贝尔斯语)难怪蒋校长确立了"文化立校、文化育人、以文化人"的校园文化建设指导思想,摒弃了"有知识,无文化"的低层次人才培养模式,以发掘"三名文化"为切入点,精心构建文明校园、书香校园、和谐校园、魅力校园,目的是既充分发挥显性的、物化的学校文化资源的育人作用,又着力构建隐性的、精神的学校文化:

——发掘"名人文化",即充分发掘与学校有渊源的"名家""名师""名校友",发掘、梳理、提炼、汲取和传承他们宝贵的思想和品格,使其内化为全校师生的不竭动力,真正实现"以思想引领人,以事迹激励人,以品格塑造人"的核心价值。如从历史文化名人胡瑗、王艮等身上,汲取深邃的教育思想,承袭绵长的文化;从于一平、叶凤吾等名师的故事里体味高师的人格魅力;从胡锦涛同志、两院院士李德仁等名校友的传奇里品读拼搏与奋进的精彩……

——打造"名景文化",即利用泰中老校区丰厚独特的校园景观资源打造老"十景":近千年历史的胡瑗讲学故址安定书院、胡公祠、千年古银杏树、岳王庙等;在新校区内打造新"十景":弘文馆、生态园、银杏湖、锦绣广场等。提炼校园景观中所蕴含的文化和精神财富,彰显悠久、深厚的文化底蕴,营造浓郁的文化育人氛围,陶冶师生情操,提升校园文化品位,强化校园文化的育人功能。

——开发“名品文化”，即开发校园文化系列活动精品项目，使学生首先形成“在家爱家、在班爱班、在校爱校”的意识。随后，倾心打造“四大精品”：科技节、文化艺术节、七彩之夏暑期活动和成人宣誓仪式。并通过办好校园“梅苑之声”广播台、梅苑文学社、《泰州中学报》、兴趣小组活动，开设校本选修课程，开展研究性学习，组织综合性社会实践活动等，将思想品德教育、荣辱观教育、科学素养与人文教育寓于生动活泼、务实有效的活动之中。在这些精品活动中，更多地融入生命、自尊、自主、感恩、竞争、合作、共赢、实践、创新等时代精神元素，使其更具时代精神，更具育人力量。

这可不是铁器的敲打，而是水的载歌载舞，使粗糙的石块变成了美丽的鹅卵石。文化如水，不依赖强有力的捶打，而是借助以柔克刚的韧性，炼就“春风化丝雨，润物细无声”的德育成效，自然会磨砺出圆润光滑的“鹅卵石”——人格健全的优秀学子。

教育是实打实的事业，不仅需要以柔克刚的韧性，更需要水滴石穿的作风，来不得半点虚浮，由不得丝毫泡沫。如果为了功利去制造“新鲜”，或明明不好却要硬贴“标签”，那是弄虚作假。泰中的德育工作十分注重实效，绝不搞“假、大、空”。根植于“精神家园”沃土的德育理想在校园里一路延展：近几年，泰中持续开展了“争做文明学子，创建和谐校园”的系列活动，要求学生“讲文明话，做文明事，当文明人”，过有道德的学习生活，得到了师生的积极响应和热情参与；“从点滴小事做起，从身边事做起，从平凡事做起”被每一个泰中人奉为“金科玉律”。从细微处出发，积极引导学生“养成十个好习惯”“每天做好十件简单事”，力求学生做到不给老师添麻烦、不给班级添麻烦、不给家庭添麻烦、不给学校添麻烦、不给社会添麻烦，“让学生成才、让家长放心、让社会满意”。

漫步泰中，芳草萋萋，绿水涟涟，古木参天，建筑幽邃，一副学府静谧之象，一砖一瓦联结着历史的幽远时空，满耳朗朗书声荡漾在圣园的每一个角落。那静默的古树与老宅，守望千年，似在切切地传递着先哲的殷殷劝诫。先哲去了，它们却留下来。而留下的又岂止一棵树、一处院落呢？留下的更是思考——对教书育人的思考，是关照——对人之心灵的关照，是探究——对教育真经的探究，是传承——对关注生命本真的文化的传承。

每个人都被生命询问，而他只有用自己的生命才能回答此问题，只有以“负责”来答复生命。因此，“能够负责”是人类存在最重要的本质。（维克多·费兰克语）

我国教育先贤孔子的“当仁不让”、孟子的“舍我其谁”、顾炎武的“天下兴亡，匹夫有责”等，无不显示着对国事民瘼的崇高责任感。况且，责任教育也是西方国家高校德育的主要内容。20 世纪 70 年代后期，美国社会提出培养“责任公民”，推出了 21 条德育准则，其中 12 条突出了责任教育的倾向性。责任的重要意义使责任教育成为永恒，而现实中屡见的责任丧失现象又使责任教育变得刻不容缓。

当记者询问蒋建华校长如何着力提高学生服务国家、服务人民的社会责任感时，他异常兴奋地说：“责任是一种境界、一种精神、一种情怀，是个人与集体、自我价值与社会价值的统一。责任也是做人做事之内核，勇于承担责任乃为人之风范，崇尚实干乃做事之准则。因此，我们按照‘顶层设计、试点推进、全面启动、典范引领、特色凝炼’的基本思路，构建融知识体系、实践体系、考核体系、激励体系于一体的责任文化建设，首先制定了《责任文化建设实施意见》和《责任文化品牌培养行动计划》，在精神层面、行为层面、物质层面确保责任落实，同时明确责任教育的内容，即开展责任意识教育、责任情感教育、责任行为教育、责任能力教育，使师生做到‘说负责任的话，做负责任的事，当负责任的人’。这也是泰中精神的重要注脚。”

生命在沉思，在苏醒，在或渐或显式的彻悟；
能力在积蓄，在碰撞，在八仙过海般的张扬；
灵性在凝聚，在伸展，在舍我取谁似的迸发。

蒋校长像掘进深不可测的地下暗井，像走入历史隧道的遥远景深，还像一层层剥开事物表层逼近核心。他探求的事物、道理、思想、理念，都进入了“系列跟踪、深度报道”，似乎都在显微镜下观微，于望远镜前眺远。

没有一丝一毫的鼠目，不见常人常规的套路。看事，一语道破；看人，一眼看穿；看物，洞若观火。

视角独特领风骚，眼力独具匠心。打开一扇扇门，解开一个个结，揭示一桩桩秘，破译一个个谜——

“倡导负责任的教育”的办学理念，“全面关心、全面育人、全面发展”“不让学生吃不该吃的苦，不让学生享不该享的福”的育人理念，不断挥发着蒋校长的智慧之术，引领着泰中始终沿着健康、持续、快速发展的责任教育轨道一路前行。

“负责任”是泰中教育理念的精髓。负责任，是以实际为出发点、以“人”的发展为出发点，不跟风，既不追求实行“放羊”管理的过分潇洒的“素质教育”；也不“唯成绩”，不追求“死揪”的应试教育。在蒋校长看来，负责任的教育是必须关注人的成长与发展，必须关注学生的前途与未来，必须对学生负责任的素质教育。而只有这样的教育，才是追求超越的高品位教育。

——从学校办学的层面讲，就是要办对学生、对老师、对社会、对未来负责任的教育；

——从学校教育教学管理层面来讲，就是对教师的师德修养、教育教学行为和自身专业发展负责，对学生的个性发展、全面发展和终身发展负责；

——从教师的层面来讲，就是要不断强化对教育事业负责任、对自己的教育教学行为负责任、对每一位学生的自主学习、健康成长与终身发展负责任的自觉意识，帮助学生增强社会责任感，掌握履行责任的知识与技能，进而创造美好未来的责任人生；

——从学生的层面来讲，就是要对自己的未来负责，学会做人、学会学习、学会合作、学会创造、学会生活，牢固树立完善自我、服务他人、回馈社会、造福人类的责任意识。

“责任”一词，已被牢牢地镌刻进泰中的每一寸土地，浓浓地充盈在泰中的每一次呼吸之间，也深深地浸染着身在其中的每一个师生……

由此也生发出为中国教育学会原会长顾明远先生所击节赞赏的思想火花：“尊重每一位学生，激活每一位学生，成就每一位学生”的教学理念和“全面育人、全员育人、全程育人”的育人理念。

当这火花落到泰中这堆积蕴了千年的薪柴上，又怎能不升腾起淬炼真人的熊熊烈焰呢？

——教师积极践行“说负责任的话，做负责任的事，当负责任的人”。

“杨老师，我们太惭愧了。整天说自己忙这个忙那个，却常常忽视了孩子的成长，忽视了做家长的责任。您给我们上了生动的一课！”这是高考后家长发给该校数学老师杨子圣的短信。在带毕业班的一天早上，杨老师带着同在泰中教书的妻子骑摩托车赶往学校，途中被一辆闯红灯的小轿车撞倒了。杨老师右手受伤，妻子留院观察。尽管如此，杨老师坚持用左手板书执教了两个高三班级的数学课，并身兼班主任和备课组长之职；下班后，还要到医院照顾病榻上的爱人，接送年幼的孩子……身教重于言传，杨老师对事业、对学生、对家庭的担当，深深震撼了学生们的心灵，整个班级的学习风气焕然一新，高考成绩跃居全年级同类班型之首。可以说，正是杨老师用体现个人责任和担当的左手，影响了每一个学生的学习态度，也教育了学生们的家长。

是啊！培养学生的责任意识，班主任是关键。他的责任心越强，文化底蕴越深，人文情怀越厚，所培养出的学生才越有可能将责任意识内化为自己的一言一行。

——培养学生独立之精神，自由之思想。

“人民真的能当家作主？”“我觉得人民代表大会就是一个形式。”在讲到《人民代表大会制度：我国的根本政治制度》一课时，学生们的窃窃私语引起了该校政治老师蔡建元的注意。当代高中生思维敏捷，但由于生活经验的局限，容易以偏概全。“相信大家对人民代表大会具体是怎么运作的都充满了好奇，我们身边就有好几位全国人大代表、泰州市级人大代表，不如咱们组成几个小组，采访一下他们。”同学们一听来了兴趣，纷纷向老师请缨，更有同学提出想去采访全国人大代表蒋建华校长。

“泰中老师的眼光不能只停留在分数、高考上，而要为学生的一生发展负责。”蒋校长很欣赏这种上课的模式，表示一定配合。

在约定的时间里，5 名同学来到校长室。“蒋校长，作为全国人大代表，您是怎么写议案的？”“如果您不同意某位代表的意见，依照大会的程序和规定，您怎么提出反对意见呢？”……问题一个个抛了出来，蒋校长对每一个问题都认真作答，同学们一边听，一边仔细记录。再上课时，同学们汇报了通过采访了解到的人民代表大会的程序、作用，还有蒋校长讲的一些大会花絮，加深了同学们对人民代表大会制度的直观认识。

“现在觉得，政治并不是空洞的概念，每个人都离不开政治生活，‘国家兴亡，匹夫有责’，我们应该参与到政治之中，尽自己的力量，让我们的国家变得更加美好。”这是今天泰中学子的共同心声。

是啊！责任教育的核心价值是指向学生思维、品格、能力、素养的发展和提升的，绝不仅仅是对学生的学习成绩和高考负责。

——责任就是担当，就是在平凡中走向卓越。

“没有人生的历练，人很难懂得责任是什么意思。但在学校组织的各项活动中，在与人交往中，我们开始理解责任的含义。”参加“尚德电力杯·第四届中国青少年创意大赛暨知识产权宣传教育活动”总决赛接待工作的高三学生王剑飞深深地领悟到“责任”一词的重大意义。在比赛的接待工作中，接待组的工作压力较大，转而向王剑飞所在的物资组“借调”人员，但物资组也面临着诸多任务。时间拖下去，选手们的意见会越来越大，不仅接待组的工作不好开展，还会影响到作为承办赛事的泰中的整体形象。“不仅仅要对自己所在的组负责，更要对整个‘泰中’负责。”王剑飞对自己说，并立即和其他两名同学去帮助接待组引导参赛选手。虽然一趟趟来回奔波非常辛苦，但看到参赛选手满意的笑容，他觉得一切辛苦都不值得一提了。

是啊！没有担当就不懂得责任，没有经历过就不会负责任。责任教育从来都不缺乏纯之又纯的道理，缺乏的是回归真实的生活。由知到行，才是责任教育发展的必由之路。

列夫·托尔斯泰曾说：“一个人若是没有热情，他将一事无成，而热情的基点正是责任心。”责任作为一种道德情感，是一切美德的基础，是人类理想与良知的集中体现，也是社会进步的基石。基于此，泰中自蒋校长提出独具一格的教育命题——“责任教育”以来，这种全新的教育理念就以一种无形的精神力量，潜移默化地滋润着学校师生的心灵，直至成为泰中不断向前发展的风向标和启明灯。

岁月如歌，光阴不负。

泰中先后与内蒙古鄂温克旗第二高中、兴化沙沟高中、云南省武定一中、泗洪楚天外国语学校等省内外5所学校结对挂钩，开展结对帮扶活动，充分发挥国家级示范高中的辐射作用。2008年“5·12”汶川大地震发生后，全校3 000多名师生捐款达31万之多，有的同学把自己积攒的5 000多元压岁钱都捐了出来，教职工中捐资最多的超过6 000元，有15名党员收到中央组织部的捐款证书。更令人感动的是泰中师生又经过一年多时间的精心设计、反复修改，获得了“抗震、保温、节能砖”的国家级专利。

自强日新求卓越

教育学者杨福家教授曾说：“学校要有大楼，要有大师，要有大爱。”这“大爱”首先就是对风格各异的教师以客观公正的承认。

“泰中本来就是一个舞台，是让教师全面、主动、积极发展的舞台。作为校长，要做的是尽一切可能，为教师的个性发展提供平台、创造机会，使学校出现百花齐放、百舸争流的局面。绝对不能只满足于一个学期为教师组织一次教学比武、业务爱好比赛之类的活动。这样的理解太狭隘。”蒋校长说。

2008年10月20日，气韵典雅的弘文馆里座无虚席，上百位银发霜鬓、经纶满腹的教授、专家，数十位运筹帷幄的教育行政官员，几百位教育第一线的青年才俊济济一堂。

他们从祖国的大江南北、四面八方，跋山涉水而来，只为共享一场教育的盛宴——洪宗礼语文教育思想研讨会。

洪宗礼，全国教育系统劳动模范、江苏省特级教师、有突出贡献的中青年专家，并享受国务院特殊津贴；主编的《“单元合成，整体训练”九年义务教育初中语文教科书》作为国家一类教材首批审查通过，并已在全国各实验区实验；主持国家级“九五”教育科研重点课题“中外母语教材比较研究”，与海内外 9 所高校合作，出版了 200 余万字的《中外母语教材比较研究》系列丛书，填补了比较教育领域的空白，富有创新意义和实践价值，在全国具有领先地位。2011 年 11 月，获得全国优秀教育科研成果一等奖，中共中央政治局委员、国务委员刘延东亲自为其颁奖……

一级级，一步步，洪宗礼攀登着思维的峻峰，摘取着教育的果实，从泰中的一名普通教师长成为一名教育家，成为一颗教坛上冉冉升起的“明星”，牢牢吸引着众人的视线。

母语教材研究这样重大课题，为什么会在小小泰州，而不是在北京、上海？主要主持人为什么不是在高校、科研单位，而是在一所中学？一个个问题的提出，恰恰反映出泰中在课程建设与师资培养领域的独特优势。

课程是学子起飞的地平线，课程的整合改革是地平线上旖旎的风光。为造就这一风光，不光通古，还要博今；不光知己，更要明人。

勤于教海拾贝、课堂探幽的蒋校长，凭借他丰富的教学经验，总是亲自引导教师学习、讨论“什么是有效教学”“好课的标准是什么”，以此促进教师不断明晰、内化、落实“有效教学”的理念，教学设计从内容框架、语言表达、进度安排、资源利用、激发动机、师生互动、自主学习、鼓励创新等视角精心安排，课堂教学有贴切的教学目标、完整的教学结构、多种有效的方法、有意义的交往互动活动、有效果的能力训练。

在“有效教育”理念的推动下，泰中启动了素质教育“个十百千万工程”，既对学生基本素质提出了统一的要求，又发动学生自己制定“个十百千万”成长计划，与学生个性的选择相结合，不完全搞一刀切，让学生选择适合自己发展的计划与目标。在培养学生科技创意能力方面，泰中在全国率先发放了学生创新作业本，学生有什么好的创意念头，可以及时地用文字或是用图写下来、画下来，这个做法得到中国教育学会有关科技创意大赛组委会的充分认可。“梅苑”文学社、《泰州中学报》等社团，使爱好文学和新闻的学生拥有了自己的习作园地；经常开展的影评、书评、征文、歌咏、书画、摄影等比赛活动，使得有着不同业余爱好的学生有了用武之地；各类科技节、文化艺术节等活动为学子们展示自我风采提供了舞台……丰富多彩、生动活泼的课外活动，为学生课外发展专长、培养个性搭建了广阔的平台。

采访中，该校副校长季新明告诉记者：“创新精神的培养是实施素质教育的重要目标之一，作为国家级示范高中，泰中培养学生的综合素质不能只是空喊口号，而是建立行之有效的多元化的评价体系，通过建立评价激励机制真正促进学生综合素质的培养。”近年来，学校通过开展道德、科技、文学、才艺等 10 类“学生之星”系列评选，举办“六节”（科技、文化艺术、体育、读书、外语、感恩）活动展示学生和教师的个人风采。要求每个学生在科技、体育、文艺等方面至少有一门特长或兴趣爱好，每年参加的各类社会实践活动不少于10天，在阅读、习字等方面也都让学生制定适合自己的行动计划。

随着多元评价体系的推进，泰中素质教育进入了良性发展的快车道，据该校副校长蔡长春介绍：“2005年蒋建华担任校长以来，学校高考屡创佳绩，多年来一直居于省市前列，并成为北京大学校长实名制首批推荐资质学校。与此同时，已先后有5人次被选入国家奥林匹克冬令营集训队，1人获国际奥林匹克学科竞赛金牌。体育艺术方面亦成绩显著，学校先后被授予‘江苏省普通高中创新人才培养试点学校’和‘江苏省艺术教育特色学校’等荣誉称号。”

有人说，人的内心有两根琴弦，一根是魔鬼的琴弦，一根是天使的琴弦，而教师的责任就是拨动学生心中那根天使的琴弦。如果教师冷落了自己心中那根天使的琴弦，又怎可能去拨动学生心中那根天使的琴弦呢？教师只能以天使的人格，以天使般的爱心才能拨动学生心中那根天使的琴弦。

正因如此，对教师负责，是泰中“负责任的教育”不可缺失的一环。

“对老师负责任，应当关注教师成长与发展，引导教师做智慧型教师、反思型教师、学者型教师，争当名教师。对老师负责任，应当培养教师爱心、责任心与师德修养，做到知识学养与人品修养并重，应当给予老师‘喘息的时空’‘快乐的生活’‘特别的待遇’。”这已是泰中领导班子达成的共识。

“制度管理与人本管理相结合，促进教师自主成长；创造条件与提供平台相结合，促进教师岗位成才；严格选拔与后续提高相结合，促进教师关爱学生、成就事业”的“三个结合”已成为泰中引领教师队伍建设的一面旗帜。

“要让每一位教师幸福地做教师，做幸福的教师；要让每一位教师爱业、勤业、乐业、精业、创业；要让每一位教师与新课程同行，与学生共成长；要让每一位教师都用心研究教育、研究教学、研究学生、思考未来”是泰中要攻占的制高点。

鼓点激越，旌旗高扬，在国之基础教育的战场上，泰中奏响了嘹亮的进攻号角……

——加大校本培训力度。着重帮助教师树立“以学习强自身、以知识树威信、以能力求生存”的观念，努力促使每一位教师都过好教育观念转变关、新课程标准关、现代教育技术关、知识积累关、课堂艺术关；与中国教育学会合作成立了“教师发展学校”，制定校本培训计划，采取听专家报告、与专家同课异授、参观考察、举办论坛、学术沙龙、各类竞赛等多种形式，引领教师构建“责任课堂”“智慧课堂”“有效课堂”，竭力打造一支拥有“四型”(学习型、实干型、科研型、专家型)、“五感”(有方向感、有责任感、有约束感、有幸福感、有成就感)的教师团队。目前，泰中已建立起七个校级名师工作室。

——积极推进课程改革。在注重校本课程的开发和建设方面：先后开发了“理科实验、思维训练、美育、创造力开发”四大系列、八十多门校本选修课程；在加强教学管理方面，重点抓备、教、改、辅、考五个基本环节的落实和考评，并通过不断的“分析——反馈——调整”，增强教学的针对性与实效性；在加强课堂教学研究方面，采取“过关课”“示范课”“研究课”“公开课”等形式，促进教师教学水平的提高，每学期人均听课十五节以上；

在尊重学生差异、因材施教方面，实行“分层教学、分类要求、整体推进”的有效策略。

——关心教师的健康成长与可持续发展，提倡“教师三要三也要”（要工作也要家庭，要学生也要孩子，要质量也要健康），努力使教师拥有“奋斗的人生、成功的人生、健康的人生、快乐的人生”。

——培养教师的责任感和使命感，提倡教师“五个多给”，即“多给学生一点关爱，多给学生一点尊重，多给学生一点时间，多给学生一些平台，多给学生一些思考”，和“五个不给”，即“不给学生留不便，不给家长留非议，不给教学留隐患，不给工作留漏洞，不给社会留负担”。

30 度的视野，只能见到眼前悠悠的绿水，180 度的视野，才可见到前后左右的巍巍青山、密密大林。为了给教师们打造一个惯于勤思、善思、精思、奇思的睿智大脑，同时增强教师们的科研能力、推进科研兴校战略，泰中以科研课题研究为抓手，鼓励教师积极主动申报国家、省、市及校级教育规划科研课题，吸引绝大多数老师加盟到科研队伍中来。目前，该校拥有两项经过全国教育科学规划办批准立项的国家级课题：“新课程背景下教师队伍建设及相关机制研究”和“发掘‘三名文化’，推进‘责任教育’实践研究”。另外还有 3 个国家级课题子课题、10 多个省市级课题。

“让每一位师生都受到尊重，让每一位师生都健康成长，让每一位师生都热爱学习，让每一位师生都得到最好的发展。”这样的理想境界在泰中已变成了现实——

如今，泰中教学的流程是科学的——或学或议，或讲或练，或思或做，都如行云流水般的天造地设。

教学的方法是科学的——有导学有自学，有点化有内化，有示意有创意，有口述手写有课件展示，都那么浑然一体，天衣无缝。

教学的重点是科学的——聚焦在方式、方法、规律、奥秘，给人弥足珍贵的人生智慧与启迪。

这一切都那么的恰适：思与议、问与答、张与合、密与疏、快与慢、放与收，尺度与火候恰到好处。

赤、橙、黄、绿、青、蓝、紫，这里的每位教师都呈现各自不同的色彩，或善讲，或善导，或善练，或善察，或善示范，或善开合……每人的长项都是占据个性高地最好的突破点。

无论整体，还是细部，无不让人感到秋净气朗，大地斑斓，蓝天似洗，白云如带……

写不出的高远，道不尽的浩茫……

尾声

文化是一条河流，串联着泰中流传千年的历史回路和思想脉络；

文化是一方热土，滋养着泰中传承百代的教育理想和育人信条；

文化是一座高山，承载着泰中傲立挺拔的精神风骨和博雅品格……

千年书院，百年名校——八个字，尽藏泰中岁月流逝中的不动声色，历史更替中的积淀深厚。

明理达用——四个字，发源于千年前的教育大家，发展于代代泰中人的开拓创新，尽显泰中教育思想之源远流长、一脉相承。

责任——两个字，让泰中这所百年老校焕发出勃勃生机。它像涓涓清泉，灌溉着师生的心田，启迪着师生的思想。于是，记者欣喜地看到：在这所钟灵毓秀的圣园中——责任，绽放着生命最美的容颜，博大而从容；教育，彰显着人性最耀眼的光辉，温馨而深刻……

（载《典范——人民最满意学校创建纪实》，红旗出版社 2012 年版）

蒋建华和他的“责任教育”

姜　波

2011 年 3 月 5 日下午，人民大会堂西大厅，全国人大十一届四次会议江苏代表团全体会议会场，全国人大代表蒋建华校长紧紧握着胡锦涛同志的手激动地向总书记问好。作为十一届全国人大代表，每次与总书记握手他都感到热血沸腾，一股强烈的责任感和使命感油然而生，肩上的担子似有千斤重！这一次，作为总书记母校的校长、“责任教育”理念的倡导者、实践者，他还做了作了题为《办好负责任的教育》的审议发言，更是感到了责任和使命的重大。

2005 年 10 月，就任泰州中学校长之初，蒋建华校长就提出了“倡导负责任的教育”的办学理念，开始思考和规划他的“责任教育”蓝图。五年多来，他带领全校师生不懈努力和奋斗，使“责任教育”理念深入人心，理想的蓝图逐步变成宏伟、清晰、美好的现实，学校各项工作都在科学、健康、特色、深入地向前发展，并取得了社会广泛的认可和高度的赞誉。回顾五年多来“责任教育”的历程，我们看到的是他那清晰而扎实的奋斗足迹，感受到的是他那炽热的“责任”情怀，体验到的是他的爱心、良知与智慧。

一、以朴素的理念奠基“责任校魂”

在我国现行教育教学改革与实践中，有两种很明显的倾向：一是应试教育之风盛行，教育观念相对落后，内容方法比较陈旧，中小学生课业负担过重，表面上对学生高度负责，敬业奉献，实际上是“好心干坏事”；二是教育的“理想化”，即常常在“理想化”的状态与假设之中作出不合国情、不切实际的“理想化”的思考与决策，打着改革创新、愉快宽松等旗号，实际上是在行“不负责任”之实。2005 年 9 月，蒋建华校长刚走马上任，就敏锐地看到了这一点。

泰州中学的精神鼻祖是北宋初年著名的学者和教育家胡瑗，至今学校仍有“千年书院”之美誉。所谓的“千年书院”，就是胡瑗当年讲学的安定书院，即中国古代书院之一。胡瑗的教育理念的核心即“明体达用”，著名论断是“致天下之治者在人才，成天下之才者在教化，教化之所本者在学校”。透过胡瑗的教育理念，蒋建华校长看到的是一种担当精神、责任情怀。也正是这种精神文化底蕴，才使得泰州中学生生不息，不断发展壮大，培育出那么多闻名世界的英才。经过深入思考，蒋校长提出了“明理达用”的校训及“负责任的教育”的办学理念。“明理”就是明白事理和世理，“达用”就是要学以致用，为国家和民族发展献智出力。“责任教育”的逻辑内涵是：要成为负责任的国家和民族必须依靠负责任的教育，而要办好负责任的教育要靠负责任的学校，培养负责任的人，最终是要依靠负责任的校长、负责任的老师。因此，其根本宗旨也就是造就人的责任情怀、担当精神与履行责任的本领。理念的内涵是：从学校办学的层面讲，就是要办对学生、对老师、对社会、对未来负责任的教育；从学校教育教学管理层面来讲，就是对教师的师德修养、教育教学行为和自身专业发展负责，对学生的个性发展、全面发展和终身发展负责；从教师的层面来讲，就是要不断强化对教育事业负责任，对自己的教育教学行为负责任，对每一位学生的自主学习、健康成长与终身发展负责任的自觉意识，帮助学生增强社会责任感，掌握履行责任的知识与技能，进而创造美好未来的责任人生；从学生的层面来讲，就是要对自己的未来负责，学会做人、学会学习、学会合作、学会创造、学会生活，牢固树立完善自我、服务他人、回馈社会、造福人类的责任意识。这样的办学理念，绝非一般意义上的责任感、使命感教育，而是更关注人性的提升、人格的健全、人的终身发展，更关注社会、时代、民族乃至世界的未来，最终指向对时代发展、民族复兴、世界和谐、人类文明负责任。

目前，这一理念早已深入泰州中学全校师生的灵魂，早已为学校科学、内涵、特色和跨越式发展奠定了巍巍屹立的“责任校魂”。

二、以崇高的境界打造“责任团队”

“其身正，不令则从”，“榜样的力量是无穷的”，蒋建华校长深谙这些话的道理。打造崇高卓越的“责任”团队，仅有理念、仅凭说辞还是远远不够的，还必须要有扎扎实实的行动。而要让全校师生都行动起来，校长则必须以身作则，率先垂范。蒋建华校长是这样想的，更是这样做的。在他的日历上，几乎没有节假日和周末。忙完工作，只要有一点时间，他不是参加进修学习，就是独自一人在办公室刻苦钻研。早上很早来校，晚上很晚离校，节假日和周末还来蹲办公室，这些早已成了他的生活习惯和自我规定动作。在他的心灵深处，“责任”“事业”“爱心”“奉献”，这几个词已融入他的生命之中，这“责任”二字所蕴含的使命更是比天还大！他时刻要求自己努力做到“三大”“三有”“三靠”“五引领”。“三大”，就是大爱、大气、大度；“三有”，就是有自己的办学理念、有自己的理想追求、有自己的个性风格；“三靠”，就是靠爱心、靠责任、靠智慧教书育人治校；“五引领”就是人格魅力引领、精神文化引领、专业学识引领、卓越目标引领、治校方略引领。他常讲，不求自己成“大家”，但求心中有“大家”(学生、老师、家长)。他要带头用爱心、良心、诚心和责任心，去赢得家长和社会的放心。

当然，蒋校长也深刻地认识到，仅靠自己作表率还是不够的，还需要用崇高的精神境界打造一流的教师队伍，而要打造这支高素质的教师队伍，就必须高度重视教师的师德修养、专业成长与发展。那么，突破口在哪里呢？蒋校长认为，突破口就在于首先打造好一支“善学、善思、善悟、善用”的学习型“责任团队”。为此，学校加大了校本培训力度，与中国教育学会合作成立了“中国教育学会泰州实验学校”“中国教育学会教师发展学校”，每个学期都制定校本培训计划，采取听高层次专家讲学报告（每学年不少于10次）、与专家同课异授、参观考察、举办论坛、学术沙龙、各类竞赛等多种形式，全力打造“善学、善思、善悟、善用”的学习型团队。不仅如此，学校还通过校报、校园网、教师大会等渠道，通过演讲、论坛、交流会、报告会等形式，宣传、弘扬高尚的师德师风，鼓励每一位老师争当德高、学高、艺高的业务尖子和科研能手，争当有方向感、有责任感、有约束感、有成就感、有幸福感的名师，不给学生留不便，不给家长留非议，不给工作留漏洞，不给教学质量留隐患，不给学校声誉留遗憾。学校组织全体教师学习《中小学教师职业道德规范》，签订《规范教学行为、拒绝有偿家教》公开承诺书等。这些举措强化了教师的责任感和使命感，也有力促进了教师的师德修养和专业成长，造就了全校教职员工的责任情怀，使大家明白教师最重要的素质是敬业精神、责任心和爱心，要用爱心、责任与智慧成就每一位学生。物理组青年教师朱大强老师积极主动关心学校的发展，利用姓名谐音在个人网页上创办了“泰州中学做大强论坛”。

目前，自觉、快乐、幸福地学习和提升，在泰州中学已蔚然成风。各种校本培训、论坛、学术沙龙、专家报告、经验交流等活动早已成为校园一道亮丽的风景线。在这道“风景线”上，学校成了“学习型组织”，教师团队成了“学习共同体”，校园成了“幸福的学习乐园与优雅的精神家园”。每天都学一点点，每天收获一点点，每天进步一点点，早已成了全校教师共同的心声。“教育人者先受教育，激励人者先强自身”“终身学习是未来世界每个人的生活必需，教师尤其要有终身学习的意识”“只有兼具人格魅力和学识魅力的教师，才能引导学生不断发展，才能成为学生终身铭记的名师”“学习可以改变一个人、一所学校，乃至一个民族”“校长读书，教师才会读书；教师读书，学生才会读书”……这些话也已不再是蒋建华校长个人的口头禅了，早已变成了老师们的集体意识。老师们越来越深刻地认识到：作为教师，应当学会用读书和学习来弥补理论与业务的不足；应当学会让学习成为自己“可持续发展”的一种内驱力；应当学会让学习与研究成为一种常态；应当学会不断反思，让自己在反思中成为事业和生活的主人；应当学会主动发展自己，在压力中提升自己，读精品之书，读有魂之书。

境界因读书而升华，生命因责任而高贵，平庸不应属于省泰中教师，平庸也不应属于省泰中的学生，平庸的教育更不应属于省泰中！现在的校园，从领导到教工，自觉看书、学习、谈心得、写论文已蔚然成风，近年来，学校新一代名师队伍和中青年骨干教师群体正在迅速成长。一批教师相继在全国或省市优质课评比、教案评比、课件制作评比、论文评比、读书心得评比等各类活动中获奖，有的教师还获得了特级教师、教授级教师、省市有突出贡献专家、名教师、师德标兵、劳动模范、先进工作者、十佳青年教师、学科带头人等荣誉称号。

三、以铸魂的宗旨统率“责任课堂”

蒋建华校长认为，课堂上，教师仅仅教学生学会和会学还远远不够，还必须让“铸魂立人”这根育人红线贯串课堂教学的始终，只有这样，“责任教育”才有可能做得更扎实到位，才有可能称得上是实实在在地为学生的“立人”和“发展”负责，是在为社会进步和民族复兴负责。鉴于这样的认识，蒋校长为教师们设计了这样的“责任课堂”：注重“人本”意识的渗透，关注学生的生命状态，维护学生尊严，建立平等的师生关系，关心、善待和激活每一个学生，为他们创造用自己的眼睛去观察、用自己的头脑去思辨、用自己的语言去表达、用自己的体验去感悟的机会、条件和环境，让课堂真正成为师生合作、教学相长的乐园，让教育始终闪耀立人的光辉。同时，蒋校长还告诫全体教师：不要过分理想化、“玩潇洒”，课堂上放任学生“自主”，耍大学教授风度，这无疑等于给孩子喝慢性毒药。还必须要充分发挥教师的主导作用，严而有度，严而有格，组织、引导学生去学习和探究，决不能讲义成堆，资料泛滥，题海茫茫，陷入“学不会教会，教不会练会，练不会考会”的恶性循环，拼时间，拼消耗，牺牲师生的身心健康。

在蒋校长“责任课堂”理念的指导下，学校坚持以课堂教学为主阵地，开展“课堂教学模式改革探究”，深入落实“责任理念”，倾力打造“责任课堂”。通过组织全体教师学习《新课程标准》《江苏省中小学管理规范》等内容，参加全国、省、市级的新课标培训，全体教师都明白进行新课程改革，大力推进素质教育就是对学生负责，对社会发展负责，对民族的未来负责。学校明确了“责任课堂”的具体要求，还向家长、社会开放课堂，定期邀请学生家长走进课堂听课，合力打造“责任课堂”。现在，学校的课堂教学都注重落实责任教育理念，注重以生为本、注重学生独立思考、注重智慧有效。例如，语文组教师的“生活化语文课堂”，就十分注重在课堂教学过程中铸魂立人，为学生自主独立人格夯基。此外，像数学组、英语组、理化生组、政史地组的教师，也都在课堂上十分注重师生和生生间的对话交流，注重引导学生合作探究，真切体验学习过程，把学习和探究的主动权交给学生，在课堂教学过程中教会习惯，教会方法，教会做人，形成了各具特色的课堂教学模式。

课堂教学必须对学生的品行与道德修养负责，对学生的学习行为与方法负责，对学生的爱好与特长培养负责，对学生的健康成长与未来负责。现在，这些“责任课堂”理念已成为全校教师的共识，也已经在校园里处处绽放。

四、以经典的活动弘扬“责任文化”

学校管理要逐步由制度管理向文化管理转变，尊重人、依靠人、发展人应成为学校文化管理的灵魂。一句话，学校管理的最高境界就是文化管理。为此，蒋建华校长十分重视校园“责任文化”的打造，以求达到学校管理的最高境界。他的校园“责任文化”的核心思想就是：文化立校、责任育人。所追求的目标是：努力让校园成为师生的精神家园；让每一位泰中人在高雅的环境中非常乐意地、无拘无束地学习、思考与工作；努力构建文明校园、书香校园、和谐校园、魅力校园。

蒋建华校长深知，这样的校园“责任文化”，绝不是一个理想化的概念和蓝本，也绝不可能自然而然地生成。要生成校园“责任文化”，要想使之始终充满生机与活力，就必须以校园文化活动为依托，就必须倾心尽力地打造一系列经典的校园文化活动，并且还要与时俱进，不断创新。只有这样，校园“责任文化”的打造才有了依托，才有可能通过一系列经典的校园文化活动不断地得以弘扬和发展。目前，学校正以国家级课题“发掘‘三名文化’，推进‘责任教育’实践研究”为平台，从三个维度来发掘、提炼、打造一系列经典的校园文化活动。一是走近不同历史时代的泰中名师、名校友，研究和提炼他们对人生、对事业、对他人、对社会、对时代负责任的精神品格，整理、编辑成校本教材，并使之成为独具泰中文化特色的精品课程。二是遴选、拓展校园“双十景”，在继续打造好“老十景”（北宋教育家胡瑗讲学故址安定书院、胡公祠、胡瑗手植千年古银杏树、小泰山顶上岳王庙、西山寺、华佗庙、陈毅东进纪念馆、国家领导人读书的教室等）的基础上，精心打造好新区“新十景”（弘文楼、校史馆、生态园、银杏湖、锦绣广场、安定广场、奥运火炬传递纪念碑等），打造精品景观，构建典雅、优美、和谐、上进的校园文化环境，陶冶师生情操，提升校园文化品位，增强校园文化的育人功能。三是整合、提炼传统校园文化活动项目，创新校园文化活动的内容，寓“责任教育”于经典的文化活动之中，开发、打造一系列校园文化活动精品项目。如“人生规划导航”“素质教育个十百千万行动计划”“师生‘双十星’评选”、泰中“六节”等。这一系列校园文化活动精品，更多地融入生命、自尊、自立、感恩、竞争、合作、共赢、实践、创新等时代精神元素，也更多地融入来自我校的名家、名人的思想精神等，既能很好地弘扬优良文化传统，凸显“责任教育”理念和素质教育精神，又能使“责任文化”得到很好的弘扬。

如今，泰州中学深厚的文化资源和蒋校长所提倡的“责任教育”理念已经走进校本教材，走进课堂教学，走进校园精品活动，走进全校师生的心灵，进而内化为全校师生奋发进取的精神动力。“文化立校”“文化育人”“文化化人”已成为学校发展的鲜明特色。不仅如此，在以“文化立校”“文化育人”“文化化人”为主色调的特色发展实践中，学校还大力推进了科技创新这一发展特色，以办好“苏教国际班”“英语雅思班”“韩国留学生班”等为抓手，拓展了多样化、国际化的特色发展空间。

五年多来，在蒋建华校长的带领下，泰州中学的“责任教育”已结出累累硕果，各项工作取得长足进步，师生责任感、使命感进一步增强，学校社会美誉度不断提升，先后获得了全国文明单位、全国教育系统先进集体、江苏省文明单位标兵、江苏省模范学校等40多个荣誉称号。目前，泰州中学连同其“责任教育”也已传播全国。继去年11月《江苏教育》专题报道后，今年2月，《人民教育》（2011年第3—4期合刊）又刊载蒋建华校长的文章《努力办好负责任的学校》，较为全面、详细地介绍了我校的“责任教育”理念及初步思考、实践与探索。同时，在十一届人大四次会议期间，蒋校长还在江苏代表团全体会议上做了《办好负责任的教育》的审议发言，提出了办好负责任的教育，要解决好“四个急需”的问题：一是强化学生思想道德建设，二是强化学生养成教育与良好习惯培养，三是强化学生生存技能与创新能力培养，四是强化高素质的师资队伍建设。向总书记、向江苏省的各位人民代表表达了自己坚决要办好“责任教育”的心愿。

陶行知先生曾讲，“捧着一颗心来，不带半根草去”，而蒋建华校长则坚信“负责任的教育才能立于天地间”，“负责任的学校才能高品位地发展”！他也甘愿为此“捧着一颗心来，不带半根草去”。

2010 年 3 月第十一届全国人大代表蒋建华
做客人民网介绍“负责任的教育”理念

（载《教书育人》2011 年第 9 期）

附录一

责任之歌[①]

作词　唐渊
作曲　唐渊
原唱　唐渊

（责任，责任，赢在责任！责任，责任，责任决定一切！）
有一些路崎岖坎坷不得不走，
有一些苦艰难辛酸不得不受，
有一些事义不容辞不得不做，
有一些情刻骨铭心永远守候。
为什么？为什么？为什么？
有一种责任在心头。
任重道远显本色，
舍我其谁竞风流。

有一种人泰山压顶从不颤抖，
有一种人忍辱负重决不停留，
有一种人恪尽职守无怨无悔，
有一种人肩负使命奉献所有。
为什么？为什么？为什么？
有一种责任在心头。
快乐尽责写人生，
活出精彩照千秋。
（责任，责任，赢在责任！责任，责任，责任决定一切！）

① 《责任之歌》有关词、曲可在“中国责任网”“中华教练网”下载。

附录二

诗话“责任教育”

蒋建华

“责任”一词要多简单就有多简单，
要多普通就有多普通，
但仔细品味便知——
其内涵要多深就有多深，
其品位要多高就有多高，
其价值要多大就有多大。
责任胜于能力，
责任重于泰山，
责任决定一切，
责任，原来如此重要！

无论中国怎样，请记住——
“你所站立的地方，就是你的中国；
你怎么样，中国便怎么样；
你是什么，中国便是什么；
你有光明，中国便不会黑暗。”
只有当“要我负责任”变为“我要负责任”，
只要你我都勇于负责任，中国便会成为负责任的国家！

生活，离不开责任，
教育，建基于责任，
教育，担负着唤醒心灵的责任，
教育者有责任让教育成为一种享受！

学校呼唤“负责任的教育”，
家庭呼唤“负责任的教育”，

社会呼唤"负责任的教育",
时代呼唤"负责任的教育",
负责任的国家呼唤"负责任的教育"!

应试教育不是"负责任的教育",
"呆滞"的教育不是"负责任的教育",
"理想化"的教育也不是"负责任的教育",
不尊重教育规律而迎合老百姓的教育都算不上是"负责任的教育"!

爱学生不是一味迎合学生,
不是哄学生开心,
而是要设法让学生做最好的自己,
并担负起对家庭、亲友、同学、社会的一份责任①!

"负责任的教育"理念——
着眼于立人之本,
其内涵简言之就是要办对学生、对老师、对社会、对未来负责任的教育,
其根本宗旨是造就人的责任情怀、担当精神以及履行责任的本领。

"负责任的教育"理念——
大道至简、质朴无华,
跨越时空、超越国界,
适合各类人群,
适合政府、教育部门、学校、家庭、社会。

"负责任的教育"——
是一种教育思想理念,
是一种教育理想与实践,
是一种教育精神与文化,
同时也是一种对社会的庄严承诺!

"负责任的教育"——

① 引用南京外国语学校董正璟校长语。

应当是科学、理性、和谐的高品位的教育，
应当是关注人性的提升、人格的健全、人的终身发展的教育，
应当是对民族复兴、人类文明、社会和谐负责任的教育，
应当是关注时代、民族、国家乃至世界未来的教育。

“负责任的教育”——
这一看似平淡、普通的教育理念，
事关个人道德素养，
事关教育战略，
事关民族素质，
事关国家命运！

办“负责任的教育”，
原来如此重要，
意义原来如此深远，
品位原来如此高雅！

办“负责任的教育”，
是一个多元方程，
是一个多维空间，
是一个多变系统，
需要学校及社会各界携起手来，
多方求解、整体联动、共同推进！

负责任的国家需要负责任的公民，
责任应当成为每个公民的DNA！
负责任的国家应当办好“负责任的教育”，
“负责任的教育”应当成为“人民满意的教育”的理想追求！

每一位有责任感的人都应当思考——
“责任教育”，政府何为？
“责任教育”，教育部门何为？
“责任教育”，学校何为？
“责任教育”，教师何为？

“责任教育”，学生何为？
“责任教育”，家长何为？
“责任教育”，社会何为？
最终落脚点——“责任教育”，我当何为？
——人人都可以成为“责任教育”的践行者。

让我们携手办负责任的教育、负责任地办教育！
让“负责任的教育”立于天地间！

参考文献

1. 王弼、孔颖达:《周易正义》,载李学勤:《十三经注疏》,北京大学出版社 1999 年版。
2. 包国庆:《从阶级道德到公民道德的德育转向》,载《现代大学教育》2005 年第 1 期。
3. 陈思坤:《论学生责任教育的切入点与着力点》,载《教学与管理》2009 年第 1 期。
4. 陈友松:《当代西方教育哲学》,教育科学出版社 1982 年版。
5. 程东峰:《责任论》,中国林业出版社 1994 年版。
6. 崔欣頠:《学校责任教育论纲》.南京师范大学 2005 年版
7. 单玉:《"服务学习"与负责任公民的生成》,载《外国中小学教育》2004 年第 3 期。
8. 邓达:《论当前我国学校道德责任教育的新走向》[D],(重庆)西南师范大学教育科学学院,2003 年。
9. 冯增俊:《当代西方学校道德教育》,广东教育出版社 1993 年版。
10. 弗洛姆:《弗洛姆文集》,(北京)改革出版社 1997 年版。
11. 何建华:《道德选择论》,浙江人民出版社 2000 年版,第 107 页。
12. 黑格尔:《法哲学原理》,商务印书馆 1982 年版。
13. 胡发贵:《儒家生态伦理思想刍论》,载《道德与文明》2003 年第 4 期。
14. 胡塞尔:《欧洲科学的危机和超验现象学》,上海译文出版社 1997 年版。
15. 蒋文亮:《当代大学生责任教育体系建构研究》,载《山东青年政治学院学报》2011 年第 1 期
16. 《教育学文集·日本教育改革》,人民教育出版社 1985 年版。
17. 解思忠:《中国国民素质危机》,中国长安出版社 2004 年版。
18. 金生鈜:《德性与教化》,湖南大学出版社 2003 年版。
19. 瞿保奎:《教育学文集·教育的目的》,人民教育出版社 1989 年版。
20. 李保强:《从道德哲学看责任和公民责任教育》,载《齐鲁学刊》2007 年第 6 期。
21. 李萍:《论日常行为视域下的公民道德》,载《河北学刊》2005 年第 2 期。
22. 里奇拉克:《发现自由意志与个人责任》,贵州人民出版社 1994 年版。
23. 联合国教科文组织:《学会生存》,教育科学出版社 1996 年版。
24. 梁启超:《饮冰室文集》(二.5),中华书局 1989 年版。
25. 刘川生:《社会责任感时创新性人才成长的核心素质》,载《中国高等教育》2012 年第 10 期。
26. 刘世保、田宏杰:《基于责任事件的责任教育概念分析及价值》,载《教育理论与实践》2011 年第 5 期。
27. 鲁洁、王逢贤:《德育新论》,江苏教育出版社 2000 年版。
28. 逯改:《责任视野中的家庭与学校教育》,载《学术论坛》2008 年第 5 期,第 192－194 页。
29. 罗树华:《以"国家责任"为中心:美国的品德教育》,载《山东教育》2007 年第 13 期。
30. 马克思、恩格斯:《马克思恩格斯全集》(第 3 卷),人民出版社。

31. 马克恩·范梅南:《教学机智—教育智慧的意蕴》,教育科学出版社 2001 年版。
32. 毛连塭:《生活教育与道德成长》,(台北)心理出版社 1994 年版。
33. 孟维杰、刘宏伟:《浅谈现代教育中责任感及培养》,载《松辽学刊》(哲学社会科学版)2000 年第 4 期
34. 叔本华:《人生智慧》,华龄出版社 1999 年版。
35. 宋烨:《责任生成的道德内涵及其实现机制》,载《南京师范大学学报》2003 年第 4 期
36. 孙庆平:《责任教育的基本内涵及当代要求》,载《绥化学院学报》2005 年第 4 期
37. 王红:《美国公民教育的目标、内容、途径与方法综述》,载《外国教育研究》2004 年第 3 期
38. 王琪:《中美青少年公民责任教育之比较》,载《首都师范大学学报》(社会科学版)2011 年第 3 期。
39. 王啸、鲁洁:《德育理论:走向科学化和人性化的整合》,载《中国教育学刊》1999 年第 3 期。
40. 宋烨:《责任生成的道德内涵及其实现机制》,载《南京师范大学学报(社会科学版)》2003 年第 7 期。
41. 王啸:《责任教育:现代教育之本》,载《中小学管理》2011 年第 7 期。
42. 王友菊:《论加强中学德育学科中的责任教育》,首都师范大学 2003 年版。
43. 王兆林、姬焕芳:《学校责任教育初探》,载《青海师范大学学报》(哲学社会科学版)2004 年第 1 期。
44. 王哲:《高中生责任教育的探究》,东北师范大学 2005 年版。
45. 吴履平:《20 世纪中国中小学课程标准、教学大纲汇编(思想政治卷)》,人民教育出版社 2001 年版。
46. 伍国峰:《中学生责任教育的实践与思考》,上海师范大学教育科学学院 2004 年。
47. 肖川:《主体性道德人格教育:概念与特征》,载朱小蔓:《道德教育论丛》,南京师范大学出版社,2000 年版。
48. 杨国荣:《伦理与存在——道德哲学研究》,上海人民出版社 2004 年版。
49. 叶澜:《试析中国当代道德教育内容的基础性构成》,载《教育研究》2001 年第 9 期。
50. 夷夏:《梁启超讲演录》,河北人民出版社 2004 年版。
51. 于海静:《美国公民教育的历史沿革、现状与发展趋势》,载《外国教育研究》2004 年第 3 期
52. 于洪卿:《美国中小学责任教育及其启示》,载《中国青年研究》2008 年第 5 期
53. 于伟、刘冰:《美国学校公民教育的基本特征》,载《外国教育研究》2003 年第 9 期。
54. 俞国良、辛自强:《社会性发展心理学》,安徽教育出版社 2004 年版。
55. 张积家:《论责任心的心理结构》,载《教育研究与实验》1998 年第 4 期。
56. 张康之、李传军:《行政伦理教程》,中国人民大学出版社 2004 年版。
57. 张巍:《论大学生责任教育》,载《武汉工程大学学报》2009 年第 11 期。
58. 郑富兴:《责任与对话——学校道德教育的现代性思考》,中国社会科学出版社 2011 年版,第 179 页。
59. 中国社会科学院语言研究所词典编辑室:《现代汉语词典》,商务印书馆出版 2002 年版。
60. (英)怀特海:《教育的目的》,庄莲平、王立中译,文汇出版社 2012 年版,第 50 页。
61. 《陶行知全集》(第三卷),四川教育出版社 1991 年版,第 17 页。
62. 陆有铨:《躁动的百年——20 世纪的教育历程》,山东教育出版社 1997 年版,第 132 页。
63. 赵祥麟、王承绪:《杜威教育论著选》,华东师范大学出版社 1981 年版,第 95 页
64. 美国促进科学协会:《普及科学——美国 2061 计划:发达国家教育改革的动向和趋势》(第四集),

人民教育出版社 1992 年版。
65. 弗兰克·梯利:《伦理学导论》,广西师范大学出版社 2002 年版,第 219 页。
66. 蒋建华:《负责任的教育才能立于天地间》,载《现代教育报》(校长周刊)2007 年 9 月 12 日
67. 蒋建华:《推进素质教育需要钟情于素质教育的校长》,载南京师范大学《文教资料》2007 年 1 月上旬。
68. 蒋建华:《追求高品位的教育》,载《成才导报》(现代校长)版 2007 年 11 月 21 日。
69. 顾扬:《蒋建华:关注"教育民生",办负责任的教育》,载《现代教育报》"人物"专访稿 2008 年 3 月 21 日(第 16 版整版)。
70. 蒋建华:《我对全面推进素质教育的一点看法》(从提高全民族素质的高度推进素质教育),载《中小学校长》2008 年第 8 期。
71. 蒋建华:《情系素质教育》,载《现代教育报》2008 年 10 月 15 日第 4 版
72. 蒋建华:《校长要倡导责任教育》,载《教育文摘周报》2009 年 1 月 21 日第 1 版
73. 《中国名优校长治校方略》:《平和从容,博雅大气,办理性而负责任的教育》,科学普及出版社 2009 年 9 月,第 841 页
74. 丁昌贵:《蒋建华:责任育人》,载《江苏教育》(教育管理)2010 年第 11 期"名校长研究"(组稿)
75. 蒋建华:《努力办好负责任的学校》,载《人民教育》2011 年第 3～4 期(合刊)。
76. 《为了孩子的健康成长——全国人大代表热议德育》(本人话题:办好负责任的教育,引导学生对自己负责),载《中国德育》2011 年第 3 期。
77. 陶继新、蒋建华:《承载使命的"责任教育"》,载《中小学管理》2011 年第 5 期。
78. 蒋建华:《办好负责任的教育》,载《人民与权力》(江苏人大杂志)2011 年第 5 期。
79. 《蒋建华和他的"责任教育"》,载姜波:《教书育人》(哈尔滨师范大学)2011 年第 9 期。
80. 蒋建华:《实施素质教育要将口号化为行动》,载《中国教育学刊》2011 年第 11 期。
81. 蒋建华:《"责任教育"且思且行》,载《江苏教育报》2012 年 2 月 27 日。
82. 蒋建华:《营造"负责任"的社会氛围》,载《中国教育报》2012 年 3 月 5 日。
83. 《培养有责任担当的学生　营造"负责任的教育氛围"》,载《江苏教育报》2012 年 3 月 8 日。
84. 《蒋建华代表:呼唤"负责任"的教育》,载人民网 2012 年 3 月 13 日。
85. 蒋建华:《携手办好"负责任的教育"》,载《人民日报》(海外版)2012 年 3 月 14 日。
86. 蒋建华:《着力于学校发展战略思维》,载《江苏教育》2012 年第 7—8 合刊。
87. 邵林:《责任教育:大道至简——江苏省泰州中学责任教育办学实践纪略》,载《江苏教育报》2012 年 2 月 20 日。
88. 朱哲:《教育的大情怀——江苏省泰州中学"责任教育"纪实》,载《人民教育》2012 年第 3、4 期合刊。
89. 祁智主编:《剥开教育的责任》,江苏教育出版社 2012 年版。
90. 唐渊著:《责任决定一切》,清华大学出版社 2010 年 10 月第 1 版。
91. 乔明秀:《打造充满激情与活力的"责任文化场"》,《语言文字报》2012 年 10 月 17 日。
92. 晨光主编:《生命与使命同行大爱与责任并重——江苏省泰州中学创建"人民最满意学校"纪实》,载《典范——人民最满意学校创建纪实》,红旗出版社丛书 2012 年 11 月版。
93. 张树俊:《论安定书院的演化与教育理念的转换》,载《兰州教育学院学报》2011 年第 1 期。
94. 蒋建华:《数学英才教育的责任担当》,《数学通报》2011 年第 3 期
95. 蒋建华:《追求数学教学的高品位》,江苏教育出版社,载"苏派教学"丛书《著名特级教师教学思想

录》(中学数学卷),2012 年 1 月版。
96. 石化(笔名):《承千年文脉 续百年华章——江苏省泰州中学建校 110 周年记》,载《中国教育报》2012 年 12 月 11 日。
97. 范立舟:《书院文化的“源”与“流”——读〈儒学・书院・社会〉》,载《光明日报》2013 年 7 月 7 日。
98. 蒋建华:《摒弃“呆滞的教育”》,载《中国教育学刊》2013 年第 1 期。
99. 蒋建华:《践行“负责任的教育”》,载《光明日报》2013 年 4 月 1 日第 16 版“教育时空”(前沿问题);《科学发展 铸就辉煌——学习党的十八大精神全书》(下卷),中共中央党校出版社 2013 年 6 月版,第 510 页。
100. 蒋建华:《尊师重教 立人强国》,载《人民教育》2013 年第 7 期。
101. 蒋建华:《以好的培育机制造就好的教师团队》,载《中小学管理》2013 年第 8 期。
102. 蒋建华:《着力内涵发展 提升办学品位》,载《人民教育》2013 年第 15—16 期。
103. 蒋建华:《营造负责任的教育生态环境》,载《江苏教育报》2013 年 8 月 9 日。
104. 陆锋磊:《借鉴书院教育智慧 涵养学子自主精神》,载《中小学管理》。2013 年第 11 期。
105. 蒋建华:《以“千年文脉”引领“责任育人”》,载《教育发展研究》,2014 年第 2 期。
106. 蒋建华:《“问道”从“问史”起》,载《江苏教育报》2014 年 4 月 23 日第 3 版;载《中小学管理》2014 年第 11 期。
107. 蒋建华等:《推进“责任教育”履行教育责任》,载《江苏教育研究》2014 年第 5 期。
108. 蒋建华:《潜心营造“责任教育”文化场》,载《德育报》2014 年 10 月 10 日。

后记 1

让“负责任的教育”立于天地间

从本人提出并践行“负责任的教育”理念，直到现在初步完成《“负责任的教育”本真与践行》书稿，刚好接近十年的时间。

十年磨一剑！经过不懈努力与追求，“负责任的教育”理念已经逐步深入人心，“负责任的教育”特色与品牌已经初具雏形，在国内产生一定影响，并以此作为申报全国首届“明远教育奖”(实践类)的重要成果之一，而获得提名奖(全国基础教育界共13人获奖)。

2013年9月底在北京师范大学举行“明远教育奖”颁奖典礼上，组委会特别为每位获奖者专门准备了“颁奖词”，我的“颁奖词”内容如下：

“他是教育领域的开拓者、先行者，他用十年的悠悠岁月，铸造了‘责任教育’的摩天大厦，用熊熊烈火般的热情构建了‘责任教育’的理论殿堂。他只有一个目标：立德树人强国，他心目中只装着两个赫然大字：‘责任’。‘当负责任的人，做负责任的事，办负责任的学校’已成为省泰中人的共同追求。而今‘责任——教育’‘教育——责任’已凝成一体。‘责任教育’已花开泰州、誉扬神州。”

回眸十年，笔者思绪不断、感慨万千……提出“负责任的教育”理念，既是给本人、本校办学行为明确提出了具体要求，也是怀着关注我国教育事业发展战略的大情怀，跳出本校看教育，跳出教育看教育，为促进全社会携手办好“负责任的教育”而不断地呼吁与呐喊！现在想来，总算尽了一份社会责任，其过程虽然艰难曲折，但是看到已经取得的初步成果又感到十分欣慰与自豪。

借此拙作出版之际——

我要感谢我的同事、学生、家长、校友的理解与支持！

我要感谢《人民日报》《光明日报》《中国教育学刊》《中小学管理》《人民教育》

《教育发展研究》《德育报》《江苏教育研究》《江苏教育报》等媒体界的记者、编辑们的“鼓”与“呼”!

我要感谢沈健、胡金波、陶建群、傅国亮、王晨光、刘丽、任小艾、傅东缨、陶继新、杨九俊、彭刚、孙孔懿、鞠文灿、丁昌桂、洪宗礼、生晓清、潘时常、李如齐、邬晓娟等领导、专家、学者、老师、家长的热情鼓励、悉心指点与鼎力相助!

我要感谢著名教育家、中国教育学会原会长顾明远,中国教育学会副会长、中国教育科学研究院原院长袁振国,江苏教育学会会长、江苏省教育科学研究院原副院长杨九俊为本书作序!

我要感谢江苏人民教育家培养工程首批培养对象中学校长组导师袁振国、宋永忠、龚放、陈玉琨、胡百良的悉心指点与审阅把关!

2015年2月

后记 2

本书出版以来的初步影响与部分评价

借此拙作第 4 次印刷之际，特向各位读者简要介绍一下本书第 1 版出版以来的初步影响与部分评价。

2015 年 3 月底本书由江苏凤凰教育出版社出版发行之后，泰州日报、江苏教育报等媒体专门给予宣传报道，2015 年 12 月 8 日人民网（教育频道）发表书评《一本系统责任教育论的智慧之作》，人民论坛网、中国网、环球网、中国日报网、参考消息网、凤凰网等各大网站相继转发。

令我十分欣慰的是，该书出版以来，获得许多领导、专家、学者、校长、老师、学生、家长等各界人士好评。

2015 年 3 月 30 日民进中央副主席、著名教育专家朱永新专门在个人微博中推介并寄语："负责任，说来容易做来难。作为校长，应该说：学校成败，我的责任。作为教师，应该说：学生成长，我的责任。作为学生，应该说：国家兴亡，我的责任。负责任的教育培养负责任的人。如果办教育的人有责任感，教育就会更好。"

2015 年 4 月 21 日 11 时许，时任教育部长袁贵仁从百忙中亲自致电话祝贺："书已收到，昨晚已经拜读，在此表示祝贺！……"，他称赞泰州中学提出并践行的"负责任的教育"理念。在长达 9 分 23 秒的通话中，本人向袁部长简要汇报了提出"负责任的教育"这一理念的相关背景，反映了在我国基础教育阶段基层一线，从地方政府、教育部门到学校、家庭、社会，还存在对教育法规有法不依、有禁不止，应试教育盛行、师生负担过重、考核评价机制不够科学合理、舆论导向偏离教育规律等不负责任的教育行为，以及中学校长所面临的困惑等教育现实状况，袁部长耐心倾听，并表示正在进一步加大我国教育治理力度。

当代教育家、中国教育学会原会长顾明远，教育部基础教育一司原司长王定华，省教育厅原副厅长胡金波、杨湘宁，副厅长朱卫国，省教科院副院长王国强，泰州市委、市政府领导，全国模范人物张云泉、何健忠，知名教授龚放、何永康，著名特级教师洪宗礼、李庚南、华应龙，知名校长李有毅、彭锻华、沈茂德、柳袁照、王海平、李建华、金存钰等分别给予称赞或祝贺。

南京大学教育科学研究院龚放教授说："拜读大作，很受启发，深有同感。我辈执教育人，当造就能够为百姓谋利、为国家分忧且堪当大任之人！要实现这一目标，我们自己首先要敢于负责，为青少年的茁壮成长，为国家的发展和民族的复兴，真正负起责任、负重致远!”南京师范大学知名教授何永康说:“《‘负责任的教育’本真与践行》是一本好书,对于树立正确的教育价值取向有较大的现实意义与引领价值。”江苏省天一中学沈茂德校长发来短信:“早上十分欣喜地收到你的大作,晚上用近两个小时翻阅,大家作序,内容厚实。十年耕耘路昭然纸上。衷心祝贺大作发表!”中共十七大、十八大代表、全国道德模范张云泉寄语:“这两天拜读了您的大作《‘负责任的教育’本真与践行》一书,深受教育!我不是个学者,对书中引用的许多教育大家的理论虽领会不深,但我从内心深处感到:负责任的教育实质是毛泽东主席‘我们的责任是向人民负责’理论在教育工作中的实践,只有对教育事业切实负起责任,才能提高整个中华民族的文化素质,培养出大批高层次的各类人才,才能践行好科学发展观,实现中华民族的伟大复兴!负责任的教育理论观点,不仅对教育事业和教育工作者适用,其责任观念,对每个公务人员都适用!如果全国八千多万党员及数量庞大的公务人员和所有的干部、管理人员,人人都切实负起责任,会有那么多祸国殃民的事情吗?”泰州市一位近80高龄的退休老教师陈钟石说:“得到此书后立即拿起放大镜夜以继日地认真啃读”,“这是蒋校长几十年的经验总结,实践的创新,思想的结晶,能给在岗的教师领航,能给年轻的学者受益,能让老教师更加发奋。是校长治校、教师治班、学生治学、家长配合学校教师治教有方的智慧之书、实用之书、参考之书”,苏州文昌实验中学王宏兴老师来信说:“我被书中博大精深的内容感染着。做天底下最负责任的教育,蒋校长和他的团队潜心践行着。……一直想寻找我心中的理想教育,在蒋校长的书里找到了答案,于蒋校长的行动里,我是分分明明地找寻到了前行的方向”。…………

令我深感荣幸的是,该书于2016年7月获得“江苏省第四届教育科学优秀成果评奖”一等奖(全省包括高等学校在内共30个)。本书2015年初出版后,笔者先后在《人民论坛》“中国经验”栏目以及《中国教育学刊》《中国高等教育》《中国德育》《中国教育报》《未来教育家》《校长》《给校长的101条建议》等报刊或著作中又发表有关责任教育方面的论文15篇。

另外,本人近几年来已先后应邀赴本省各地以及北京、上海、广东、山东、河北、四川、贵州、江西、福建、浙江、陕西、天津等十多个外省市的部分大学、师范院校、中学、小学(幼儿园)、机关部门、企业等举办的讲坛、大讲堂、峰会、学习会或培训班上作有关“责任”“责任教育”“责任·使命·担当”“负责任的教育”“当好新时代立德树人答卷人”等专题讲座50余次。

衷心感谢关心我、帮助我、鼓励我的各位领导、专家、老师和各界朋友们!

蒋建华

2019年6月